財務会計学通論

菊谷正人[編著]

税務経理協会

はしがき

　本書は，大学の前半学年で簿記・会計の基礎（たとえば日商簿記検定2級）を学習した後，高度な財務会計学・財務報告制度を探究する前段階において，財務会計に関する全般的な領域を習得できるように編纂されている。より具体的に言えば，公認会計士試験における財務会計論の出題範囲のほぼすべてを網羅し，広く薄く簡潔に解説している。

　第1章では，財務会計の意義・機能，会計公準・会計主体，概念フレームワーク，財務会計制度等の財務会計における基礎論が検討され，第2章から第5章までにおいて，公表財務諸表における中核的存在である貸借対照表と損益計算書に関する基本的事項が概説される。第2章では，有形固定資産・棚卸資産・金融資産・無形固定資産・繰延資産に関する資産会計，第3章と第4章では負債会計と純資産会計に関する諸問題が論議される。第5章は，損益計算書に関する収益・費用の意義・認識・測定等の問題を考察する。第6章は，リース会計，資産除去債務会計，減損会計，退職給付会計，税効果会計，外貨換算会計，デリバティブズ会計，企業結合・連結会計といった特殊会計について，最小限度の範囲で検討を加えている。第7章では，わが国における公表財務諸表として年次決算報告書と四半期財務諸表のひな型が解説され，第8章では，その財務諸表に基づいた収益性・効率性・安全性の分析が理論的・実践的に考察されている。

　このように，財務会計の全領域に関する重要事項が管見されているが，それとともに下記のような特徴を有する。

(1)　公認会計士試験における財務会計の出題範囲について，コンパクトな解説が加えられている。
(2)　学習・理解可能性を考慮し，学生に分かり易い土地・建物等の有形固定資産や商品等の棚卸資産の事業用資産（実物資産）から解説を始めている。
(3)　抽象的な「一般原則」は，具体的な会計処理基準を理解できた後で，財

務諸表作成・報告の原則として後半の章（第7章）で説明される。
(4) 難解な内容をなるべく平易な文章で表現し，理解を深めるために計算例・仕訳例を多用している。

　本書は，大学学部用のテキストにとどまらず，公認会計士・税理士試験のために必要最低限の重要事項を簡潔に説明した予備的・基本的参考書でもある。国家試験に合格するには，それぞれに高度な内容を具有する専門書が必要であるが，その土台・懸け橋となる学習書として本書が役に立つものと思われる。

　本書の分担執筆は，大学において財務会計を担当・教育され，編者の還暦記念のために執筆を快諾された諸先生に依頼した。紙幅の都合上，文言の統一・重複内容の回避等の理由により，原稿の修正・削除等を行ったため，説明の不充分な箇所，各章間の内容の精粗・不備等が存在するかもしれないが，その責はすべて編者に帰するものである。

　本書の上梓に際しては，(株)税務経理協会社長の大坪嘉春氏の御芳情，編集・校正でお世話になった第三編集部部長の峯村英治氏と書籍製作部の日野西資延氏の御厚意に対して謝意を表したい。なお，本書の原稿整理・校正等には法政大学の依田俊伸教授，嘉悦大学の井上行忠准教授，松本大学の石山宏准教授，東海大学の西山一弘専任講師および福島大学の吉田智也准教授の手を煩わせた。深謝するとともに，研究者としての一層の活躍・成長を祈念する次第である。

　平成20年8月27日

　　　　　　　　　　　　　　　　　　　　　鎌倉梶原山・寓居書斎にて
　　　　　　　　　　　　　　　　　　　　　菊　谷　正　人　九拝

略語一覧

「企　原」　企業会計原則
「注　解」　企業会計原則注解
「連結原則」　連結財務諸表原則
「外貨基準」　外貨建取引等会計処理基準
「キャッシュ基準」　連結キャッシュ・フロー計算書等の作成基準
「研究費基準」　研究開発費等に係る会計基準
「税効果基準」　税効果会計に係る会計基準
「減損基準」　固定資産の減損に係る会計基準
「企業結合基準」　企業結合に係る会計基準
「基準1号」　企業会計基準第1号「自己株式及び準備金の額の減少等に関する会計基準」
「基準2号」　企業会計基準第2号「1株当たり当期純利益に関する会計基準」
「基準5号」　企業会計基準第5号「貸借対照表の純資産の部の表示に関する会計基準」
「基準6号」　企業会計基準第6号「株主資本等変動計算書に関する会計基準」
「基準8号」　企業会計基準第8号「ストック・オプション等に関する会計基準」
「基準9号」　企業会計基準第9号「棚卸資産の評価に関する会計基準」
「基準10号」　企業会計基準第10号「金融商品に関する会計基準」
「基準12号」　企業会計基準第12号「四半期財務諸表に関する会計基準」
「基準13号」　企業会計基準第13号「リース取引に関する会計基準」
「基準15号」　企業会計基準第15号「工事契約に関する会計基準」
「基準16号」　企業会計基準第16号「持分法に関する会計基準」
「基準17号」　企業会計基準第17号「セグメント情報等の開示に関する会計基準」
「基準18号」　企業会計基準第18号「資産除去債務に関する会計基準」
「基準21号」　企業会計基準第21号「企業結合に関する会計基準」
「基準22号」　企業会計基準第22号「連結財務諸表に関する会計基準」
「基準25号」　企業会計基準第25号「包括利益の表示に関する会計基準」
「基準26号」　企業会計基準第26号「退職給付に関する会計基準」
「適用指針6号」　企業会計基準適用指針第6号「固定資産の減損に係る会計基準の適用指針」
「適用指針9号」　企業会計基準適用指針第9号「株主資本等変動計算書に関する会計基準の適用指針」
「適用指針14号」　企業会計基準適用指針第14号「四半期財務諸表に関する会計基準の適用指針」
「適用指針16号」　企業会計基準適用指針第16号「リース取引に関する会計基準の適用指針」
「適用指針21号」　企業会計基準適用指針第21号「資産除去債務に関する会計基準の適用指針」
「実務対応19号」　実務対応報告第19号「繰延資産の会計処理に関する当面の取扱い」
「討議資料」　討議資料「財務会計の概念フレームワーク」
「連続意見書」　企業会計原則と関係諸法令との調整に関する連続意見書
「金商法」　金融商品取引法
「財　規」　財務諸表等の用語，様式及び作成方法に関する規則（財務諸表等規則）
「財規ガイド」　「財務諸表等の用語，様式及び作成方法に関する規則」の取扱いに関する留意事項について（財務諸表等規則ガイドライン）
「会　法」　会社法
「会　規」　会社計算規則
「法　法」　法人税法
「土地再評価法」　土地の再評価に関する法律の一部を改正する法律

執筆者一覧 （執筆順）

菊谷　正人（法政大学教授）	第1章1～4，第2章1，第6章2，第7章1
松井　泰則（立教大学教授）	第1章5，第3章3
神谷　健司（法政大学教授）	第2章2
狩野　一久（東京工芸大学教授）	第2章3
近田　典行（埼玉大学教授）	第2章4
西山　一弘（東海大学准教授）	第2章5～6
岡村　勝義（神奈川大学教授）	第3章1～2
村井　秀樹（日本大学教授）	第3章4，第7章3
石山　宏（山梨県立大学准教授）	第4章，第6章7
中野　貴之（法政大学教授）	第5章
依田　俊伸（法政大学教授）	第6章1
三沢　清（首都大学東京（OU）講師）	第6章3
古庄　修（日本大学教授）	第6章4
前川　邦生（大東文化大学教授）	第6章5
吉田　智也（埼玉大学准教授）	第6章6
井上　行忠（嘉悦大学教授）	第6章8
渡邊　和矩（浜松大学教授）	第7章2
筒井　知彦（法政大学教授）	第8章

目　　次

はしがき

第1章　財務会計基礎論 …………………………………… 1
1　財務会計の意義・機能 ……………………………… 1
　(1)　財務会計の意義 ………………………………………… 1
　(2)　財務会計の機能 ………………………………………… 2
2　財務会計の基礎概念 ………………………………… 3
　(1)　会計公準論 ……………………………………………… 3
　(2)　会計主体論 ……………………………………………… 4
　(3)　財務会計の概念フレームワーク ……………………… 6
3　財務会計・報告制度 ………………………………… 13
　(1)　わが国の企業会計制度 ………………………………… 13
　(2)　会社法会計 ……………………………………………… 14
　(3)　金融商品取引法会計 …………………………………… 17
　(4)　税法会計 ………………………………………………… 19
4　わが国の会計基準（基準設定機関） ……………… 21
　(1)　「企業会計原則」等（企業会計審議会） …………… 21
　(2)　「企業会計基準」（企業会計基準委員会） ………… 23
5　会計の国際化 ………………………………………… 26
　(1)　会計の国際化と国際会計 ……………………………… 26
　(2)　多国籍企業と国際会計 ………………………………… 26
　(3)　国際財務会計と国際会計基準（会計基準の国際的収斂） ………… 28

第2章　資産会計論 ……………………………………31
1　資産の計上・表示基準 …………………………31
　(1)　資産の本質 …………………………………31
　(2)　資産の分類基準 ……………………………33
　(3)　資産の当初認識・測定 ……………………35
　(4)　資産の再測定（期末評価）………………35
2　有形固定資産会計 ………………………………39
　(1)　有形固定資産の意義・種類 ………………39
　(2)　有形固定資産の取得原価 …………………42
　(3)　資本的支出と収益的支出 …………………44
　(4)　減 価 償 却 ……………………………………45
　(5)　個別償却と総合償却 ………………………51
　(6)　取替法と廃棄法 ……………………………51
　(7)　有形固定資産の処分 ………………………52
　(8)　有形固定資産の期末評価額および表示方法 ……52
3　棚卸資産会計 ……………………………………53
　(1)　棚卸資産の意義・種類 ……………………53
　(2)　棚卸資産の取得原価 ………………………55
　(3)　棚卸資産の払出価額 ………………………57
　(4)　棚卸資産の期末評価額および表示方法 …62
　(5)　その他特殊な期末評価法 …………………65
4　金融資産会計 ……………………………………67
　(1)　金融資産の意義・種類 ……………………67
　(2)　現 金・預 金 …………………………………69
　(3)　金 銭 債 権 ……………………………………69
　(4)　有 価 証 券 ……………………………………74
5　無形固定資産会計 ………………………………80
　(1)　無形固定資産の意義・種類 ………………80

(2)　無形固定資産の取得原価……………………………………81
　　(3)　無形固定資産の償却と期末評価額…………………………83
　6　繰延資産会計……………………………………………………85
　　(1)　繰延資産の意義・種類………………………………………85
　　(2)　組織形成費……………………………………………………87
　　(3)　資金調達費……………………………………………………89
　　(4)　開　発　費……………………………………………………90

第3章　負債会計論……………………………………………………93
　1　負債の計上・表示基準…………………………………………93
　　(1)　負債の本質……………………………………………………93
　　(2)　負債の分類……………………………………………………94
　2　金融負債会計……………………………………………………95
　　(1)　金融負債の意義・種類………………………………………95
　　(2)　金　銭　債　務………………………………………………96
　　(3)　普　通　社　債………………………………………………98
　　(4)　新株予約権付社債……………………………………………109
　3　引当金会計………………………………………………………116
　　(1)　引当金の意義・分類・設定基準……………………………116
　　(2)　退職給付引当金………………………………………………117
　　(3)　製品保証引当金………………………………………………117
　　(4)　返品調整引当金………………………………………………118
　　(5)　修繕引当金と特別修繕引当金………………………………118
　　(6)　売上割戻引当金………………………………………………119
　　(7)　債務保証損失引当金…………………………………………119
　　(8)　租税特別措置法上および特別法上の準備金………………120
　4　偶発債務会計……………………………………………………120
　　(1)　偶発債務の意義………………………………………………120

(2)　手形遡求義務 …………………………………………………121
　　(3)　債 務 保 証 …………………………………………………122

第4章　純資産会計論 …………………………………………………123
1　純資産の計上・表示基準 …………………………………………123
　　(1)　純資産の本質 …………………………………………………123
　　(2)　純資産の分類基準 ……………………………………………124
2　株主資本会計 ………………………………………………………126
　　(1)　資 本 金 ………………………………………………………126
　　(2)　資本剰余金 ……………………………………………………128
　　(3)　利益剰余金 ……………………………………………………130
　　(4)　剰余金の配当 …………………………………………………132
　　(5)　自 己 株 式 ……………………………………………………133
3　その他の純資産会計 ………………………………………………136
　　(1)　評価・換算差額等 ……………………………………………136
　　(2)　新株予約権 ……………………………………………………136
　　(3)　少数株主持分 …………………………………………………139

第5章　損益会計論 ……………………………………………………141
1　損益計算の意義・特質 ……………………………………………141
　　(1)　損益計算の意義 ………………………………………………141
　　(2)　期間損益計算 …………………………………………………143
2　収益の認識・測定 …………………………………………………146
　　(1)　収益の認識・測定基準 ………………………………………146
　　(2)　実現の概念 ……………………………………………………148
　　(3)　特殊な収益の認識 ……………………………………………150
3　費用の認識・測定 …………………………………………………154
　　(1)　費用の認識・測定基準 ………………………………………154

(2) 費用収益対応の原則 …………………………………………155
　　(3) 費用収益対応の態様 …………………………………………157
　4　損益計算書の表示 ……………………………………………………158
　　(1) 当期業績主義損益計算書と包括主義損益計算書 ……………158
　　(2) 総額主義の原則 ………………………………………………159
　　(3) 費用収益対応表示の原則 ……………………………………160
　　(4) 区分表示の原則 ………………………………………………160

第6章　特殊会計論 …………………………………………………161
　1　リース会計 ……………………………………………………………161
　　(1) リース取引の意義・種類 ……………………………………161
　　(2) 所有権移転ファイナンス・リース取引の会計処理 …………165
　　(3) 所有権移転外ファイナンス・リース取引の会計処理 ………168
　　(4) オペレーティング・リース取引の会計処理 …………………170
　2　資産除去債務会計 ……………………………………………………170
　　(1) 資産除去債務の意義・範囲 …………………………………170
　　(2) 資産除去債務の当初認識・当初測定時における会計処理 …170
　　(3) 資産除去債務の再測定時における会計処理 ………………175
　　(4) 財務諸表における表示 ………………………………………178
　3　減損会計 ………………………………………………………………178
　　(1) 減損会計の意義・手順 ………………………………………178
　　(2) 減損会計の手続 ………………………………………………179
　　(3) 財務諸表における表示 ………………………………………186
　4　退職給付会計 …………………………………………………………187
　　(1) 退職給付会計の意義 …………………………………………187
　　(2) 退職給付負債の計上 …………………………………………188
　　(3) 退職給付費用の処理 …………………………………………192
　　(4) 財務諸表における表示 ………………………………………195

5 税効果会計 …………………………………………………… 195
　(1) 税効果会計の意義・目的・必要性 …………………………… 195
　(2) 税効果会計の対象および方法 ………………………………… 197
　(3) 繰延税金資産・負債の計上方法 ……………………………… 201
　(4) 財務諸表における表示 ………………………………………… 202
6 外貨換算会計 ……………………………………………… 204
　(1) 外貨換算会計の意義・種類 …………………………………… 204
　(2) 外貨建取引の会計処理 ………………………………………… 204
　(3) 外貨表示財務諸表の換算方法 ………………………………… 212
7 デリバティブズ会計 ……………………………………… 216
　(1) デリバティブ取引の概要 ……………………………………… 216
　(2) デリバティブ取引の会計処理 ………………………………… 219
　(3) ヘッジ会計 ……………………………………………………… 220
8 企業結合会計・連結会計 ………………………………… 224
　(1) 企業結合会計の意義・種類 …………………………………… 224
　(2) 企業合併・取得の会計 ………………………………………… 226
　(3) 連 結 会 計 ……………………………………………………… 229
　(4) セグメント情報等の開示基準 ………………………………… 237

第7章　決算報告書の作成 ……………………………………… 241
1 財務諸表作成・報告の一般原則 ………………………… 241
　(1) 一般原則の構成 ………………………………………………… 241
　(2) 真実性の原則 …………………………………………………… 242
　(3) 実質的一般原則 ………………………………………………… 243
　(4) 形式的一般原則 ………………………………………………… 246
2 年次決算報告書の作成 …………………………………… 248
　(1) 貸借対照表 ……………………………………………………… 248
　(2) 損益計算書 ……………………………………………………… 254

目次

- (3) キャッシュ・フロー計算書 ……………………………………257
- (4) 株主資本等変動計算書 ……………………………………261
- (5) 附属明細表 ……………………………………………………262
- (6) 注記事項 ………………………………………………………263

3 四半期財務諸表の作成 ……………………………………266
- (1) 四半期財務諸表の意義・種類 …………………………266
- (2) 四半期財務諸表の開示対象期間 ………………………267
- (3) 四半期財務諸表の基本的な作成基準 …………………268
- (4) 四半期連結財務諸表の作成基準 ………………………269
- (5) 四半期個別財務諸表の作成基準 ………………………274
- (6) 四半期財務諸表における表示 …………………………275

第8章 財務諸表分析 ……………………………………………277

1 財務諸表分析の意義・種類 ………………………………277

2 収益性の分析 ……………………………………………………280
- (1) 自己資本利益率 ………………………………………………280
- (2) 総資本利益率 …………………………………………………280
- (3) 自己資本利益率と総資本利益率の比較 ……………280
- (4) 自己資本利益率の3分解（デュポン・システム） ……281
- (5) 売上利益率 ……………………………………………………282

3 効率性の分析 ……………………………………………………284
- (1) 総資本回転率（総資産回転率） ………………………284
- (2) 資産回転率 ……………………………………………………284

4 安全性の分析 ……………………………………………………285
- (1) 流動比率 ………………………………………………………285
- (2) 固定比率 ………………………………………………………286
- (3) 固定長期適合率 ………………………………………………287
- (4) 自己資本比率 …………………………………………………287

5　ケース・スタディ−ヤマダ電機とコジマの財務諸表分析−　………288

索　　引　………………………………………………………………297

第1章 財務会計基礎論

1 財務会計の意義・機能

(1) 財務会計の意義

　一般的に言えば,「会計」とは,ある特定の経済主体（たとえば企業）の経済活動（経済的取引または経済的事象）について,主として貨幣単位によって測定・記録し,その結果を利害関係者に報告するという一連の手続をいう。

　「企業会計」は,企業の経済的取引・事象を記録し,その記録に基づいて作成された会計報告書（財務諸表という）を株主,債権者,取引先,従業員,消費者,政府・監督機関,一般大衆といった企業外部の利害関係者に報告するとともに,企業内部の経営管理者に対して経営管理に必要な会計情報を提供する会計である。企業内部の各層の管理者のために有用な会計情報を提供する会計は,「管理会計」もしくは「内部報告会計」とよばれ,企業外部の多様な利害関係者の意思決定・利害調整に役立つ会計情報を報告する会計は,「財務会計」もしくは「外部報告会計」とよばれる。

　「財務会計」は,企業の経済的取引・事象（経済的事実関係）を一定の測定ルールに従って貨幣額で写像化し,その結果として得られる財務諸表（会計情報の伝達手段）を企業外部の利害関係者に報告するシステムである。ちなみに,「経済

的取引」とは，企業が行った経済活動のうち会計帳簿上に初めて記録の対象とする「当初認識」の時点において，資産・負債（経済財）が増加・減少する経済活動であり，「経済的事象」とは，当初認識後に生じた資産・負債の増加・減少（たとえば，有価証券の価値変動，債権不良化の可能性に基づく債権金額の価値減少，原材料の蒸発・減耗，商品の毀損・盗難，機械装置等の利用・時の経過等による減価等）をいう。

つまり，「財務会計」は，企業外部における利害関係者の経済的意思決定（たとえば，投資者の投資意思決定，金融機関の与信決定等）にとって有用な会計情報を提供するために，企業の経済的取引およびこれに関連する経済的事象を認識し，貨幣金額をもって測定・記録することにより作成される会計報告書（財務諸表）を伝達（報告）する一連の手続である。

(2) 財務会計の機能

財務会計の基本目的は，広範な企業外部の利害関係者（財務諸表利用者）が企業の経営者（財務諸表作成者）の受託責任を評価し，かつ，経済的意思決定を行うに際して，企業の経営成績・財政状態・キャッシュ・フローの状況等の財務状況に関する有用な会計情報を提供することである。

現代の財務会計は，資金を出資した株主との受託責任（資金・財産の運用を委託された場合，その運用結果を報告する責務）ばかりではなく，説明・報告責任（アカウンタビリティという）の対象範囲を社会一般にまで拡張している。財務諸表作成者は，株主・資金貸付者はもとより，契約のもとで企業と密接に関係する取引先・従業員等，さらに法的契約関係にはない消費者・一般大衆等にまでアカウンタビリティ（会計責任）を負う。こうした説明・報告責任を履行する手段として，財務諸表が利用される。

この財務諸表という会計情報伝達メディアを通じて，財務諸表利用者は自らの合理的な経済的意思決定（たとえば，株主が企業に再投資するか，資金を回収するかの決定）を行うことができる。経営管理者は企業の財務状況に関する情報を提供することによって，自らの会計責任の解除に寄与することができる。「財務

会計」には，合理的な意思決定にとって有用な財務情報を提供できる機能がある。この会計機能を「情報提供機能」という。

財務諸表利用者が多種・多様化して，企業における利害関係者集団の利害および要求される会計情報の内容も，それぞれ異なる。たとえば，株主は分配可能利益，企業の収益力および株価の動向に関心があり，債権者や取引先は当該企業の債務返済能力・担保能力に興味がある。税務当局・監督官庁は，税金の徴収，適正な製品価格・料金設定に関する会計情報を要求し，従業員は給与・賞与の多寡について関心がある。利子や税金が高くなると株主の配当や従業員の給料は抑えられ，配当や給料を増やせば商品価格が引き上げられる。企業は，これら広範な利害関係者の利害調整のために会計情報を作成・報告している。

このように，「財務会計」は，一部の利害関係者の利害ではなく，企業をとりまく不特定多数の利害関係者の利害を調整するのに役立つものでなければならない。本源的に，財務会計は社会的性格の強い企業会計であり，企業をとりまく利害関係者の相対立する利害は，財務会計の構造の中で調整できるものと考えられている。この会計機能を「利害調整機能」という。

2　財務会計の基礎概念

(1)　会計公準論

「会計公準」とは，会計理論あるいは会計原則を展開するための基礎的前提・命題であり，企業会計が成立しうるために社会的に同意された暗黙の了解である。一般的には，(1)企業実体の公準，(2)会計期間の公準（継続企業の公準ともいう），(3)貨幣的測定の公準が列挙される。

①　企業実体の公準

「企業実体の公準」とは，資本拠出者（株主）から分離・独立した「企業」自体に会計単位を制限する基礎的前提である。この公準は，企業会計の操作領域を企業の所有者個人から分離し，「企業」そのものに限定する基礎的命題であり，

会計が行われる「場所的区画」を問題としている。会計単位は，企業自体の存在に求められている。

② **会計期間の公準**

実際には，破産・清算に陥る企業もあるが，会計理論あるいは会計原則を構築するうえでは，会計単位としての企業に対しては，その経済活動を半永久的に継続していくという基礎的前提（継続企業の公準）が必要である。永続的生命を有する「継続企業」（「ゴーイング・コンサーン」ともいう）を前提にするならば，この継続事業を便宜的に一定期間に区画し，区画された期間を単位として会計を行わざるを得ない。この基礎的前提を「会計期間の公準」または「継続企業の公準」という。会計期間の公準は，会計が行われる「期間的区画」の問題であり，企業会計の操作領域を時間的に限定する。

③ **貨幣的測定の公準**

「貨幣的測定の公準」とは，企業会計上の測定尺度として貨幣単位を使用し，同質性をもたない資産・負債等を統一的に貨幣額で測定するという基礎的前提である。企業会計上，貨幣単位のみならず物量測定単位も利用されるが，それは貨幣的測定の補完・付随的な資料として提供されるにすぎず，最終的には貨幣金額で測定される。異質の測定対象を同質化して表現するためには，統一的共通価値尺度が存在しなければならない。企業会計の測定対象が貨幣単位によって表現されるものに限定されるので，貨幣的に測定できない経済的取引・事象は，財務会計報告書には表示されない。

(2) **会計主体論**

「会計主体論」とは，誰の立場に立って会計を行い，企業の資産・負債あるいは利益を誰に帰属させるのかという理論である。いいかえれば，会計上，判断する主体を何にするのか，会計行為の立脚点を誰に求めるのかという理論である。代表的な会計主体論として，資本主理論，代理人理論，企業実体理論，企業体理論などがある。

① **資本主理論**

「資本主理論」とは，企業を資本主のものとみなし，会計を資本主に奉仕するものであると主張する説であり，「所有主(しょゆうぬし)理論」ともいわれている。

この見解のもとでは，企業の資産はすべて資本主が所有する資産であり，企業の負債はすべて資本主が負う債務である。差額は資本主に帰属する純資産であり，資本主理論における中心課題は資本主の純資産（最終的に利益）を計算することにある。

② **代理人理論**

企業（株式会社）の「所有」と「経営」の分離に着目した場合，企業は株主から委託された資金を管理・運用する組織であり，その受託責任を遂行するために株主の代理人として機能している。この考えを「代理人理論」といい，企業の経営者と出資者との委託・受託関係にある代理人関係が重視されている。

「代理人理論」は資本主と企業を区別している点で，「資本主理論」と異なるが，会計上判断する主体を最終的には委託者である資本主の観点に置いている点で，「資本主理論」を企業に拡大適用した理論である。

③ **企業実体理論**

「企業実体理論」とは，企業を資本主から独立した実体（経済的組織体）とみなし，会計の主体を企業それ自体に求める会計主体論である。

この見解によれば，企業における資産はすべて企業に帰属する資産であり，企業の負債はすべて企業が負う債務である。差額は企業それ自体に帰属する純資産であり，資本金（株主資本）とともに企業の資本源泉として把握される。資本主から独立した企業実体としての立場が強調されるので，配当が公示されるまでは，算定された利益は企業自体の利益として企業に帰属する。つまり，配当が行われて初めて利益は株主に帰属し，負債利子は企業の利益の分配として捉えられ，留保利益は企業自体の持分とされる。

④ **企業体理論**

現代における社会的責任の大きい大規模企業は，株主・債権者・従業員・取引先・国家・その他社会一般に対して責務を負う「社会的制度」であり，経済

社会において生産・分配・流通を営むことを通じて社会全般に奉仕できる社会的・公共的制度であるとみなすことができる。このような社会的な企業観を「企業体理論」といい，この見解によれば，企業をとりまく各種の利害関係者の利害調整を図るように，企業会計が行われるべきである。

企業体理論のもとでは，企業の計算目的は，企業の社会的貢献度を示す付加価値を計算することにあり，付加価値は，利子・配当，給与，税金，内部留保利益等から構成される。

(3) 財務会計の概念フレームワーク
① 概念フレームワークの意義・目的・役割

財務会計の概念フレームワークとは，財務諸表の作成・表示に関する首尾一貫した諸基準を導き出すために，財務会計・報告の性質・機能・限界を明示・制約し，財務報告の基本目的・質的特徴，財務報告を構成する基礎的要素の諸概念を整合的に規定した体系である。

概念フレームワークの主要目的は，多様な利害関係者に対して財務諸表作成・表示の概念的基礎・理解・理論的枠組みあるいは共通の理解・判断を提供することにある。概念フレームワークは，具体的に次のような任務・役割を果たすことができる。

(イ) 財務諸表作成者は，首尾一貫した会計基準により作成された財務諸表を容易に比較でき，個別の会計基準が公表されていない場合には，問題解決のための判断の許容範囲を限定することができる。

(ロ) 財務諸表利用者は，会計基準に準拠して作成された財務諸表に含まれる情報を適切に解釈し，財務諸表の理解・信頼・比較可能性を高める。

(ハ) 会計監査人に対しては判断の許容範囲を限定し，財務諸表の作成者が会計基準に準拠しているか否かについて，監査意見を形成する際に役立つ。

(ニ) 会計基準設定機関に対して現行基準の再検討・新基準の作成の準拠枠を提供し，将来の会計基準の設定および現行の会計基準の修正を行う際の指針となる。

② 財務報告の目的

「討議資料」（1章序文）の見解によれば，財務報告の目的は，投資家による企業成果の予測と企業価値の評価のために，企業の財務状況を開示することにある。つまり，自己の責任で将来を予測し，投資の判断を行う投資家に対して，企業の「投資のポジション」（ストック）とその成果（フロー）を開示し，将来キャッシュ・フローの予測に役立つ情報を提供することにある。

投資家は，不確実な将来キャッシュ・フローへの期待のもとに，自らの意思で自己の資金を企業に投下するので，不確実な成果を予測して意思決定を行うに際しては，企業がどのように資金を投資し，実際にどれだけの成果をあげているのかに関する情報を必要としている。経営者に開示が求められる情報は，基本的には，このような企業価値評価の基礎となる情報である。投資家の意思決定に有用なディスクロージャー制度の一環として，投資のポジションとその成果を測定・開示しなければならない（討議資料1章2項）。

後述される「企業会計原則」が，多様な利害関係者（株主，債権者，課税当局等）のために企業の財務状況に関する「真実な報告」（真実性）を提供することを最高規範とするのに対して，「討議資料」は，投資家本位による「有用性」に偏重していると言えるかもしれない。

③ 会計情報の質的特徴

会計情報は投資家が企業の不確実な成果を予測するのに有用であることが期待されるので，財務報告の目的を達成するに当たり，会計情報に求められる最も基本的な特性は「意思決定有用性」である。

「意思決定有用性」は，(1)意思決定目的に関連する情報であること（意思決定との関連性），(2)一定の水準で信頼できる情報であること（信頼性）の2つの下位の特性により支えられている。さらに，「内的整合性」と「比較可能性」が，それら3者の階層構造を基礎から支えると同時に，必要条件ないし限界として機能する（討議資料2章1-2項）。

ここに「意思決定有用性」とは，会計情報の内容が将来の投資成果についての予測に関連し，企業価値の推定を通じた投資家による意思決定に積極的に貢

献することをいう。投資家の投資決定に貢献するか否かは，会計情報が情報価値を具有するか否かに関わるが，「情報価値」とは，投資家の予測・行動が当該情報の入手によって改善されることをいう。ただし，新規の会計基準に基づく会計情報の情報価値が不確かな場合では，投資家による情報ニーズの存在が情報価値を期待させる。この意味で，「情報価値の存在」と「情報ニーズの充足」は，「意思決定との関連性」を支える2つの特性として位置づけられる（討議資料2章3－4項）。

　会計情報の有用性を支える「信頼性」とは，中立性・検証可能性・表現の忠実性などに支えられ，会計情報が信頼に足る情報であることを指す（討議資料2章6－7項）。

　経営者の利害と投資家の利害と必ずしも一致していないので，利害の不一致に起因する弊害(へいがい)を小さく抑えるためには，一部の関係者の利害だけを偏重することのない財務報告が求められる。この特性を「中立性」という。

　利益の測定における将来事象の見積りに基づく情報を投資家が完全に信頼するのは難しいので，測定者の主観には左右されない事実に基づく財務報告が求められる。この特性を「検証可能性」という。

　さらに，企業が直面した事実を会計データの形で表現しようとする際には，もともと多様な事実を少数の会計上の項目へと分類しなければならない。ただし，その分類規準に解釈の余地が残されている場合のように，分類結果を信頼できない事態を避けるため，事実と会計上の分類項目との明確な対応関係が求められる。この特性を「表現の忠実性」という。

　会計情報の一般的制約特性として，「内的整合性」と「比較可能性」が列挙されている。会計情報が利用者の意思決定にとって有用であるための「内的整合性」とは，会計基準間の整合性を確保すべきであるとする特性であり，「比較可能性」とは，時系列比較や企業間比較に際して事実の同質性と異質性を峻(しゅん)別(べつ)できる特性である（討議資料2章9項，11項）。

　図表1－1は，「討議資料」が規定している会計情報の質的特性の階層図（一部修正）である。

第1章 財務会計基礎論

図表1-1 会計情報の質的特性

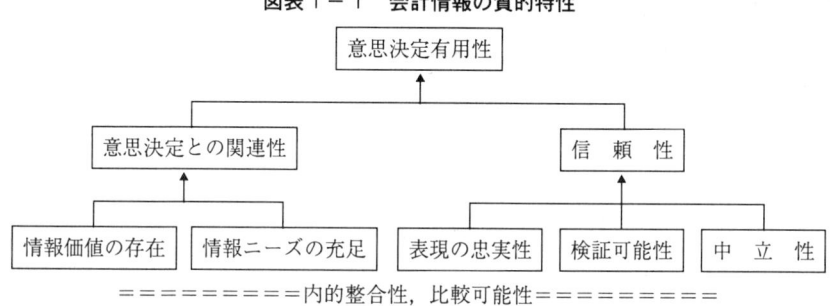

④ 財務諸表の構成要素

「討議資料」は、はじめに資産と負債に独立した定義を与え、そこから純資産と包括利益の定義を導いている。ここでは、投資のポジションと成果を表すため、貸借対照表および損益計算書に関する構成要素として、資産、負債、純資産、株主資本、包括利益、純利益、収益、費用が定義されている。

「資産」とは、過去の取引または事象の結果として、報告主体（企業）が支配している経済的資源をいい、「負債」とは、過去の取引または事象の結果として、報告主体が支配している経済的資源を放棄もしくは引き渡す義務またはその同等物をいう。「純資産」とは、資産と負債の差額をいい、「株主資本」とは、純資産のうち報告主体の所有者である株主（連結財務諸表の場合には親会社株主）に帰属する部分をいう（討議資料3章4-7項）。

「包括利益」とは、特定期間における純資産の変動額のうち、報告主体の所有者である株主、子会社の少数株主、および将来それらになり得るオプションの所有者との直接的な取引によらない部分をいう。「純利益」とは、特定期間の期末までに生じた純資産の変動額（報告主体の所有者である株主、子会社の少数株主、および将来にそれらになり得るオプションの所有者との直接的な取引による部分を除く）のうち、その期間中にリスクから解放された投資の成果であり、報告主体の所有者に帰属する部分をいう。「純利益」は、純資産のうちもっぱら株主資本だけを増減させる（討議資料3章8-9項）。

なお、「収益」とは、純利益または少数株主損益を増加させる項目であり、

9

特定期間の期末までに生じた資産の増加や負債の減少に見合う額のうち，投資のリスクから解放された部分であり，投資の産出要素，すなわち投資から得られるキャッシュ・フローに見合う会計上の尺度である。

「費用」とは，純利益または少数株主損益を減少させる項目であり，特定期間の期末までに生じた資産の減少や負債の増加に見合う額のうち，投資のリスクから解放された部分であり，投資によりキャッシュを獲得するために費やされた（犠牲にされた）投入要素に見合う会計上の尺度である（討議資料3章13項，15項）。

ここに，「投資のリスク」とは，投資の成果の不確定性であり，したがって，成果が事実となれば，それはリスクから解放されることになる。投資家が求めているのは，投資に当たって期待された成果に対して，どれだけ実際の成果が得られたのかについての情報である（討議資料3章23項）。

「討議資料」では，財務諸表の構成要素を定義するに際して，資産と負債を鍵概念(かぎがいねん)として定義した後に，他の構成要素の定義も誘導する「資産負債アプローチ」が採用されている。資産負債アプローチは，「期間利益」を当該期間の純資産（＝資産－負債）における変動額とみる利益観であり，資産・負債に基づく純資産の期首と期末の差額によって確認・算出されるとする会計観である。なお，「資産負債アプローチ」と対峙(たいじ)する「収益費用アプローチ」とは，「期間利益」を当該期間の収益とその収益獲得のための費用との差額とみる利益観であり，費用・収益の認識・測定およびそれに基づく「費用・収益対応」によって算定されるとする会計観である。

⑤　財務諸表における認識と測定

「財務諸表における認識」とは，財務諸表の構成要素を財務諸表本体に計上することをいい，「財務諸表における測定」とは，計上される財務諸表項目に貨幣額を割り当てることをいう（討議資料4章1－2項）。

「討議資料」（4章8～52項）では，資産の測定，負債の測定，収益の測定および費用の測定に分けて，それぞれの測定値が列挙されているが，紙幅の都合上，基本的な測定値に限定して説明を行う。

1) 資産の測定
 (a) 取得原価
　「取得原価」とは，資産取得の際に支払われた現金もしくは現金同等物の金額，または取得のために犠牲にされた財やサービスの「公正な金額」をいい，「原始取得原価」と呼ぶこともある。原始取得原価の一部を費用に配分した結果の資産の残高は，「未償却原価」と呼ばれ，未償却原価も広義の取得原価の範疇に含まれる。
 (b) 現在市場価格（特定の資産について流通市場で成立している価格）
　(イ) 再調達原価
　　「再調達原価」とは，購買市場と売却市場とが区別される場合に，購買市場（当該資産を購入し直す場合に参加する市場）で成立する価格をいう。
　(ロ) 正味実現可能価額
　　「正味実現可能価額」とは，購買市場と売却市場とが区別される場合に，売却市場（当該資産を売却処分する場合に参加する市場）で成立する価格から見積販売経費（アフター・コストを含む）を控除したものをいう。
 (c) 割引価値
　「割引価値」とは，資産の利用から得られる将来キャッシュ・フローの見積額を，一定の割引率によって測定時点まで割り引いた測定値をいう。割引価値は，報告主体（企業）の主観的な期待価値である「利用価値」（「使用価値」ともいう），「市場価格を推定するための割引価値」（公正な評価額）に分けられる。
　「利用価値」は，資産の利用から得られる将来キャッシュ・フローを測定時点で見積もり，その期待キャッシュ・フローをその時点の割引率で割り引いた測定値をいう。「市場価格を推定するための割引価値」とは，市場で平均的に予想されているキャッシュ・フローと市場の平均的な割引率を測定時点で見積もり，前者を後者で割り引いた測定値をいう。
 (d) 入金予定額（決済価額または将来収入額）
　「入金予定額」とは，資産から期待される将来キャッシュ・フローを単

純に（割り引かずに）合計した金額をいい，債権の契約上の元本についての「回収可能額」を指すことが多い。

2） **負債の測定**

(a) 支払予定額（決済価額または将来支出額）

「支払予定額」とは，負債の返済に要する将来キャッシュ・フローを単純に（割り引かずに）合計した金額をいい，債務の契約上の「元本額」を指すことが多い。

(b) 現金受入額

「現金受入額」とは，財やサービスを提供する義務の見返りに受け取った現金または現金同等物の金額をいう。

(c) 割引価値

割引価値には，「リスクフリー・レートによる割引価値」と「リスクを調整した割引率による割引価値」がある。「リスクフリー・レートによる割引価値」とは，測定時点で見積もった将来のキャッシュ・アウトフローを，その時点におけるリスクフリー・レートで割り引いた測定値をいう。「リスクを調整した割引率による割引価値」とは，測定時点で見積もった将来のキャッシュ・アウトフローを，その時点における報告主体の信用リスクを加味した最新の割引率で割り引いた測定値をいう。

3） **収益の測定**

たとえば，「交換に着目した収益の測定」とは，財やサービスを第三者に引き渡すことで獲得した対価によって収益をとらえる方法をいい，「市場価格の変動に着目した収益の測定」とは，資産や負債に関する市場価格の有利な変動によって収益をとらえる方法をいう。

4） **費用の測定**

たとえば，「交換に着目した費用の測定」とは，財やサービスを第三者に引き渡すことで犠牲にした対価によって費用をとらえる方法をいい，「市場価格の変動に着目した費用の測定」とは，資産や負債に関する市場価格の不利な変動によって費用をとらえる方法をいう。

3 財務会計・報告制度

(1) わが国の企業会計制度

　財務会計は，企業の財務状況を企業外部の利害関係者に対して報告する会計であるために，法令または慣習規範によって規制を加えられることがある。この社会的規制を受け，制度化された財務会計を「制度会計」という。わが国には，企業会計を規制する制定法として，会社法，金融商品取引法，法人税法，各種の事業法（たとえば銀行法，電気事業法）などがあり，それぞれの立法趣旨に従った会計規制が設けられている。このように，規制を受ける法律によって「会社法会計」，「金融商品取引法会計」（以下，金商法会計と略す），「税法会計」（税務会計ともいう）に分けることができる。

　会社法の母法であった商法は，債権者保護を立法趣旨・基本理念として，株主の有限責任を考慮した資本維持と受託資本の管理運用を，配当可能利益計算の観点から規制してきた。平成17年7月26日に，平成17年改正前商法第二編，「有限会社法」，「株式会社の監査等に関する商法の特例に関する法律」等に規定されていた会社法制を一本化するとともに，有限会社の廃止・合同会社の創設，機関設計の自由化，最低資本金制度の撤廃（てっぱい），合併等の組織再編行為における対価の柔軟化，会計参与制度の創設など，多岐にわたる改正内容を盛り込んだ「会社法」（平成17年法律第86号）が公布された。なお，「会社法」の創設に伴って，「会社法施行規則」，「会社計算規則」および「電子公告規則」が法務省令として平成18年5月1日から「会社法」とともに施行されている。

　ほぼ同時期の平成18年6月7日に，証券取引法が「金融商品取引法」（平成18年法律第115号）に改められ，平成19年10月1日から施行されている。米国の1933年証券法と1934年証券取引所法をモデルにして制定された旧証券取引法は，国民経済の適切な運営および投資者の保護に資するため，有価証券の発行および売買その他の取引を公正ならしめ，かつ，有価証券の流通を円滑ならしめることを目的としている。「投資者保護」を実現するために，有価証券の発行市

場と流通市場を規制する法律として制定された証券取引法は，有価証券取引の不正行為禁止，証券界の監督等を規制するとともに，投資者が有価証券の発行市場や流通市場において適正な判断を行い得るように，当該企業の財務内容を開示せしめるための規定（企業内容開示制度）を設けていた。

「金融商品取引法」は，有価証券の取引に限定せず，さまざまな金融商品の取引も規制の対象とする。つまり，「金融商品取引法」（1条）は，「有価証券の発行および金融商品の取引等を公正にし，有価証券の流通を円滑にするほか，資本市場の機能の十全な発揮による金融商品の公正な価格形成等を図り，もって国民経済の健全な発展および投資者の保護に資することを目的とする」と規定している。

ここに「投資者保護」は，有価証券・金融商品の取得価値を保証することではなく，投資者が有価証券・金融商品の取得・保有・譲渡について経済的・合理的な判断を行使できるように，十分な財務情報を提供することにより投資者の意思決定に役立てることを意味する。すなわち，「金商法会計」は，投資者保護の立場に立って，投資者の投資意思決定に有用な財務情報を開示することを目的として規定されている。個々の投資者の意思決定が経済合理性により行われるならば，証券・金融商品市場は経済効率的に運営され，結果として，国民経済の健全な発展に貢献することができる。

「税法会計」とは，「法人税法」（昭和40年法律第34号）の規定に従って課税所得・法人税額を計算する会計領域である。法人税に関する規定は，明治20年に制定された「所得税法」の明治32年改正時に初めて設けられ，昭和15年には独立して「法人税法」が制定された。昭和22・25年に大幅に改正されたが，昭和40年には表現の平明化ために全文改正され，現行法となっている。「法人税法」は，担税力に応じた課税の公平性，財政収入の確保，経済・社会政策，徴税上の便宜などを考慮して課税所得の計算を規制する。

(2) 会社法会計

会社法が対象とする会社には，合名会社，合資会社，合同会社および株式会

社がある。「合名会社」は，無限責任社員（会社債権者に対する会社債務を私財を拠ってまでも無限の連帯責任を負う出資者）のみから構成される会社である。「合資会社」は，無限責任社員および有限責任社員（払込価額を限度として有限責任を負う出資者）から成る会社であり，「合同会社」は，所有と経営が分離していないが，有限責任社員のみから構成される会社である。会社法では，これら3種類の会社は「持分会社」と総称され，社員（出資者）間の閉鎖的な人的関係を基礎として，比較的小規模の企業活動を行うことが想定されている。

　他方，「株式会社」は，巨額な資金を広く多数の出資者（社員）から集め，大規模な企業活動を行うことが想定されている。株式会社は，出資者の範囲を限定せず，出資を広く一般に公開・募集する会社である。株式会社の株券（会社資本を等額に分割・細分化した出資単位を「株式」といい，株式を有価証券に表彰したものを「株券」という）を取得することにより社員（出資者）となった者は「株主」といい，株主は有限責任社員として出資額以上の責任を負わない。このため，会社法も，債権者の保護のために「剰余金の配当」に対して分配可能額の範囲を制限している。

　また，株式に自由譲渡性が付与されている（会法127）ので，社員（株主）の地位は自由に譲渡でき，誰でも容易に株主として出資に参加できる。株式会社の社員（株主）の地位は流動的であるので，大規模な企業活動を行うには，専門的に経営を行う経営者が必要となる。これは，一般に「所有と経営の分離」といわれている。経営者は，株主から委託された資金を管理運用する責任を負い，受託責任の遂行状況を株主に報告する義務を負う。

　したがって，株式会社は，適時に正確な会計帳簿を作成し，10年間にわたり会計帳簿および事業に関する重要な資料を保有しなければならない（会法432）。会計帳簿に基づいて，「計算書類」およびその「附属明細書」が作成される。（会規91③）。計算書類は，「貸借対照表」，「損益計算書」，その他株式会社の財産および損益の状況を示すために必要かつ適当なものとして「株主資本等変動計算書」および「個別注記表」から成る（会法435②，会規127）。株式会社には，各事業年度において計算書類および「事業報告」，これらの附属明細書を作成し

なければならない（会法435）。

なお，会社法（453～454条）が株主総会決議により剰余金の配当をいつでも可能としたことを受けて，期中に臨時決議を行い，「臨時計算書類」の作成を認める「臨時決算制度」が導入された（会法441）。ここに「臨時計算書類」とは，臨時決算日における「貸借対照表」および当該年度の期首から臨時決算日までの期間の「損益計算書」をいう。

さらに，会社法（2条12項6号）でいう「大会社」（資本金5億円以上または負債総額200億円以上の株式会社）には「連結計算書類」の作成が容認され（会法444①），後述される有価証券報告書提出会社には「連結計算書類」の作成が強制されている（会法444③）。連結計算書類は，「連結貸借対照表」，「連結損益計算書」，「連結株主資本等変動計算書」および「連結注記表」から成る（会規93）。

計算書類等は，監査役または会計監査人（公認会計士または監査法人）の監査を受けなければならない（会法436）。大会社は，会計監査人の監査を受ける必要がある（会法328）。監査を受けた計算書類は，定時株主総会の承認を得て確定する（会法438）。なお，会計監査人を設置している会社では，定時株主総会の承認を求める必要はない。それは，取締役会で確定できるが，取締役はその内容を株主に報告しなければならない（会法439）。

会社法上，計算書類の開示方式は次のような3つの方法に区分される。

① 直接開示方式

「直接開示方式」は現在の「株主」に直接開示する方式であり，直接開示される計算書類によって，取締役の受託責任が問われる。取締役は，定時株主総会の2週間前までに株主へ発送する「総会招集通知書」に計算書類等を添付して株主に送付しなければならない（会法437）。

② 間接開示方式

「間接開示方式」とは，会社の株主や債権者の要求により，計算書類等を閲覧させる方式である。計算書類等は定時株主総会の2週間前より5年間本店に，その謄本を3年間支店に備え置く必要がある。株主および会社の債権者は，営業時間内にいつでもこれらの書類の閲覧を求めることがで

きる（会法442）。

③ 公　　告

「公告」とは，限られた株主や債権者ばかりではなく，不特定多数の一般公衆に対して，官報，日刊新聞および電子公告を通じて開示する方法である。取締役は，計算書類が定時総会で承認を得た後に遅滞なく，貸借対照表を公告しなければならない。大会社については，損益計算書も公告する必要がある（会法440）。

計算書類を作成するための具体的会計処理について，会社法（431条）は，「株式会社の会計は，一般に公正妥当と認められる企業会計の慣行に従うものとする」と規定している。会計処理に関する判断について，「会計慣行」の遵守が求められている。「一般に公正妥当と認められる企業会計」とは，一般的には，後述される「企業会計原則」，「企業会計基準」等である。

(3)　金融商品取引法会計

金融商品取引法における開示規制は，有価証券の「発行市場」と「流通市場」の規制に分けられる。

「発行市場」における開示規制は，会社が新規に有価証券を発行し，資金調達を行う際に「募集」（不特定多数に均一の条件で新規に発行される有価証券の取得申込の勧誘）または「売出し」（不特定多数者に均一の条件で，すでに発行された有価証券の売付・買付申込の勧誘）に要求される情報の開示規制である。つまり，総額1億円以上の有価証券を50名以上の者に募集または売出しを行う場合には，「有価証券届出書」を内閣総理大臣に提出するとともに，その写しを証券取引所等に提出しなければならない（金商法5, 6）。

「有価証券届出書」には，発行する有価証券の種類・発行数・発行価格等の発行条件，企業情報などが記載される。「企業情報」に記載されている「経理の状況」の中には，「財務諸表」が含まれる。この有価証券届出書が内閣総理大臣に提出されると，有価証券の募集または売出しの勧誘書類として，有価証券届出書の記載内容と実質的に同じ内容の「目論見書」が投資者に対して直接

に交付される（金商法13）。

「目論見書」とは，有価証券の募集または売出しのために，公衆に提供する当該有価証券の発行者の事業に関する説明を記載した文書である。有価証券届出書を提出し，有価証券の譲渡可能性により，証券市場で流通することになる。

「流通市場」における開示は，流通市場で投資者の意思決定に資するために，一定の会社に対して要求される継続開示である。次に掲げる会社は，毎決算期経過後3ヵ月以内に「有価証券報告書」（「有報」と通称されている）を内閣総理大臣に提出しなければならない（金商法24）。

① 証券取引所に上場している会社（上場会社という）
② 有価証券届出書の提出会社
③ 資本金5億円以上，かつ，株主500名以上の会社

提出された「有価証券報告書」はその写しを証券取引所，財務局などで公開される。また，インターネット上でも閲覧できる。

「有価証券報告書」には，企業の概況，設備の状況，経理の状況などが記載され，「経理の状況」の中には「財務諸表」が含まれる。金商法会計では，経済的な企業グループ全体の財務内容の測定・開示を目指す「連結財務諸表」が重視されるとともに，基本財務諸表として「キャッシュ・フロー計算書」が追加されている。すなわち，金商法上の財務諸表は，貸借対照表，損益計算書，株主資本等変動計算書，キャッシュ・フロー計算書および附属明細表から構成される（財規1）。これらの財務諸表を作成する際には，「一般に公正妥当と認められる会計原則」に依り，記載・表示方法としては，「内閣府令で定める用語，様式および作成方法」に従う。「一般に公正妥当と認められる会計原則」とは，「企業会計原則」，「企業会計基準」等であり，内閣府令として「連結財務諸表の用語，様式および作成方法に関する規則」（連結財務諸表規則），「財務諸表等の用語，様式および作成方法に関する規則」（財務諸表等規則）が設定されている。

なお，平成20年4月1日以後に開始する事業年度からは，上場会社は「四半期報告書」を内閣総理大臣に提出しなければならない。従来，半期報告書（中間財務諸表）の開示が義務づけられていたが，企業業績の適時開示の要請により，

3ヵ月ごとの「四半期財務諸表」を含んだ「四半期報告書」の提出が当該期間経過後45日以内に求められる（金商法24の4の4）。四半期財務諸表として，「四半期貸借対照表」，「四半期損益計算書」および「四半期キャッシュ・フロー計算書」が作成され，「四半期連結財務諸表」を開示する場合には，「四半期個別財務諸表」の開示は要しない（基準12号5-6項）。

　有価証券届出書・有価証券報告書・四半期報告書に掲載されている「財務諸表」に対しては，会計監査人の監査を受ける義務がある（金商法193の2）。さらに，平成20年4月1日からは，開示情報の適正性を確保するために，有価証券報告書の記載内容が法令に基づき適正であることを確認した「確認書」，財務報告の信頼性を確保するための手続きを文書化し，その有効性を評価した「内部統制報告書」を「上場会社」は内閣総理大臣に提出しなければならない（金商法24の4，193の2②）。

(4) 税法会計

　法人税法（22条1項）によれば，「課税所得金額」は，「益金の額」から「損金の額」を控除した金額である。益金は企業会計上の収益，損金は費用に相当し，「別段の定めのある事項」を除いて，収益および費用（税法では，益金および損金）は「一般に公正妥当と認められる会計処理の基準」に従って計算されなければならない（法法22④）。その場合，会社法上で確定した決算により作成された計算書類に基づいて「納税申告書」を提出しなければならない（法法74②）。これを「確定決算主義」といい，法人税法上の課税所得計算は会社法上の損益計算を基調にしている。

　しかし，企業会計の決算利益は，主として企業の経営成績を適正に把握することを目的で計算されるのに対して，法人税法における所得金額は，課税の公平性，税務行政，租税理論（たとえば，法人を資本主の集合体とみなし，法人税を個人所得税の前払いとみなす「法人擬制説」），経済政策，徴税上の便宜などを考慮に入れて計算されることから，両者は必ずしも一致しない。企業会計上の処理と異なる処理事項を法人税法では「別段の定め」といい，次のような事項がある。

① 企業会計では収益とするが，課税所得の計算上は益金に算入しない「益金不算入項目」(たとえば，受取配当等，法人税還付金)
② 企業会計では費用とするが，課税所得の計算上は損金に算入しない「損金不算入項目」(たとえば，罰金・科料，減価償却費の過大計上額，貸倒引当金の過大引当額，交際費等)
③ 企業会計では収益としないが，課税所得の計算上は益金に算入する「益金算入項目」(たとえば，国庫補助金，保険差益)
④ 企業会計では費用としないが，課税所得の計算上は損金に算入する「損金算入項目」(たとえば，繰越欠損金，国庫補助金の圧縮額)

企業会計と法人税法の計算目的の相違により，企業会計の当期純利益と法人税法の所得金額とは一致しない場合が多い。つまり，企業会計上の当期純利益を法人税法の「別段の定め」に従って加減調整し，所得金額を計算しなければならない。

　　所得金額＝(収益額＋益金算入額－益金不算入額)
　　　　　　－(費用額＋損金算入額－損金不算入額)
　　　　　＝当期純利益＋益金算入額＋損金不算入額－益金不算入額
　　　　　　－損金算入額

株主総会等の承認を得た決算利益(確定利益)と課税上の所得金額(課税所得)との差異は，「法人税申告書」を構成する「別表四」(「所得の金額の計算に関する明細書」)で加減調整される。法人の所得金額を求めるために，「別表四」の中で当期純利益に加算したり減算したりすることを，申告書上で調整することから「申告調整」(税務調整)という。すなわち，決算で確定した当期純利益を基礎として「税務調整」を行い，所得金額が計算され，その当期純利益と所得金額の差異は法人税申告書(確定申告書)に記載される。確定決算に基づく申告は，「確定申告」と呼ばれている。

4 わが国の会計基準（基準設定機関）

(1) 「企業会計原則」等（企業会計審議会）

　昭和23年6月に連合軍GHQの経済安定本部内に発足した「企業会計制度対策調査会」が，昭和24年7月9日に「我が国経済再建上当面の課題である外資の導入，企業の合理化，課税の公正化，証券投資の民主化，産業金融の適正化等の合理的な解決のためにも，企業会計制度の改善統一は緊急を要する問題である」（「企業会計原則の設定について」）という認識のもとに，「企業会計原則」を公表した。その設定目的は，企業会計の基準を確立・維持し，わが国経済の民主的で健全な発達のために科学的基礎を与えることにあった。「企業会計原則」の性格は，企業会計の実務の中に慣習として発達したものの中から，一般に公正妥当と認められたところを要約したものであるという点にある。したがって，必ずしも法令によって強制されないものの，すべての企業がその会計を処理するにあたって従わなければならない慣習規範であるといえる。

　「企業会計制度対策調査会」は昭和25年に「企業会計基準審議会」と改称され，昭和27年に経済安定本部の廃止とともに大蔵省（現在，財務省）の諮問機関として移管され，名称も現在の「企業会計審議会」となった。さらに，平成12年の省庁改編によって「企業会計審議会」は金融庁の所轄となっている。「企業会計審議会」は，行政府の諮問に応じて，企業会計に関する基準の設定，その他企業会計制度の改善等の調査・審議を任務としている。

　「企業会計原則」は，昭和24年の設定以来，企業会計をめぐる社会・経済的あるいは法制的な変化に対処するために何度か（昭和29年，昭和38年，昭和49年，昭和57年に）修正された。それとともに商法や法人税法の改善を促進するために，諸法令との調整に関する意見書が「企業会計審議会」によって公表されている。

　たとえば，昭和26年6月に「商法と企業会計原則との調整に関する意見書」，昭和27年6月に「税法と企業会計原則との調整に関する意見書」，昭和35年6

月と昭和37年8月に「企業会計原則と関係諸法令との調整に関する連続意見書」、昭和41年10月に「税法と企業会計との調整に関する意見書」が公表された。これら意見書は、それ自体が会計基準として独立しているのではなく、他の諸法令との調整（国内的調和化）に関する見解・解釈が提示されている。

単独の実質的な会計処理基準として活用されてきた「企業会計原則」は、「一般原則」、「損益計算書原則」および「貸借対照表原則」の3部から構成され、これに補足説明を行う24項目の「注解」が付されている。これら原則は並行的な関係にあるのではなく、「一般原則」は、具体的な処理基準である「損益計算書原則」と「貸借対照表原則」を支配する上位原則であり、両者の包括原則としての性格を有する。

「一般原則」は、損益計算書、貸借対照表などの財務諸表を作成するにあたって指針となるべき規範的な原則であり、①真実性の原則、②正規の簿記の原則、③資本取引・損益取引区分の原則、④明瞭性の原則、⑤継続性の原則、⑥保守主義の原則および⑦単一性の原則から構成されている。

「損益計算書原則」は、損益計算書を作成するにあたって適用する諸基準であり、①収支額基準、②発生主義、③実現主義、④総額主義、⑤費用・収益の対応表示などを規定し、「貸借対照表原則」は、貸借対照表を作成するにあたって適用する諸基準であり、①貸借対照表能力、②貸借対照表の区分、③貸借対照表の配列、④貸借対照表の資産計上、⑤費用配分、⑥総額主義などを規定している。

企業会計審議会から昭和50年6月に「連結財務諸表原則」が公表されたのを皮切りに、「企業会計原則」とは別個の会計処理基準が会計の個別問題ごとに作成されている。たとえば、昭和52年3月公表の「中間財務諸表作成基準」、昭和54年6月公表の「外貨建取引等会計処理基準」、昭和63年5月公表の「セグメント情報の開示基準」、平成5年6月公表の「リース取引に係る会計基準」は、「企業会計原則」の不完全性を補完する目的で設定され、個別会計問題に関する会計実践の指針として利用されている。

これらの会計基準を作成するに際しては、国際的な会計基準である「国際会

計基準」(International Accounting Standards：IAS)やアメリカの「財務会計基準書」を参考にしながら，国際的調和化が図られている。

さらに，平成9年6月に「連結財務諸表原則」が全面的に改訂されたのを契機にして，「会計ビッグバン」とも称されるような現行会計基準の抜本的修正および下記のような新会計基準(7篇)の連続的設定が「企業会計審議会」によって行われた。

「連結キャッシュ・フロー計算書等の作成基準」(平成10年3月13日公表)

「研究開発費等に係る会計基準」(平成10年3月13日公表)

「退職給付に係る会計基準」(平成10年6月16日公表)

「税効果会計に係る会計基準」(平成10年10月30日公表)

「金融商品に係る会計基準」(平成11年1月22日公表)

「固定資産の減損に係る会計基準」(平成14年8月9日公表)

「企業結合に係る会計基準」(平成15年10月31日公表)

これらの修正・新規会計基準は，法律的形式主義・取得原価主義・実現主義をメルクマールとしていた「企業会計原則」とは異なり，経済的実質優先主義，時価評価の部分的容認(原価・時価の混合測定主義)および発生主義を軸にして作成されているIASと調和した内容になっている。

(2) 「企業会計基準」（企業会計基準委員会）

平成13年7月26日に財団法人財務会計基準機構が発足し，その中に会計基準の開発・審議等を行う常設の民間機関として「企業会計基準委員会」が創設された。この企業会計基準委員会は，公的諮問機関の「企業会計審議会」に代わって，会計基準を設定する役割を担うことになり，独自に「企業会計基準」を作成・公表している。

さらに企業会計基準委員会は，「企業会計基準」のほかに，当該基準の具体的指針または他の会計問題の具体的対応措置として「企業会計基準適用指針」と「実務対応報告」を作成している。これらの基準等は，金融商品取引法上の「一般に公正妥当と認められる企業会計の基準」として取り扱われる。なお，

「企業会計基準委員会」が作成・公表した「企業会計基準」(平成25年3月末現在)は,図表1－2に示すとおりである。その中には,「企業会計審議会」作成の新会計基準を修正した「企業会計基準」(第3号,第10号,第14号,第19号,第21号,第23号,第26号)も含まれる。

図表1－2　企業会計基準委員会による「企業会計基準」の公表経緯

号	名　　　称	公　表　日
第1号	自己株式及び準備金の額の減少等に関する会計基準	平成14年2月21日公表
第2号	1株当たり当期純利益に関する会計基準	平成14年9月25日公表
第3号	「退職給付に係る会計基準」の一部改正	平成17年3月16日公表
第4号	役員賞与に関する会計基準	平成17年11月29日公表
第5号	貸借対照表の純資産の部の表示に関する会計基準	平成17年12月9日公表
第6号	株主資本等変動計算書に関する会計基準	平成17年12月27日公表
第7号	事業分離等に関する会計基準	平成17年12月27日公表
第8号	ストック・オプション等に関する会計基準	平成17年12月27日公表
第9号	棚卸資産の評価に関する会計基準	平成18年7月5日公表
第10号	金融商品に関する会計基準	平成18年8月11日公表
第11号	関連当事者の開示に関する会計基準	平成18年10月17日公表
第12号	四半期財務諸表に関する会計基準	平成19年3月14日公表
第13号	リース取引に関する会計基準	平成19年3月30日公表
第14号	「退職給付に係る会計基準」の一部改正（その2）	平成19年5月15日公表
第15号	工事契約に関する会計基準	平成19年12月27日公表
第16号	持分法に関する会計基準	平成20年3月10日公表
第17号	セグメント情報に関する会計基準	平成20年3月31日公表
第18号	資産除去債務に関する会計基準	平成20年3月31日公表
第19号	「退職給付に係る会計基準」の一部改正（その3）	平成20年7月31日公表
第20号	賃貸等不動産の時価等の開示に関する会計基準	平成20年11月28日公表
第21号	企業結合に関する会計基準	平成20年12月26日公表
第22号	連結財務諸表に関する会計基準	平成20年12月26日公表
第23号	「研究開発費等に係る会計基準」の一部改正	平成20年12月26日公表
第24号	会計上の変更及び誤謬の訂正に関する会計基準	平成21年12月4日公表
第25号	包括利益の表示に関する会計基準	平成22年6月30日公表
第26号	退職給付に関する会計基準	平成24年5月17日公表

会計基準の「国際的収斂」(international convergence) を目標にして，各国の会計基準設定機関と協力しながら，国という枠を超えて「国際的な会計基準設定機関」の創設が必要であるとの考え方に基づき，平成13年4月に「国際会計基準委員会」(International Accounting Standards Committee：IASC，後述される) は「国際会計基準審議会」(International Accounting Standards Board：IASB) に改組・改称された。IASBは，独自に『国際財務報告基準』(International Financial Reporting Standards：IFRS) を作成・公表するとともに，現行IASの見直しも行っている。

「企業会計基準委員会」には，IASBの基準設定に対応する（IASBが取り上げたテーマを各国会計基準設定機関も検討し，各国が取り上げたテーマをIASBも検討する）ために，「国際的対応専門委員会」が設置されている。したがって，今後，「企業会計基準委員会」はIAS／IFRSに収斂していく多様な「企業会計基準」を作成していくものと思われる。つまり，近年における一連の商法改正と会社法の創設および会計基準の国際的調和化・収斂に対応する形で「企業会計基準」が作成・公表されている。

「企業会計基準委員会」は，平成19年8月8日にIASBとともに「東京合意」を発表し，日本基準とIAS／IFRSとの収斂に関する日程を明確にした。「東京合意」では，一部の例外を除き，平成23年6月までに，IAS／IFRSとの収斂を完成させることが提言されている。ここ数年のうちに，経済的実質優先主義を重視するため，主観的な見積数値を財務報告数値として利用し，やや複雑な割引計算や見積計算を強いるIAS／IFRSの導入が急ピッチで進められることになる。

5　会計の国際化

(1) 会計の国際化と国際会計

　企業取引の国際化あるいは企業の海外戦略は，国内での経営展開と同等以上に重要性を増してきた。企業の海外進出が一般化した今や，現地で活動している企業は，どこかの国の企業としてではなく,「多国籍企業」として常に国際的視野のもとに行動している。多国籍企業の活躍や企業経済活動の急激な国際化に伴い，特定の会計問題においては，従来の財務会計や管理会計の枠内では取り扱いきれなくなったため，新たに「国際会計」という独立の会計領域が必要とされ，ここに今日の国際会計が誕生した。国際会計の領域・内容は，大きく次の2つに分けることができる。

　①　多国籍企業全般にかかわる会計問題を取り扱う実践的領域で，ここには財務会計はもとより管理会計や国際税務あるいは国際監査など，幅広い会計領域全般の問題が含まれる。
　②　各種の会計領域の中でも特に外部報告会計に焦点をあてた財務報告基準を取り扱う国際財務会計領域で，狭義において国際会計という場合には，しばしばこの領域を指すことが多い。

　最近のITの飛躍的な発達により，人々はコンピュータのディスプレイを通じて世界の出来事を瞬時に捉えることができるようになった。情報化社会がグローバルレベルで急速に変化する中で，今日，24時間国際資本市場が確立したことにより，最新の国際企業の経済的実態に関する情報ニーズが高まっている。
　それでは以下，上記の2つの領域について順次説明を行いたい。第1は,「多国籍企業会計」において，特に重要となる①国際振替価格，②国際課税，③国際監査について，続いて第2は,「国際財務会計」の現状についてである。

(2) 多国籍企業と国際会計

　国際取引を行う企業は，国内のみの取引では経験しえなかったさまざまな会

計諸問題に直面する。国際会計にかかわる代表的な項目として，①国際振替価格，②国際課税，③国際監査について以下，簡単に説明したい（外貨換算については，後述される）。

① **国際振替価格**

企業内部に独立した支店，工場，事業部などがあり，相互間で商品・製品・半製品が移動している場合，企業内部においてそこに付される価格を「振替価格」と呼ぶ。この価格は，いわゆる市場価格とは異なり，部門間の効率的な分権管理を行う目的あるいは税務管理の目的から企業が独自に設定したものである。国際振替価格の設定は，為替管理やインフレ率・税率が各国間で相違していること，特定の流通制限が存在していることなどの各種条件を考慮したうえで，国際的租税負担の軽減化あるいは為替リスクの最小化を実現するための企業にとっての代表的な国際経営戦略行動のひとつである。本来，国際振替価格は，多国籍企業内部間での効率的資源配分の達成を可能にするために設定されるものであるが，この価格設定問題に関して，実務上では，企業全体からみた租税負担額を合法的に最小化を図ろうとするための行為（租税回避）としての点がしばしば強調され，取り上げられることが多い。

② **国 際 課 税**

多国籍企業が健全な経営展開を実現しうるためには，国際課税制度を整備しておくことが不可欠である。国際課税における代表的な政策のひとつとして，「国際二重課税の排除」がある。これは，同一納税者・同一課税物件に対する複数国からの課税を排除しようとするものである。国際二重課税を排除する方策としては，「外国税額控除」という方式がある。これは居住地国では「外国源泉所得」に係わる課税権を放棄することなく課税するものの，その場合，居住地国で算定された課税額から外国税額を控除することを認める方式をいう。

③ **国 際 監 査**

多国籍企業は，本拠地である親会社の財務諸表と現地国にある子会社の財務諸表とがともに高いレベルでの監査を受けていなければならない。そのためには，高品質の世界的な統一的監査基準を確立する必要がある。国際的な監査基

準設定機関には，パブリック・セクターとしてはEU，OECD，UN等，プライベート・セクターとしては国際会計士連盟（IFAC），ヨーロッパ専門会計士連合（UEC）等がある。これら各組織の設立目的が相違することから，特に政治的調整が必要な領域での基準設定には困難な課題もあろう。しかし，今日の多国籍企業の行動がまさに国境を越えて，各国経済に多大な影響を与えているなかで，「国際監査」の重要性はますます強調されるようになってきた。

(3) 国際財務会計と国際会計基準（会計基準の国際的収斂）
① 国際財務会計の意義

一般に「国際会計」といえば，先に述べた狭義の国際会計，すなわち「国際会計基準」を中心とした財務会計領域を指す場合が多い。そこでは，多国籍企業による会計記録，財務諸表の作成・開示が主要な内容となっている。国際財務会計で取り扱われる問題は，次の3つに大別することができる。

第1は，各国会計基準ならびに制度についての調査・比較研究であり，「国際比較会計」といわれる。ここではまず，各国の会計制度についての調査・分析を行い，次に，会計制度の背景にある諸要因（たとえば経済システム，証券市場の実態，企業会計の制度的特質）を考え合わせ，当該国の会計制度の実態を理解していこうとするものである。この各国制度の比較を通して各国の共通点と相違点を確認し，その上で各国間の会計制度の特質の相違を究明していくのである。

第2は，多国籍企業に代表される国際企業の具体的な会計実務にまつわる各種議論であり，「多国籍企業会計」といわれる。ここでの議論は，連結会計や外貨換算会計をはじめ，インフレーション会計，セグメント会計，付加価値会計等の多くの点で，次にあげた第3の領域と重複する内容を扱うことになるが，ここでは特に各国の国内法および実務慣習にも十分に留意する必要がある。

第3は，国際会計基準設定を通じての会計基準の国際的調和化・統一化である。ここでのテーマは，特に財務諸表を中心とする会計情報に関して，各国間会計情報（たとえば連結財務諸表情報など）の比較可能性をできるだけ高め，国際的に受け入れられる会計基準を作成することにある。なお，この3番目の国際

会計基準の統一化は，前述の各国会計制度比較研究・調査を前提としている。

② 財務会計基準の国際的統一化

会計基準の国際的収斂(しゅうれん)・統一化に対するニーズが高まる中で，現在では，IASBから公表されるIAS／IFRSが，最も代表的な国際的な会計基準として注目されている。

IASBの前身であるIASCは，1973年（昭和48年）6月にアメリカ，イギリス，オーストラリア，オランダ，カナダ，ドイツ，日本，フランスおよびメキシコの9カ国の職業会計士団体（民間機関）によって設立された。IASCの目的は，①財務諸表の作成提示にあたり，準拠すべき会計基準を公共の利益のために作成・公表し，かつ，これが世界的に承認・遵守されることを促進し，②財務諸表の作成提示に関する規則，会計基準および手続の改善と調和に向けて広く活動することにある。

IASCは，IASの公表を通じて，国際会計・財務報告における比較可能性と一貫性を改善し，同時に，それによって国際的会計・報告実務の調和化を図ってきた。IASはそれ自体，法的強制力は持っていなかったが，わが国の大蔵省（現在，金融庁）やアメリカSECなどの公的機関の代表から構成される「証券監督者国際機構」(IOSCO)が，1988年（昭和63年）11月にIAS支持を表明したことにより一気に注目されるようになった。

IASCでは，IASによる会計基準の国際的統一化に対し，その政策的強化を図る意味から1989年（昭和64年）1月に公開草案第32号「財務諸表の比較可能性」を，そしてこれら諸事項の検討後に1990年（平成2年）6月に「趣旨書」を作成・公表した。これは，従来のIASにおいて，会計処理方法を選択する際，その選択幅が広かったこれまでの諸基準を見直し，その統一性を高めようとしたものである。IASCでは一連のIASの見直し作業と同時に，財務会計の概念フレームワークとして「財務諸表の作成・表示に関する枠組み」を1989年（平成元年）7月に公表した。これは，①財務諸表の目的，②財務諸表における情報の有用性を決定する質的特徴，③財務諸表の構成要素の定義，認識および測定，④資本，資本維持および利益の概念などに関する理論的体系化を図っ

たものである。

　IASCは，2001年（平成13年）4月に会計基準の統一化の強化に向けてIASBへと組織変更され，それに伴い，IAS（国際会計基準）はIFRS（国際財務報告基準）へと名称を変更された。

　国際財務会計にとって2005年（平成17年）は記念すべき年であった。それは，EU加盟各国が会計基準の域内統一化を実現した年である。それ以降，EU域内で上場するすべての連結企業（日本企業も含む）は，IAS／IFRSを採用しなければならなくなったのである。

　最後に，EU加盟各国の国内会計（具体的には個別財務諸表）について若干触れておこう。EUでは，1992年（平成4年）統合後，実質的な統合に向けてあらゆる法律が調和化・統一化されてきたが，会計基準も例外ではなかった。1978年（昭和53年）7月25日に発令された「会社法第4指令」は，株式会社，株式合資会社，有限会社，私会社などのいわゆる有限責任会社を対象に，EUにおける統一的な年度決算書（貸借対照表，損益計算書，附属説明書）の作成を要求した。また1983年（昭和58年）6月13日に発令された「会社法第7指令」は全51条から成り，その内容は，連結貸借対照表，連結損益計算書，連結附属説明書に関して，連結財務諸表の作成要件，作成基準および連結年次報告書，監査，公示等の規定から構成されている。EU会社法指令は，EU加盟各国の会社法の調整を要求する法律であり，発令以来，今日まで数次の改定を重ねてきている。これにより，個別財務諸表の作成基準の統一化も計画しているところである。

第 2 章

資産会計論

1 資産の計上・表示基準

(1) 資産の本質
① 財産説
　かつて財産計算を会計の主目的とする「静態論」において，債権者保護の立場から，企業が所有するすべての資産を細大漏らさず計上するとともに，これを売却時価で評価することによって企業財産の換金能力（すなわち担保能力）を表示していた。つまり資産は，企業が所有する金銭，換金能力を有する財産と権利に限定され，債権者に対する担保能力（すなわち債務弁済能力）を有する換金価値のあるものでなければならなかった。換金可能性をもった財産・権利を資産とする考え方が，「財産説」と呼ばれ，創立費・開発費等の繰延資産は，転売・換金できないので，資産には含まれない。

② 未費消原価説
　損益計算を主目的とする「動態論」では，貨幣の流れである収入・支出および財貨の流れを表現する収益・費用を結びつけ，人為的に期間区画された収入・支出計算が「期間損益計算」となる。収入・支出と収益・費用との間に生ずる期間的な不一致による「未解決項目」が貸借対照表（すなわち資産の計上場

所）に収容される。具体的に資産は，(a)支出・未費用（商品・建物，繰延資産等），(b)収益・未費用（仕掛品等），(c)支出・未収入（貸付金等），(d)収益・未収入（売掛金等）および(e)現金から構成され，将来の期間に収益または収入を生ぜしめる「前給付」という概念で統一される。動態論における資産概念は，期間損益計算の観点から，(1)将来費用となるべき項目が未だ費用とならない「費用性資産」((a), (b))，(2)未だ回収されず将来的貨幣となる「貨幣性資産」((c), (d)) および現金(e)に分けられる。なお，期間損益計算に関係ない未収入は「中性的収入」と呼ばれ，動態論では資産の「未費用性」が強調された。

したがって，資産の貸借対照表価額は，取得原価（過去の支出額）の期間配分手続によって「将来に繰り越される支出額」，次期以降の費用（未費用）として将来の収益に対応される「未償却原価」（未償却残高）であるとみなされる。期間損益計算を重要視する立場から，貨幣性資産は，先行する取引で生じた取引価格を反映するので，取得原価と等しいと考えられ，貨幣性資産を「準原価要素」として「未費消原価概念」により統一しようとする。

しかし，回収過程にある資産（未収入項目）または投下待機過程にある資産（現金）である「貨幣性資産」を，将来，費用に転化していく「費用性資産」（未費消原価）と同一視し，「準原価要素」とみなすのは非常に無理がある。

③ 用役潜在力説

未費消原価説の致命的な欠陥を補完する形で「用役潜在力」（「用役可能性」ともいう）なる資産概念が現れた。用役潜在力説の見解では，資産は，企業の経済活動において収益を稼得するために保有される経済的資源であり，その本質は，財貨・用役の生産・提供に貢献できる用役潜在力（すなわち将来において収益を稼得できる収益獲得能力）あるいは将来の経済的便益である。企業の経済活動のために拘束・保有される資産には，将来，一定の収益を得る経済的便益が直接・間接的に具有されるため，資産性が認められる。

資産を用役潜在力として捉えるならば，財貨・用役を獲得して収益稼得に間接的に寄与できる能力を有する貨幣性資産も，将来，収益稼得のために直接的に費消していく費用性資産と統一的に定義できる。商品・建物等のように，将

来の期間に属する費用の前払的性格を持つ費用性資産（支出・未費用）と同様に，すでに回収されて投下を待機している形態にある現金・預金（投下待機資産）あるいは売掛金等のように将来に回収される債権（未収入資産）である貨幣性資産も，将来の収益獲得への貢献が合理的に期待できる用役潜在力の集合体である。

(2) 資産の分類基準
① 貨幣性資産と費用性資産

一般的には，企業の経済的資源は当初は貨幣の形態にあるが，営業活動のために財貨・用役に投下されることによって，貨幣以外の資産つまり「非貨幣性資産」に転化し，再び貨幣性資産に回収される循環を経る。

「非貨幣性資産」は，投下された貨幣，すなわち支出額に基づいて測定され，将来の期間費用となる「費用性資産」，投資有価証券等のような「外部投資」に分けられる。

「貨幣性資産」は，現金・預金（投下待機資産），将来に回収される金銭債権（貨幣請求権）から構成され，収入額に基づいて測定される。

② 金融資産と事業資産

企業の主たる経済活動は，財貨・用役の生産・提供および販売であり，「営業活動」と呼ばれている。営業活動で稼得した資金は，再び営業活動のために投下されるが，余剰資金が生じれば株式等に投資され，配当等の稼得に利用される。この経済活動は「営業外活動」であり，「投資活動」または「金融活動」とも呼ばれている。金融活動に係る資産を「金融資産」，営業活動に係る資産を「事業資産」として分類することができる。

「金融資産」とは，現金・預金，受取手形・売掛金・貸付金等の「金銭債権」，株式その他の出資証券・公社債等の「有価証券」および先物取引・先渡取引・オプション取引・スワップ取引とこれらに類似する取引（デリバティブ取引という）により生じる正味の債権等をいう（基準10号4項）。

「事業資産」は，企業が営業活動を存続させる上で必要・不可欠となる資産である。たとえば，土地・建物・商品など，事業用実物資産がその典型である。

③ 流動資産，固定資産および繰延資産

わが国の制度会計上，貸借対照表に計上する資産を「流動資産」と「固定資産」に分類する基準としては，「正常営業循環基準」，「1年基準」(「ワン・イヤー・ルール」ともいう)，「所有目的基準」がある。

企業の主目的たる営業取引は，通常，現金→商(製)品→現金という形態で循環するが，「正常営業循環基準」とは，企業の正常な営業循環内に生じた資産を流動性があるとみなす基準である。受取手形・売掛金・前払金等の主目的たる営業取引により生じた「営業債権」，商品・製品・半製品・原材料・仕掛品等の「棚卸資産」は営業循環過程の中にある「営業循環資産」であり，保有期間の長短にかかわらず，すべて「流動資産」に属するものとする。

しかし，営業循環資産であっても，明らかに営業循環からはずれている破産債権・更生債権などは，長期間にわたり換金が容易であるとは限らない。反対に，貸付金，主目的以外の取引によって生じた未収入金等の債権は流動性が高い。これらの「金融債権」を「正常営業循環基準」のみで流動・固定資産に分類すれば，支払能力の判断という観点からは好ましくない。これらには「1年基準」が適用され，決算日の翌日から起算して1年以内に入金期限が到来するものは「流動資産」，入金期限が1年を超えて到来するものは「固定資産」に属するものとする。

現金・預金は「流動資産」に属するが，預金については，「1年基準」に従って，期限が1年を超えるものは「固定資産」(「投資その他の資産」)に属する(注解16)。

有価証券については，「所有目的基準」と「1年基準」に従って，売買目的有価証券と1年内に満期の到来する有価証券は「流動資産」に属し，それ以外の有価証券は「固定資産」(「投資その他の資産」)に属する(基準10号23項)。

なお，前払費用については「一年基準」が適用され，1年を超える期間を経て費用となるものは「固定資産」(投資その他の資産)に属するが，未収収益はすべて「流動資産」に属するものとする(注解16)。

さらに，わが国の制度会計上，資産の部には「繰延資産」が区分されている。

繰延資産とは，すでに代価の支払が完了し，それによって役務の提供を受けたにもかかわらず，一定の要件を満たせば，「支出効果の発現」および「費用収益の対応」の観点から，資産計上能力が与えられた「費用性資産」である（注解15）。他の費用性資産である有形固定資産・棚卸資産等は財貨または権利としての換金価値を有するのに対し，繰延資産は何ら実体を持たず，換金価値を有しない点で異なることから，「擬制資産」ともよばれる。

(3) 資産の当初認識・測定

「認識」とは，企業の経済的取引・事象のうち，どれを会計的に測定の対象となるのかを識別するプロセスであり，「測定」とは，会計的に認識された経済的取引・事象に金額を割り当てるプロセスである。

資産の「当初認識」では，資産の取得取引が正式に記録され，会計帳簿に計上される。この場合，当初認識における取得取引から生じる資産には，当初認識時における公正価値（すなわち取得原価）により「当初測定」が行われる。当初認識の段階では，資産は「取得原価」で把握される。この原始取得原価は，資産の取得時（当初認識時）における公正価値（時価）と等しいからである。

ただし，後述するように，取得の形態別（たとえば，購入，自家建設，受贈等）によって当初測定額（取得原価）の計算要素は異なる。

(4) 資産の再測定（期末評価）

① 資産評価基準の意義と種類

当初認識・測定された資産に対しては，当該期間中に経済的事象が生じているため，期末に再測定が行われる。これは資産の「期末評価」ともいう。

再測定対象となる資産に対して貨幣数値に割り当てる評価基準は，会計目的により「取得原価基準」，「時価基準」，「混合測定基準」，「低価基準」等に分けることができる。

取得原価基準（原価主義ともいう）とは，過去（当初認識・測定時）における実際の資産取得取引において支出した貨幣額（取得原価）に基づいて資産の期末評

価額(再評価額)を決定する基準である。

時価基準(時価主義ともいう)とは,決算日における市場価値(時価)で資産を評価する基準であり,これには当該資産の(1)購買(再調達),(2)販売または(3)保有(継続的使用)に基づく時価が想定される。すなわち,期末評価対象となる資産の再調達原価,売却価額(正味実現可能価額)または使用価値(割引現在価値)が評価基準として採用される。

混合測定基準(混合測定主義ともいう)とは,資産の種類に応じて原価または時価を使い分ける評価基準である。

低価基準(低価主義ともいう)とは,ある特定の資産に対して原価と時価を比較し,低い価額で当該資産を評価する基準である。

② **取得原価基準の特質**

取得原価基準によれば,資産価額は客観的にして検証可能な実際の支出額に基づいて取得時に確定しているので,時価のように見積りの要素を含まず,計算の確実性が保証される。また,会計数値は,取引当事者間で決定された客観的証拠,取引資料などの証憑書類に裏付けられ,検証可能性が高い。実際の外部取引による支出によって名目価値で計上されるので,名目価値的な検証可能性に富んでいる。名目価値的な取得原価を基調とする取得原価基準では,株主が投資した資本の名目貨幣額を維持すべき受託資本とみなし,投下貨幣資本の回収剰余としての利益を計算する「名目的貨幣資本維持」が達成される。

ただし,価格変動時には,非貨幣性資産とりわけ有形固定資産の取得原価は再測定時の公正価値(時価)とかけ離れ,「含み損益」を含む非現実的な会計数値となる。また,取得年次が異なる資産の歴史的な取得原価を単に集計したとしても,異なる取得原価(当初認識・測定時における公正価値)の寄せ集めでしかない。異なる購買力をもつ貨幣単位で資産が記録されるので,その加法性は疑問視され,期末評価された結果としての会計数値の比較は無意味である。

このような欠陥を是正する会計手法として,期末時点の購買力を表す実質貨幣単位によって再評価する「修正原価主義」が提案されている。これは「貨幣価値変動会計」,「一般物価変動会計」ともいわれている。非貨幣性資産の取得

原価を一般物価指数（消費者物価指数，卸売物価指数等）によって修正し，投下貨幣資本額と同一の購買力の維持を目的とするので，「購買力資本維持会計」とも「実質的資本維持会計」とも呼ばれる。

③ 時価基準の特質

1） 再調達原価法

「再調達原価」（「取替原価」ともいう）とは，現在所有している資産と同等の営業能力または生産能力を有する資産を再取得するのに必要な見積支出額である。「再調達原価法」は，現在時点の購買市場における再調達原価を基準にして資産の評価額を決定する基準であり，再調達原価による資産評価合計は企業の営業能力を表現するものと考えられる。

また，期間を通じてカレントな価値で計上される「収益」にチャージされる「費用」（売上原価，減価償却費等）が，カレントな再調達原価によって計上されるので，費用・収益の同期間的・同価値的対応による適正な期間損益計算が可能であり，企業の「営業能力維持」あるいは「実体資本維持」を達成する処分可能利益が算定される。

2） 正味売却価額法

「正味売却価額法」は，当該保有資産を販売市場で売却したとするならば受け取れるであろう貨幣収入額（売却時価）から見積販売経費（アフター・コストを含む）を差し引いた「正味売却価額」（「正味実現可能価額」ともいう）によって再評価する基準である。正味売却価額は現在の販売市場で売却処分して受け取るキャッシュ・インフローであるので，企業の流動性や担保能力の評価に役立つ。

3） 使用価値基準

「使用価値」（「利用価値」ともいう）とは，資産を将来の用役潜在力の貯蔵とみなし，当該資産の使用によって受け取る将来キャッシュ・インフローを適切な割引率により現在時点（再測定時点）の価値に割り引いた割引現在価値である。たとえば，機械装置（取得原価5,000万円，残存耐用年数3年，帳簿価額3,000万円）の正味売却価額が1,500万円であったが，売却しないで3年間の利用により毎年1,000万円のキャッシュ・フローと処分価額300万円のキャッシュ・フロー

（割引前の将来キャッシュ・フロー合計：3,300万円，割引率：3％）が見込まれる場合，下記算式により使用価値は計算される。

$$\frac{1,000万円}{1＋3\%}＋\frac{1,000万円}{(1＋3\%)^2}＋\frac{1,000万円＋300万円}{(1＋3\%)^3}≒3,104万円$$

使用価値の算定には，将来キャッシュ・フロー，割引率，使用期間の計算要素を見積もる必要があり，主観的な見積数値と仮定を前提とした資産評価とならざるを得ない。

④ 混合測定基準の特質

「混合測定基準」とは，該当する資産の性質に応じて取得原価または時価のどちらかを選択適用する測定基準である。取得原価基準や時価基準が，取得原価または時価を単一的に適用する「単一測定基準」であるのに対し，「混合測定主義」は，取得原価か時価かの一方の排他的な利用によるのではなく，取得原価と時価の混合による評価基準である。たとえば，特定の有価証券には時価，土地については取得原価を強制適用する評価システムである。

わが国では，売買目的有価証券・その他有価証券には時価，子会社株式・土地・建物等には取得原価，棚卸資産には低価が強制適用されるので，「原価・時価・低価混合測定主義」が採用されている。

⑤ 低価基準の特質

「低価基準」とは，ある特定の資産について原価と時価を比較し，低い価額により資産額を決定する評価基準である。原価が時価より低い場合には原価，時価が原価より低いときは時価によって評価される。この評価基準によれば，資産評価損は計上されるが，資産評価益は計上されない。評価の一貫性，適正な期間損益計算の観点からみれば，不合理な評価基準である。

低価基準を適用した場合における時価としては，決算日の正味実現可能価額（正味売却価額）または再調達原価が容認される。すなわち，低価基準として「取得原価と正味実現可能価額との比較法」または「取得原価と再調達原価との比較法」を利用することができる。

低価基準は，「保守主義」または「残留有用原価説」により採用されている。

すなわち，低価基準は取得原価基準の例外であり，予想の損失（未実現損失）の早期計上を図る「保守主義」により認められると考えるならば，時価は，現金回収可能額を意味する「正味実現可能価額」と結びつく。資産として次期に繰り越される原価は，将来の収益と対応されるための「残留有用原価」であり，その下落分は当該資産の残留有用原価の喪失を意味すると考えるならば，時価は，将来の収益を稼得する力としての「再調達原価」と結びつく。

2 有形固定資産会計

(1) 有形固定資産の意義・種類
① 有形固定資産の意義

「有形固定資産」は，営業活動（財貨・用役の生産または提供）のために長期間利用するために所有され，通常の場合，販売することを意図していない有形の資産である。有形固定資産は，将来において収益を稼得するために継続的に利用される実体を有する「利用目的資産」である。

実体を有する物的資産であっても，販売目的あるいは消費目的のために所有されている「棚卸資産」とは区別する必要がある。たとえば，不動産会社が販売目的で所有している「土地・建物」は棚卸資産に分類されるが，利用目的で所有しているのであれば「有形固定資産」に分類される。

すなわち，有形固定資産とは，企業の営業活動のために，原則として，1年以上継続して利用する目的で所有している有形の物的資産であり，通常の営業過程では販売されることがない。

② 有形固定資産の種類

有形固定資産は，「減価償却」（後述される）の対象となるか否かによって，「償却資産」と「非償却資産」に大別される。「償却資産」は，その資産の価値または効用が使用または時の経過によって次第に減少するために，減価償却という手続により当初の取得原価をその減少分だけ減少させていく資産である。ほとんどの有形固定資産が減価償却の対象となり，「非償却資産」は，土地，書

画・骨董、建設仮勘定などに限られる。

　営業の用に供する資産には、将来営業の用に供する目的で所有している資産、たとえば遊休施設、未稼働設備等も含まれる（財規ガイド22①）。

　なお、鉱山、油田などのように、採掘・採取されて当該資産の一部が材料または製品に化体し、最終的には枯渇してしまう天然資源は、「減耗資産」または「枯渇資産」とよばれる。

　有形固定資産に属する資産は、次に掲げる項目に従い、当該資産を示す名称を付した科目で表示しなければならない（財規23条）。

① 建　　　物

　「建物」は、店舗・事務所、工場・倉庫などの営業上の建物のほかに、当該建物に付属する冷暖房設備、照明設備、通風装置、昇降機などの付属設備のように、建物と一体となってその効用を果たす設備も含まれる。

② 構　築　物

　「構築物」とは、土地に定着する土木設備または工作物をいう。たとえば、水道管、広告塔、駐車設備、橋、岸壁、さん橋、ドック、煙突、軌道、貯水池などがある。

③ 機械・装置

　「機械・装置」とは、製造・加工用に使用される各種の機械および装置をいう。なお、コンベヤー、ホイスト、起重機等の付属設備を含む。

④ 船　　　舶

　「船舶」とは、貨物船、タンカー、漁船等の船舶をいい、砂利採取船、浚渫船等の「水上運搬具」も含まれる。

⑤ 車両運搬具

　「車両」には、鉄道車両、運送事業用車両、その他企業が保有する自動車が含まれ、リヤカー、自転車、けん引用馬・牛などが「陸上運搬具」とされる。

⑥ 工具・器具・備品

　「工具」は工作用具をいい、鋸、やすり、ドリルなどの加工用の道具類を

指す。「器具」とは，直接的に製造加工に使用される容器類，計器類，鋳型類をいう。「備品」とは，事務用品・椅子，応接セット，書架，商品陳列ケース，計算機，コンピュータ，金庫等であり，管理活動のために所有されている物品をいう。工具・器具・備品は，耐用年数1年以上で相当額以上のものに限られる。したがって，耐用年数1年未満で相当額未満(法人税法上，10万円未満)の短期・少額資産は，消耗品（棚卸資産）として流動資産に含めるか，または「重要性の原則」に従って支出時に費用化される。

⑦ 土　　　地

「土地」は，営業上の敷地を指すが，社宅敷地，社員厚生のための運動場，農園等の経営付属用の土地も含められる。ただし，投機目的で取得された土地は，投資不動産として「投資その他の資産」に属する。

⑧ 建設仮勘定

「建設仮勘定」は，長期にわたって建物・設備などを建設したり，業者に請け負わせた場合に，当該有形固定資産の建設のために支出した金額および当該建設のために充当した材料・部品費などの額を，完成時まで一時的に処理しておく仮勘定である。当該工事が完成して引渡しを受けたときには，建設仮勘定から該当する固定資産勘定に振り替える。

【設例2－1】

(1) 支店事務所の建築の請負代金50,000,000円の一部5,000,000円を小切手を振り出して支払った。

　　（借）建設仮勘定　5,000,000　　（貸）当座預金　5,000,000

(2) 上記建物が完成したので，引渡しを受けた。請負代金の残額について月末に支払うことにした。

　　（借）建　　　物　50,000,000　　（貸）建設仮勘定　5,000,000
　　　　　　　　　　　　　　　　　　　　　未　払　金　45,000,000

(2) 有形固定資産の取得原価
① 購入による取得

有形固定資産を購入によって取得した場合，送状価額から値引・割戻しを控除した「購入代価」に購入手数料・荷役費・運送費・据付費・試運転費などの「付随費用」を加算して「取得原価」とする。土地については，地均し費，土地造成費等が付随費用として「土地」勘定に含められる。ただし，「重要性の原則」によって，付随費用の一部または全部を取得原価に含めないことができる。

不動産取得税，登録免許税等のような購入にともなう諸税金は，取得原価に算入せず，「租税公課」勘定で処理できる。

「割賦購入」の場合には，現金代価を取得原価とするが，現金代価と割賦代価との差額は「利息未決算」勘定または「前払利息」勘定で処理し，当該年度に負担すべき部分は「支払利息」勘定に振り替えていく。

② 自家建設による取得

自家建設によって取得した場合，適正な原価計算基準に従って算定した製造原価が「取得原価」となる。外部購入との差額は「製作利益」または「製作損失」であるが，これら製作損益は取得原価に算入してはならない。

通常の場合，借入金の利子は財務費用として，その原価性が否定されるが，自家建設に要する借入資本の利子で，稼働前の期間に属するものに限り，これを取得原価に算入することができる（連続意見書第三，第一・四・2）。

この借入費用資産化を正当化する論拠の根底には，資産を取得するために借入れた資金に関連する費用は，当該資産の利用によって稼得する将来の収益に対応させるため，いったん取得原価に加算しておき，その後の減価償却手続によって順次費用化すべきであるとする「費用収益対応の原則」が存在する。資産の利用前には収益は生じないので，資産取得に要した一切の費用は資産の取得原価に算入し，利用後の期間に費用を帰属させ，実現収益に対応させる。

しかし，借入費用を特定資産の取得原価に算入すれば，同種の資産について資金調達方法により異なる取得原価を計上する結果となる。しかも，資金借入

は企業活動全体に貢献するものであり，借入資金と取得資産との間に資金的関連を客観的に決定することは困難であり，したがって借入費用を特定資産に関連せしめることは，必然的に恣意性の介入を招く場合もある。

③ 現物出資による取得

有形固定資産を現物出資の対価として受け入れた場合，出資者に対して交付された株式の発行価額をもって「取得原価」とする（連続意見書第三，第一・四・3）。理論的には，現物出資時における公正な時価が当該資産の用役潜在力を表し，取得原価にするべきである。したがって，交付された株式の発行価額は，現物出資された資産の時価評価額と等しいことを前提としている。

会社法（445条）によれば，現物出資による場合，給付のあった日における当該財産の価額を付すものとする。

④ 交換による取得

自己所有の有形固定資産（引渡資産）を交換に新規の有形固定資産（受入資産）を取得した場合，引き渡した固定資産の「適正な簿価」をもって取得原価とする（連続意見書第三，第一・四・4）。ここでいう「適正な簿価」とは，一般には，引渡資産の取得原価から減価償却累計額を控除した帳簿価額である。

受入資産の取得原価を引渡資産の簿価によって決定する理由として，①引渡資産の簿価は未回収の実際の支出額を表し，②交換は原則として等価交換を前提としており，交換によって損益は生じないと考えられているからである。

自己所有の株式・社債などの有価証券によって有形固定資産を交換した場合には，当該有価証券の時価または適正な簿価をもって「取得原価」とする（連続意見書第三，第一・四・4）。

⑤ 贈与による取得

有形固定資産を贈与その他無償で取得した場合，時価等を基準とした公正な評価額をもって「取得原価」とする（連続意見書第三，第一・四・5）。

有形固定資産を公正な評価額（時価）で計上した場合，貸方の処理として，資本取引による贈与剰余金とみる見解と利益とみなす見解がある。「企業会計原則」は，伝統的に国庫補助金等を贈与取引による資本剰余金とみなしていたが，

利益とみなして取得原価からそれを控除する「圧縮記帳」も認めている。すなわち，国庫補助金，工事負担金等で取得した資産は，国庫補助金等に相当する金額をその取得原価から控除することができる（注解24）。

この圧縮記帳は税法で認められており，法人税法では「資本等取引」を対株主取引に限定しているので，国家から国庫補助金等を受けることは資本等取引とはみなされず，利益に算入される。しかし，利益に算入されれば，ただちに課税の対象となるので，補助金等本来の目的が失われ，目的とする資産の取得が困難となる。そこで，当該資産の取得原価を減額（圧縮）して記帳し，その減額した部分の金額を損失（すなわち圧縮損）として算入することによって，その取得年度の所得計算上，利益（受贈益）と圧縮損を相殺し，利益がなかったのと同様の効果をもたらす圧縮記帳が容認されている。

【設例2－2】
建物80,000,000円（未払い）について，国庫補助金として40,000,000円を受け入れ，国庫補助金額の圧縮記帳を行う。

（借）建　　　　物　80,000,000　（貸）未　　払　　金　80,000,000
　　　現　金　預　金　40,000,000　　　　国庫補助金受贈益　40,000,000
　　　建　物　圧　縮　損　40,000,000　　　建　　　　物　40,000,000

⑥　リースによる取得

「ファイナンス・リース取引」により有形固定資産を取得した場合，通常の「売買取引」に係る方法に準じた会計処理が採用される。リース会計は，第6章で詳説される。

(3) 資本的支出と収益的支出

有形固定資産の取得後，当該資産を使用する過程で故障が発生したために，それを修復するための支出は「修繕費」という費用で処理される。このように有形固定資産を使用・維持するための修繕などに要した支出で，当期の費用として処理される支出を「収益的支出」という。

第2章　資産会計論

　同じ支出であっても，修繕費のように「原状回復」に要する支出でなく，有形固定資産の価値を高めるような支出は，「資本的支出」として当該資産の取得原価に加算される。一般的には，建物の増築，構築物の拡張等，物理的に付加した部分に対応する支出額のように，耐用年数を延長させたり，価値を増加させたとする支出部分が「資本的支出」である。収益的支出と資本的支出のどちらで処理するかにより，当該資産の取得原価が異なるので，それがその後の期間損益計算にも影響を及ぼす。

【設例2－3】
　建物の修繕・改良のために5,000,000円を小切手で業者に支払った。1,000,000円は原状回復のための支出と考えられ，残額は当該資産の模様替えのための支出であった。
　　（借）建　　　　物　4,000,000　　（貸）当 座 預 金　5,000,000
　　　　　修　繕　費　1,000,000

(4) 減 価 償 却

① 減価償却の意義，目的および効果

　有形固定資産（非償却資産を除く）は，長期間にわたる利用または時の経過により老朽化し，次第に価値が減少していく。この価値減少を「減価」という。

　減価を測定する会計処理として，一定の合理的な仮定に基づき，有形固定資産の取得原価を利用可能期間（耐用年数という）にわたり規則的に「期間費用」として配分し，その費用額だけ当該資産の帳簿価額を減額する手続が採られている。このような有形固定資産の費用配分手続を「減価償却」という。その減価による「減価償却費」は，通常，製造原価または一般管理費として処理される。たとえば，工場設備の減価償却費は「製造原価」に算入され，事務所の減価償却費は「販売費及び一般管理費」として取り扱われる。

　減価償却の意義は，「費用配分の原則」に基づいて有形固定資産の取得原価を耐用年数にわたって各年度に配分することである。減価償却の主要な目的は，

費用配分を規則的・計画的に行うことによって,「適正な期間損益」を計算することである。

　減価償却の手続を通じて,有形固定資産に投下された資金の一部が製品原価や期間費用に算入され,収益の対価として受け取った貨幣性資産（流動資産）によって回収される。しかも,減価償却費は,具体的なキャッシュ・アウトフローを伴わないので,その計上額だけ「不特定流動資金」が留保されることになる。このように,減価償却という手続により有形固定資産の一部が流動資産に転化する財務的効果を「固定資産の流動化」といい,減価償却費計上額が貨幣性資産の形態で企業に内部留保される財務的効果を「自己金融」という。

② **減価原因と耐用年数**

　有形固定資産を取得してから廃棄するまでの見積利用可能期間である「耐用年数」は,減価原因を考慮して合理的に決定する必要がある。有形固定資産の減価発生の原因は,「物質的減価」と「機能的減価」（「経済的減価」ともいう）の2つに大別される。

(イ) 物質的減価
　(a) 利用による物質的損耗（利用することによって発生する摩滅損耗）
　(b) 時の経過による物質的損耗（自然作用等の原因によって時の経過に従って生じる老朽化・価値減少）
　(c) 偶発の原因による物質的損耗（天災,その他偶発的事故等に基づく滅失・破損）

(ロ) 機能的減価
　(a) 陳腐化（物質的には利用可能であるが,新技術・新発明等の影響により当該資産が旧式化し,経済的に採算がとれなくなること）
　(b) 不適応化（需要の変化,経営規模・経営方針の変更・新生産方式の採用等によって,当該資産の継続的利用が不適当になること）

　今日のように技術革新・需要変化等が激しい時代においては,まず,物質的減価（ただし,予測困難な偶発的減価（上記(イ)(c)）を除く）を参考にして「物理的耐用年数」を決定した上で,機能的減価を考慮して耐用年数を短縮する。わが国

の会計実務では，税法規定による耐用年数が画一的に採用されている。

③ 減価償却費の計算方法

減価償却費は，「取得原価」，「耐用年数」（または「総生産高」）および「残存価額」（耐用年数終了時の見積処分価額）を計算要素として計算される。減価償却費の計算方法には，耐用年数（期間）を配分基準とする方法と生産高（あるいは利用高）を配分基準とする方法がある。耐用年数を配分基準とする方法には，定額法，定率法，級数法等があり，生産高あるいは利用高を配分基準とする方法には，生産高比例法あるいは利用高比例法がある。

1) 定 額 法

「定額法」は，有形固定資産の取得原価から残存価額を控除した金額を耐用年数で除すことによって，毎期の減価償却費を計算する方法である。この方法によれば，毎期の減価償却費の額は均等額になるので，「直線法」とも呼ばれ，計算が簡単である。

$$減価償却費 = \frac{取得原価 - 残存価額}{耐用年数}$$

2) 定 率 法

「定率法」は，取得原価からすでに減価償却を実施した金額（減価償却累計額という）を控除した「未償却残高」に一定の償却率を乗じて計算する方法である。この方法によれば，年数が経過するにつれて減価償却費は減少していくので，「逓減法(ていげんほう)」とも呼ばれている。また，年数の経過とともに，修繕費の額が増加すると考えられるので，定率法は比較的初期の段階で多額の償却を行い，その後，減価償却費が逓減することによって，「減価償却費」と「修繕費」を合わせた費用合計額が毎期均等になるように処理するという考え方に基づく。

$$減価償却費 = 未償却残高 \times 償却率$$

$$償却率 = 1 - \sqrt[耐用年数]{\frac{残存価額}{取得原価}}$$

3) 級 数 法

「級数法」は，当該資産の耐用年数に基づく算術級数によって減価償却費を

計算する方法である。この方法は，定率法よりも逓減の度合いが小さくなる。

$$減価償却費 = (取得原価 - 残存価額) \times \frac{耐用年数 - 経過年数 + 1}{耐用年数 \times (1 + 耐用年数) \times \frac{1}{2}}$$

【設例２－４】

取得原価20,000,000円，残存価額は取得原価の10％，耐用年数8年の設備資産について，(イ)定額法，(ロ)定率法（耐用年数8年の償却率は0.25である）および(ハ)級数法によって減価償却費を求める。

(イ) 定 額 法

　(20,000,000円 − 2,000,000円) ÷ 8年 = 2,250,000円

　毎期の減価償却費は2,250,000円となる。仕訳は次のとおりである。

　　（借）減価償却費　2,250,000　　（貸）減価償却累計額　2,250,000

(ロ) 定 率 法

　第1年度：20,000,000円 × 0.25 = 5,000,000円

　第2年度：(20,000,000円 − 5,000,000円) × 0.25 = 3,750,000円

　第3年度：(20,000,000円 − 5,000,000円 − 3,750,000円) × 0.25
　　　　　 = 2,812,500円

　　　　　（以下，省略）

(ハ) 級 数 法

　耐用年数の級数総和：$\frac{8年 \times (1年 + 8年)}{2} = 36年$

　第1年度：$(20,000,000円 - 2,000,000円) \times \frac{8年}{36年} = 4,000,000円$

　第2年度：$(20,000,000円 - 2,000,000円) \times \frac{7年}{36年} = 3,500,000円$

　第3年度：$(20,000,000円 - 2,000,000円) \times \frac{6年}{36年} = 3,000,000円$

　　　　　（以下，省略）

4) 生産高比例法

「生産高比例法」（あるいは「利用高比例法」）は，鉱業用施設，航空機，自動車のように，総生産高，総利用距離，総利用時間等が見積もられる場合，当期の実際の生産高または利用高に比例して減価償却費を計算する方法である。

$$減価償却費 = (取得原価 - 残存価額) \times \frac{当期生産高（または当期利用時間等）}{見積総生産高（または見積利用時間等）}$$

【設例2－5】

【設例2－4】における設備資産の当期利用時間が6,000時間であった。この設備資産の総見積時間40,000時間として当期の減価償却費を計算する。

$$(20,000,000円 - 2,000,000円) \times \frac{6,000時間}{40,000時間} = 2,700,000円$$

---

④ 税法上の新減価償却法

平成19年度税制改正により，昭和39年以来の大改正が行われ，残存価額および償却可能限度額（取得原価の95％相当額）が廃止され，1円（備忘価額）まで償却できるようになった。これに伴い，償却率が新しくなり，従来の定率法（旧定率法）から新しい「250％定率法」が導入されている。平成19年3月31日以前に取得した減価償却資産は，従来の償却方法の仕組みが維持されるが，償却可能限度額まで償却した後には5年間で1円（備忘価額）まで均等償却を行うことができる。

平成19年4月1日以後に取得した減価償却資産は，残存価額が廃止されたため，新しい償却率を適用しなければならない。新規に導入された定率法の償却率は，定額法の償却率（1／耐用年数）を2.5倍した数とし，定率法により計算した減価償却費が一定の償却保証額（耐用年数から経過年数を控除した期間内に，その時の帳簿価額を均等償却すると仮定して計算した金額）を下回ったときに，定額法に切り替えて減価償却費を計算する。この方法が「250％定率法」と呼ばれる。

たとえば，耐用年数が8年である場合，定額法の償却率は0.125（＝1／8）であるので，250％定率法の償却率は0.313（＝0.125×2.5）となる。

図表2-1では,取得価額100万円,耐用年数8年の資産の減価償却費の計算について,旧定額法(償却率0.125,残存価額10万円)と旧定率法(償却率0.25,残存価額10万円)および新減価償却制度における定額法(償却率0.125,備忘価額1円)と250%定率法(償却率0.313,備忘価額1円)が対比されている。

図表2-1 減価償却費計算の新旧比較

経過年数	1	2	3	4	5	6	7	8	(合計)
旧定額法	112,500	112,500	112,500	112,500	112,500	112,500	112,500	112,500	(900,000)
旧定率法	250,000	187,500	140,625	105,469	79,102	59,326	44,495	33,483	(900,000)
定額法	125,000	125,000	125,000	125,000	125,000	125,000	125,000	124,999	(999,999)
250%定率法	313,000	215,031	147,726	101,488	69,722	51,011	51,011	51,010	(999,999)

(注) 250%定率法では,初年度から5年間には定率法を適用し,6年後以降には均等償却(定額法)に切り替える。6年度以降の減価償却費の計算では,下記(イ)と(ロ)の多い償却保証額を採用する。
(イ) 250%定率法:153,033×0.313=47,899
(ロ) 均等償却(定額法):153,033÷(8年-5年)=51,011

【設例2-6】
　平成20年4月1日に購入した備品(取得価額100万円,耐用年数5年)について,(a)定額法と(b)250%定率法により,取得初年度の減価償却費を計算しなさい。
(a) 定　額　法:1,000,000円×0.200=200,000円
(b) 250%定率法:1,000,000円×(0.200×2.5)=500,000円

　平成19年度税制改正を受けて,平成19年4月25日に日本公認会計士協会から監査・保証実務委員会報告第81号「減価償却に関する当面の監査上の取扱い」が公表され,新減価償却法とともに従来の方法も容認された。
　なお,平成24年4月1日以後に取得する減価償却資産には「200%定率法」が税法上適用される。

(5) 個別償却と総合償却

減価償却の計算単位をどのように決定するかによって,「個別償却」と「総合償却」に分けることができる(連続意見書第三,第一・十)。

「個別償却」とは,有形固定資産の個々の資産ごとに減価償却を行い,記帳する方法である。この方法によると,個々の資産の帳簿価額が常に明らかになるので,当該資産を処分した時にその処分損益を直ちに計算することができる。

「総合償却」とは,複数の資産を償却単位として減価償却費を計算する。その場合,耐用年数が等しい同種資産を一括し,または,耐用年数は異なるが物質的性質ないし用途について共通性のあるいく種かの資産を一つのグループとし,このグループに属する資産の平均耐用年数によりグループごとに償却計算を行う「組別償却」と,性質,用途等を異にする多数の異種資産につき平均耐用年数を用いて一括的に償却する「狭義の総合償却」がある。

(6) 取替法と廃棄法

有形固定資産には,「同種の物品が多数集まって一つの全体を構成し,老朽品の部分的取替を繰り返すことにより全体が維持されるような固定資産」(注解20)がある。たとえば,鉄道業におけるレール,枕木,信号機,電力業における電柱,送電線などである。これらは「取替資産」とよばれ,費用配分手続として減価償却の代わりに「取替法」を適用することができる。

「取替法」とは,取替資産の一部を取り替える時に,取り替えられる部分の帳簿価額は最初の取得原価をそのまま維持し,取替に要した新規資産の支出額を当該年度の費用として処理する方法である。この方法によれば,減価償却手続とは異なり,規則的・計画的な費用計上は行われないが,多数の取替資産が毎期平均的に部分的取替が行われていれば,費用計上額は期間的に平均化する。

たとえば,取替法によって処理している工具の一部(取得原価600,000円)が破損したために取り替えられ,新規購入分の取替原価が800,000円であったとすれば,次の仕訳処理が必要である。

　　(借) 固定資産取替費　800,000　　　(貸) 現　金　預　金　800,000

わが国では容認されていないが，取替法に似た方法に「廃棄法」とよばれるものがある。この方法によれば，取替時の旧取替資産の取得原価を費用（廃棄損）として計上し，新規取替資産の取得原価を貸借対照表の帳簿価額として計上する。たとえば，前記例について廃棄法を適用し，旧工具の廃材価額が50,000円と見積もられる場合，下記仕訳が必要である。

(借) 工　　　　　具	800,000	(貸) 現　金　預　金	800,000
固定資産除却損	550,000	工　　　　　具	600,000
貯　蔵　品	50,000		

(7) 有形固定資産の処分

　有形固定資産は，耐用年数終了後あるいは耐用年数終了前において処分される。当該資産に処分（売却）価値があれば売却され，なければ廃棄される。売却処分された場合は帳簿価額と売却価額との差額は「固定資産売却損益」として処理する。当該資産を適切に評価し他に転用するために除去処分する場合，帳簿価額と評価額との差額は「固定資産除却損益」として処理される。また，当該資産が無価値として廃棄処分された場合は帳簿価額を「固定資産廃棄損」として処理する。これらの処分損益は企業の経常的活動によって生じたものではないので，損益計算書上「特別損益」として処理される。

(8) 有形固定資産の期末評価額および表示方法

　有形固定資産の期末評価額は，当該資産の取得原価から減価償却累計額を控除した価額である。貸借対照表における有形固定資産と減価償却累計額の表示方法として，次の4つの方法が認められている（注解17）。
① 間接控除法
　(a) 個別控除法（有形固定資産の各勘定科目ごとの取得原価からそれに対応する減価償却累計額を控除する形式で表示する方法）
　(b) 一括控除法（複数の科目について，それに対応する減価償却累計額の合計額を一括して控除する形式で表示する方法）

② 直接控除法
(c) 個別注記法（各勘定科目の金額からそれに対応する減価償却累計額を直接控除した残高を表示し，各科目ごとの減価償却累計額を注記する方法）
(d) 一括注記方式（各勘定項目の金額からそれに対応する減価償却累計額を直接控除した残高を表示し，減価償却累計額については一括した合計額で注記する方法）

3 棚卸資産会計

(1) 棚卸資産の意義・種類

　商業を営む企業は，商品を仕入れ，その商品を販売することを主たる業務としている。また，製造業を営む企業は，原料・材料を購入し，工場等で製品に加工し，その製品を販売することを業務とし，それぞれの営業目的を達成する。
　上記の商品，製品，原料・材料等は「棚卸資産」といわれ，企業の営業目的を達成するために，直接あるいは加工のうえ販売され，ならびに一般管理活動として保有される重要な財貨・用役である。
　「基準9号」（3項）によれば，棚卸資産は，商品，製品，半製品，原材料，仕掛品等の資産であり，企業がその営業目的を達成するために所有し，かつ，売却を予定する資産であり，売却を予定しない資産であっても，販売活動および一般管理活動において短期間に消費される事務用消耗品等も含まれる。なお，上記売却には，市場価格の変動により利益を得ることを目的としたトレーディングも含まれる（基準9号3項）。また，棚卸資産には，未成工事支出金等，注文生産や請負作業における仕掛中のものも含まれる（基準9号28項，31項）。
　つまり，棚卸資産の範囲は，下記4項目のいずれかに該当する財貨または用役である（基準9号28項）。
　(イ) 通常の営業過程において販売するために保有する財貨または用役（商品，製品などの販売目的資産）
　(ロ) 販売を目的として現に製造中の財貨または用役（半製品，仕掛品などの製造中の資産）

(ハ) 販売目的の財貨または用役を生産するために短期間に消費されるべき財貨（原材料，工場用消耗品などの消費目的資産）
(ニ) 販売活動および一般管理活動において短期間に消費される財貨（事務用消耗品，包装用品などの消費目的資産）

また，「財務諸表等規則」(15条五～十) においても棚卸資産は，商品（販売の目的をもって所有する土地，建物その他の不動産を含む），製品・副産物および作業屑，半製品（自製部分品を含む），原料および材料（購入部分品を含む），仕掛品および半成工事，消耗品，消耗工具，器具および備品その他の貯蔵品で相当額以上のものとに種類別に例示・列挙されている。

図表2－2　棚卸資産の種類

```
                 ┌ 商    品 ┐
                 ├ 製    品 ┤→ 販売目的資産 ←┐
                 │          │                │
  棚卸資産 ──────┼ 半  製  品┤                │
                 ├ 仕  掛  品┤→ 製造中の資産 │
                 │          │                │
                 ├ 原  材  料┤                │
                 └ 貯  蔵 品*┤→ 消費目的資産 ┘
```

＊貯蔵品
① 事務用消耗品，包装用品等の消耗品
② 工場用消耗品
③ 有形固定資産の除却後の廃材

出所：菊谷正人『ゼミナール財務諸表論（第2版）』中央経済社，平成4年，101頁。

図表2－2で示すように，商業・製造業を営む企業の商品・製品（半製品が入る場合もある）は，直接的な販売目的資産である。製造業における半製品・仕掛品などの製造中の資産は，最終的には販売目的資産になるための過程段階の資産である。また，原材料・貯蔵品などの消費目的資産は，製造過程を経て販売目的資産に転化するものと，販売目的や一般管理活動のために消費するものに分かれる。

ほとんどの棚卸資産が販売目的として保有され，営業循環過程にあるため，「流動資産」に属する（企原，三・四・1A）。例外的に，営業目的を達成するた

めに所有し，かつ，加工もしくは売却を予定しない財貨もあり，これは「固定資産」に属する(注解16)。なお，棚卸資産は有形の財貨だけに限らない。たとえば，材料支給で加工のみを委託された場合の注文生産や請負作業などの仕掛中のもの，あるいは半成工事などは，その加工費または労務費，間接費からなる無形の役務部分に該当し，「棚卸資産」として扱われる。

(2) 棚卸資産の取得原価

棚卸資産の貸借対照表価額は，原則として，購入代価または製造原価に引取費用等の付随費用を加算し，原価の配分方法を適用して算定した取得原価である（企原，三・5A）。この棚卸資産の取得原価は，売上原価の算定や貸借対照表価額の算定に重要な基礎となる。固定資産と同様に，取得形態別に取得原価の算定は異なる。

① 購入による取得

購入によって取得した商品，原材料などの棚卸資産の取得原価は，購入代価に副費（付随費用）を加算した金額である。前述したように，「購入代価」とは，通常，送状価額であるが，値引き等があった場合，送状価額から仕入値引額・仕入割戻額などを控除した金額である。

また副費（付随費用）は，外部副費と内部副費に分けられる。「外部副費」とは，仕入先から購入に至るまでの外部活動に要する費用で，引取運賃，購入手数料，関税，荷役費，運送保険料などがある。

これに対して「内部副費」とは，棚卸資産の購入後，消費または販売に至る内部活動において発生する費用であり，購入事務費，保管費，移管費，検収費，選別費などがある。内部副費も取得原価に含めることができる。

両副費とも重要性の乏しいものについては，取得原価に算入しないことができる（注解1・(4)）。したがって副費の取扱いは，一律に定めることは難しく，各企業の実情に応じて決める必要がある。一般的には，外部副費は取得原価に加算するが，内部副費は加算しない傾向にある。副費を取得原価に加算しない場合には，決算にあたり，当該副費を売上原価に対応する部分と期末棚卸資産

に見合う部分に配分し，後者の副費は棚卸資産に含めて貸借対照表に計上する。

【設例2－7】

商品500,000円を掛けで仕入れ，関税10,000円と引取運賃5,000円を現金で支払った。

(借) 仕　　　入　　515,000　　　(貸) 買　掛　金　　500,000
　　　　　　　　　　　　　　　　　　　現　　　金　　 15,000

棚卸資産の購入に要した負債利子あるいは取得から処分するまでの資金利子については，利子は期間費用とする慣行から，取得原価に算入しない（連続意見書第四，第一・五・1）。

② 自己製造による取得

自己製造によって取得した製品，仕掛品，副産物等の棚卸資産の取得原価は，適正な原価計算基準に従って算定された正常な「実際製造原価」により算定される（注解8）。

また，製品について，標準原価または予定原価をもって取得原価とする場合，発生した「原価差額」が合理的に僅少であるときは，そのまま取得原価とすることができる。しかし，原価差額が僅少でなかったときは，貸借対照表に計上する価額は，差額調整を行った後の原価を用いなければならない。

「販売費及び一般管理費」は，通常，取得原価に算入しないが，受注生産などで生じる販売直接費は取得原価に算入することできる（連続意見書第四，第一・五・2）。

③ その他の取得

贈与による取得には適正な時価を基準とし，交換による取得には交換に供された自己資産の帳簿価額を基準として取得原価を決定する。現物出資による取得には，現物出資された資産の公正な時価を算定し，出資者に対して交付された株式等の発行価額を取得原価とする。また，合併による取得における取得原価は，合併により被合併会社から受け入れた棚卸資産の受入価額による。このように，これらの取得原価は，現金買入価格，現金売却価格等の適正時価，あ

るいは相手側の帳簿価額等を基準として決定される（連続意見書第四,(注10)）。

(3) 棚卸資産の払出価額

① 棚卸資産の原価配分

棚卸資産は費用性資産であるので，商品の販売または原材料の費消により費用化され，損益計算書の「売上原価」あるいは「製造原価」に計上される。棚卸資産の期首分および当期中の取得原価の合計額は，期中の「払出価額」（すなわち費消価額）と「期末棚卸高」（未費消価額）に配分される。

棚卸資産の払出には，商品・製品等が販売のために外部に払い出されるもの（売上原価）と原材料・貯蔵品等を製造過程で消費するために払い出されるもの（製造原価）がある。また，費消されなかった棚卸資産は，期末棚卸高として「在庫品」になり，貸借対照表に計上され，次期に繰り越される。このように，棚卸資産の取得原価を費用と資産に区分けすることも「原価配分」の一種である。図表2－3のように，損益計算書では，収益と対応表示される売上原価または費消原価（製造原価）として費用計上され，貸借対照表では，期末棚卸高として商品・製品，原材料等の棚卸資産が流動資産の部に記載される。

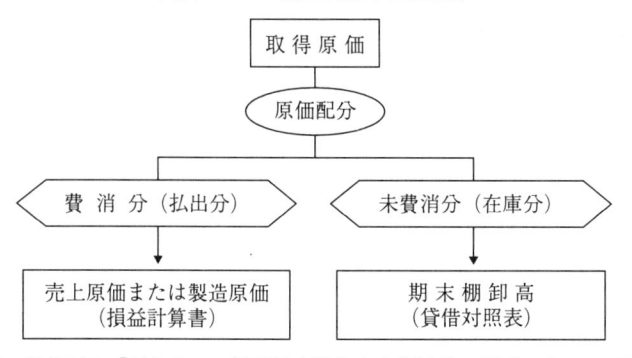

図表2－3　棚卸資産の原価配分

```
                取得原価
                   │
                原価配分
                ┌──┴──┐
        費消分（払出分）    未費消分（在庫分）
              │                │
     売上原価または製造原価     期末棚卸高
        （損益計算書）        （貸借対照表）
```

出所：菊谷正人『ゼミナール財務諸表論』中央経済社，平成4年，104頁。

この場合における費消分の払出価額（売上原価または費消原価）は，次の算式のとおり，払出単価（この単価は各種の原価配分方法により計算される）に払出数量

(売上数量または費消数量)を乗じて計算される。

払出価額(売上原価または費消原価)＝払出単価×払出数量

② 払出価額の計算

1) 払出数量の計算

　棚卸資産の払出数量の計算は，主として「継続記録法」(「記録計算法」ともいう)と「実地棚卸法」(「棚卸計算法」ともいう)の方法によって行われる。

(a) 継続記録法

　「継続記録法」は，商品有高帳(その他材料元帳，製品元帳)などの帳簿に，棚卸資産の種類ごとに受入と払出の数量を継続して記録し，その帳簿記録によって種類ごとに棚卸資産に関する期中払出数量および期末棚卸数量を算出する方法である。この方法の算式は次のとおりである。

　　当期末棚卸数量＝(期首棚卸数量＋当期受入数量)－当期払出数量

　商品有高帳の記入に際し，受入欄には，繰越の記帳と仕入(返品も含む)により取得した商品の増加が記録され，払出欄では，その商品の売上(返品も含む)による商品減少の記録を行い，結果としてそのつどの棚卸数量を把握することができる。したがって，この方法によれば棚卸資産の払出数量が，個々の払出事実により直接的に把握されるので，収益の売上と個別的かつ直接的な対応関係を導くことができる。しかも保有する残高数量(在庫量)が常に明らかになる。

　しかし，この継続記録では，棚卸資産の保管中の紛失・盗難・自然的減耗(げんもう)などの原因に基づく消費数量の減少を，完全に把握できないことがある。そのため，下記の「実地棚卸法」を併用することにより，帳簿上の数量と実地棚卸数量の比較照合を行うことによって，不足数量の確認と原因の解明が可能となる。この両方法の併用によって，棚卸資産の在庫管理が有効に働く。

(b) 実地棚卸法

　「実地棚卸法」は，期末時に棚卸資産の実地棚卸を行い，期末棚卸数量を計算・確認する。これに伴い，期首棚卸数量と当期中の受入数量の合計から期末実地棚卸数量を控除して，当期の払出数量を間接的かつ一括的に算定す

第2章　資産会計論

る。この方法の算式は次のとおりである。

　　当期払出数量＝(期首棚卸数量＋当期受入数量)－期末実地棚卸数量

　この方法は，継続記録法のように受入・払出といった日々の記録は行わないので，事務作業を省略することができる。しかし，棚卸資産の払出数量や日常の保有残高数量(在庫量)を明らかにすることができない。また，保管管理中に発生した紛失・盗難・自然的減耗などを発見できず，上記算式の結果，紛失・盗難等による数量が払出数量に混入してしまうため，払出数量の正確な把握ができないという欠点を持つ。

　したがって，実地棚卸法は継続記録法を補完する形で用いられているが，実務では中小企業において，規模の問題や人手の不足もあり，実地棚卸法のみを用いることが多い。

2）　払出単価の計算

　商品，原材料等の棚卸資産の購入にあたり取得原価による記録を行うが，商品有高帳の受入単価にその取得原価の1個(あるいは台，ダース等)当たりの単価を記入する。

　しかし，棚卸資産によっては同種・同品質・同規格の棚卸資産を購入するたびに，その取得原価がたびたび異なることがある。その理由として，棚卸資産の需給関係，市場の地域性，価格変動，為替相場の変動，購入量の多寡などがあげられる。そのため，払出金額の原価算定に払出単価をどのように決めるかが重要な問題になる。実際には商品有高帳などの記帳にあたり，前述の払出数量の計算と払出単価の計算とが同時に継続記録され，残高欄に数量・単価・金額が記入される。

　「企業会計原則」(注解21)では，原価の配分方法として，個別法，先入先出法，後入先出法，平均原価法(平均原価法には，移動平均法，総平均法，単純平均法に分けられる)の4つの方法と，特殊な原価配分方法として売価還元法をあげている。

　ただし，「基準9号」(13項，21－2項)によれば，平成22年4月1日以後開始する事業年度から後入先出法は廃止される。

(a) 個 別 法

　「個別法」とは，取得した棚卸資産ごとに，それぞれの取得原価を区別して記録し，その個々の実際原価によって期末棚卸品を評価する方法である（注解21・(1)イ）。すなわち，棚卸資産の受入のつど，その取得原価を記録し，その棚卸資産を販売等により払い出すたびに，この取得原価を払出単価とする。この個別法は，個々の資産に関して個別的に売買損益を把握することが可能であり，かつ棚卸資産の個別管理を厳密に行うことができる。

　しかし，通常の棚卸資産で大量の受入や払出がある場合には，その記録がきわめて困難になるために，実務的な方法とはいえない。したがって，個別法は，高額な宝石・貴金属や不動産業者の販売用土地・建物など，取引回数が少ない限られた棚卸資産の場合に適用できる方法である。

(b) 先入先出法

　「先入先出法」とは，棚卸資産の種類，品質あるいは型の異なるごとに区別して記録し，同じ種類の棚卸資産が，先に取得したものから順次払い出したものと仮定し，払出単価を決定する方法であり，「買入順法」とも呼ばれている。したがって，期末には，最も新しく取得された取得価額が貸借対照表価額として計上される（注解21・(1)ロ）。

　通常は先に購入したものが先に出ていくものであるから，この方法は，実際の棚卸資産の動きに即した記録法であるといえる。期末棚卸価額は，期末近くに購入した単価で計算されるため，時価に近い価額を反映する。他方，売上原価・費消原価としての払出価額は，古い取得価額で算定される。そのため，棚卸資産の価格上昇時には，期中の受入単価が低い取得価格の水準により費用額が決定されるので，収益との対応計算上，価格騰貴に伴う保有利益が計上される。

(c) 後入先出法

　「後入先出法」とは，払出の順序が先入先出法と逆になるので，「買入逆法」ともいう。この方法は，最も新しく取得した棚卸資産から順次販売により払出が行われると仮定して，払出単価を計算するする方法である。したがって，

期末棚卸資産には，期末の時価から離れた取得価額が貸借対照表価額として計上される（注解21・(1)ハ）。他方，後に購入した期末に近い取得原価を先に払い出す計算が行われるので，売上原価・費消原価は，後の新しい払出価額（受入単価）で算定される。価格上昇時には，売上原価・費消原価は，時価を反映した比較的最近の取得原価が払出価額として計算されるので，費用額は収益と同一の価格水準の対応関係を持つことになる。その結果，ある程度の保有損益を損益計算から除去できる。このため，インフレなど価格上昇時には，後入先出法の方が実物資本維持に役立つことになり，実務界に受け入れられている。

後入先出法の問題点は，棚卸資産のものの流れに反することや，期末の棚卸資産価額が期末の時価から離れた評価額となることがあげられる。

(d) **移動平均法**

「移動平均法」とは，棚卸資産を新規に取得するごとに，取得時に保有していた同種・同規格の棚卸資産の残高数量と残高金額に，新しく購入した同種・同規格の棚卸資産の数量と金額をまずそれぞれ合計する。次いで，その合計金額を合計数量で除して加重平均単価を計算する。したがって，新規購入のつど新たな平均単価を計算し，これを売上等の払出時に，そのときの加重平均単価でそのつど，払出価額を算定する方法である。この加重平均単価の算式は，次のとおりである。

$$平均単価 = \frac{保有棚卸金額(残高金額) + 新規取得の棚卸資産金額}{保有棚卸数量(残高数量) + 新規取得の棚卸資産数量}$$

棚卸資産を購入するたびに取得原価が変わる場合には，この移動平均法が妥当し，また払出のつど払出価額と在庫価額（残高欄の金額）が知ることができる利便性がある。反面，加重平均の計算による端数金額が生じたり，煩雑な手数がかかるという欠点がある。

この移動平均法では，上記計算式を用いて，期末から最も近い取得時に計算された平均単価で期末棚卸資産の評価額が決定される。なお，取引が行われるつど記帳・計算するのではなく，月次移動平均法で求めた場合は，月次

総平均法のものと同じ結果になる。

(e) 総平均法

「総平均法」とは，一定期間（たとえば1ヵ月）における期首棚卸資産の金額と期間中に取得した棚卸資産の金額の合計額を，期首の棚卸資産数量とその期間中に受け入れた数量の総数量で除した加重平均単価を求め，この平均単価と当該期間の払出数量とを乗じて払出価額を算定する方法である。総平均法に用いられる一定期間は，1ヵ月，6ヵ月および1年の期間が認められている。実務上，月次計算を必要とすることから，1ヵ月単位で行う月次総平均法が多く採用されている。

(f) 単純平均法

「単純平均法」とは，平均計算にあたって数量を考慮しないで，期中に取得した棚卸資産の受入単価のみを合計する。次いで，その合計額を異なる単価の数で除して求めた平均単価で，期末棚卸資産の価額ならびに払出価額の算定を行う。わが国の法人税法は単純平均原価法を認めているが，受入数量の要素を平均単価の計算にまったく考慮しないため，合理性に欠けた方法といえる。

(4) 棚卸資産の期末評価額および表示方法

棚卸資産の期末評価額は，期末における棚卸資産の単価（各種の原価配分方法により算定される）に期末帳簿数量を乗じた金額である。

棚卸資産価額＝棚卸資産の単価×棚卸資産の数量

しかし，現実には，帳簿記帳による継続記録法を用いて算定した帳簿上の棚卸数量よりも期末時の実地棚卸に基づく実際数量が不足するという「棚卸減耗」が発生する。また，棚卸資産市場の正味売却価額が帳簿上の価額（取得原価）より下落する棚卸資産評価損の問題が生じる。したがって，棚卸資産の期末評価額を調整する必要がある。

① 棚卸資産の棚卸減耗

本来は，期末帳簿数量と実地棚卸数量と一致することが望ましい。しかし，

帳簿記録を正確に行った場合でも，保管中の紛失・盗難・自然的減耗などの原因により，実際の数量が減耗してしまうので，帳簿棚卸数量よりも実地棚卸数量の方が不足することが多い。このような原因で生じた数量減少分を「棚卸減耗」という。

この減耗した数量に当該棚卸資産の原価（帳簿上算定された単価）を乗じた金額が，「棚卸減耗損」である。この棚卸減耗損を期末棚卸資産の帳簿価額から控除するとともに，当該期間に属するものを費用として計上する。

棚卸減耗損の損益計算書上の表示に関して明確な規定はないが，「企業会計原則」(注解10・(3)) における「品質低下，陳腐化等の原因によって生ずる評価損」の処理規定に準ずるものと考えられる。この処理規定の考え方に準拠すれば，この棚卸減耗損が原価性を有する場合は，「製造原価」，「売上原価の内訳科目」または「販売費」として表示される。また原価性を有しない場合は，「営業外費用」または「特別損失」として表示される。

原価性の有無を考慮することによって，営業損益計算，経常損益計算および純損益計算の区分の算定利益が明確となり，その表示が的確に行われることによって有用な情報が提供される。

② **棚卸資産の評価損**

通常の販売目的（販売するための製造目的を含む）で保有する棚卸資産は，取得原価をもって貸借対照表価額とするが，期末における「正味売却価額」が取得原価よりも下落している場合には，この正味売却価額をもって貸借対照表価額としなければならない（基準9号7項）。

棚卸資産の「収益性の低下」による簿価の切下げという考え方に基づいて，取得原価と正味売却価額との差額は，当期の費用として処理する（基準9号7項）。なお，「正味売却価額」とは，売価（売却市場の時価）から見積追加製造原価および見積販売直接経費を控除したものをいう（基準9号5項）。

簿価切下額（差額）の表示は，販売活動を行う上で不可避的に発生したものであるため，売上高に対応する「売上原価」として扱うことが求められている。また，原材料等の簿価切下額のうち，品質低下に起因する簿価切下額など，製

造に関連し不可避的に発生すると認められるものについては,「製造原価」として処理することになる。さらに, 収益性の低下に基づく簿価切下額が, 臨時の事象に起因し, かつ, 多額であるとき (たとえば, 重要な事業部門の廃止, 災害損失など) は,「特別損失」に計上する (基準9号17項, 62項)。

期末時に上記の簿価切下げを行った場合, 次期の期首棚卸高を切下げ前の棚卸資産の原価額に振り戻す「洗替え法(あらいがえ)」と, 洗い替えしないで切下げ後の評価のままで推移させる「切放し法(きりはなし)」の2つの処理方法が認められている。

「基準9号」(14項, 56-59項) によれば, 個々の複雑な実務上の事情を考慮し, 棚卸資産の種類ごとに, 継続適用を原則として洗替え法と切放し法のいずれかを選択適用することができる。

なお, トレーディング目的で保有する棚卸資産の評価基準は, 期末の市場価格に基づく価額をもって貸借対照表価額としている。これは, 投資者にとって有用な情報提供に基づくものであり, 売買目的有価証券の会計処理と同様であるため「時価基準」が適用される (基準9号15項, 60~61項)。

前述したように, 棚卸資産の期末評価額は, 収益性の低下により投資額の回収が見込めなくなった場合には, その帳簿価額を切下げる必要がある。それは, 過大な帳簿価額を減額し, 将来の損失を繰り延べないためであるが, 減額することによって財務諸表利用者に的確な情報提供をすることになるからである。

また, 棚卸資産の評価損には, 従来の低価法評価損に加え, 品質低下あるいは陳腐化に起因する評価損があり, 発生原因は相違するが, 正味売却価額が下落することに伴う収益性の低下は, 実務上, 必ずしも明確に区分できないため, 同じものとして扱うことになった。これらを収益性の低下という観点からは, 相違がないものとして見るからである (基準9号37~39項)。

ちなみに「品質低下」とは, 保管・陳列中に生じる店晒し(たなざらし), 破損, 型崩れ(かたくずれ)などの物理的な原因による価値の下落 (物理的劣化) であり,「陳腐化」とは, 新製品の発売によって旧製品が古くなるといった経済的原因によって生じた価値の下落 (経済的劣化) である。この理由によって生じた価値の下落部分を見積り, 当該棚卸資産の帳簿価額を引き下げる必要がある。

【設例2－8】

次の資料によって，期末時に必要な仕訳を示しなさい。なお，減耗損と評価損は売上原価に算入する。

(イ) 期首商品棚卸高：　　60,000円
(ロ) 期末商品棚卸高：

　　帳簿棚卸数量　250個　　原価　　　　＠200円
　　実地棚卸数量　230個　　正味売却価額　＠170円

(借)			(貸)		
仕　　　　入	60,000		繰 越 商 品	60,000
繰 越 商 品	50,000		仕　　　　入	50,000
棚卸減耗損	4,000※1		繰 越 商 品	4,000
商品評価損	6,900※2		繰 越 商 品	6,900
仕　　　　入	10,900		棚卸減耗損	4,000
			商品評価損	6,900

※1　（帳簿棚卸数量250個－実地棚卸数量230個）×原価＠200円＝4,000円
※2　（原価200円－正味売却価額170円）×実地棚卸数量230個＝6,900円

(5) その他特殊な期末評価法

① 売価還元法

「売価還元法」は，取扱品種のきわめて多い棚卸資産を所有する百貨店やスーパーなどの小売業や卸売業において用いられる棚卸資産評価方法の1つである。取扱品種の多い業種の企業では，1品目ごとの単位原価をひとつひとつ評価することは困難であるため，棚卸資産の値入率又は回転率の類似性に基づくグループをまとめ，このグループごとの期末棚卸資産の売価合計額に，原価率を乗じて求めた金額を期末棚卸資産の帳簿価額とする方法である。そのため「小売棚卸法」，「売価棚卸法」ともいわれている。

次の算式によって，売価還元原価法に基づく期末商品棚卸高を求めることができる（連続意見書第四，第一・二・4）。

期末商品棚卸高＝期末商品売価合計額×原価率

$$原価率＝\frac{期首繰越商品原価＋当期受入原価総額}{期首繰越商品小売価額＋\left(\begin{array}{c}当期受入\\原価総額\end{array}＋\begin{array}{c}原\ 始*\\値入額\end{array}\right)＋\left(\begin{array}{c}値上\\額\end{array}－\begin{array}{c}値\ 上\\取消額\end{array}\right)－\left(\begin{array}{c}値下\\額\end{array}－\begin{array}{c}値\ 下\\取消額\end{array}\right)}$$

＊ 原始値入額(げんしねいれがく)とは，仕入原価に当初付した利益額である。

売価還元原価法を採用していた場合でも，期末における正味売却価額が帳簿価額よりも下落していた場合には，この正味売却価額をもって貸借対照表価額とする必要がある。

ただし，値下額等が売価合計額に適切に反映されている場合には，下記算式のように，値下額および値下取消額を除外した売価還元低価法の原価率が採用される。この方法により求められた期末棚卸資産の帳簿価額は，実務上の取扱いなどを考慮したもので，収益性の低下に基づく簿価切下額を反映したものとみなされる。なお，この正味売却価額とは，上記グループの売価合計額から見積販売直接経費を控除した金額である（基準9号13項，54－55項）。

$$原価率＝\frac{期首繰越商品原価＋当期受入原価総額}{期首繰越商品小売価額＋\left(\begin{array}{c}当期受入\\原価総額\end{array}＋\begin{array}{c}原\ 始\\値入額\end{array}\right)＋\left(\begin{array}{c}値上\\額\end{array}－\begin{array}{c}値\ 上\\取消額\end{array}\right)}$$

② 最終取得原価法

「最終取得原価法」は，購入品に対しては「最終仕入原価法」または「最近仕入原価法」と呼ばれ，生産品に対しては「最終製造原価法」または「最近製造原価法」と呼ばれている。この方法は，期末に最も近く受け入れた最終取得原価（受入単価）を期末棚卸数量に乗じて期末棚卸資産価額とする方法である。

この評価方法によれば，期末棚卸数量が最終取得した数量よりも多い場合，期末棚卸高の最終取得部分のみが実際の取得原価で評価され，それ以前に取得したもの（超過した部分）は，最終時点の時価に近い価額で再評価される可能性がある。このため，この方法は純然たる取得原価基準に属する評価方法とみなすことができない。期末棚卸数量の大部分が正常に最終取得数量である場合のみに，これを原価法とみなすことができる（連続意見書第四，第一・二・5）。

法人税法上，会社が税務当局に棚卸資産の評価方法を届出しなかった場合，「法定評価法」として自動的に「最終仕入原価法」を用いなければならない。

③ 基準棚卸法

企業は，経営活動を行うために棚卸資産の一定量を保有している。この最低必要数量としての基準量に，毎期，一定の基準価格で期末棚卸価額を決定する方法が「基準棚卸法」(「恒常有高法」,「正常有高法」,「基準有高法」ともいう) である。「基準棚卸法」は，著しく価格変動の危険にさらされる棚卸資産を多く所有する業種にあっては，価格変動によって生じる棚卸資産損益を損益計算に算入しないようにすることを狙いとした評価方法である。

具体的には，決算日において期末棚卸数量が基準量を越えた部分は，取得原価基準による取得原価で評価するが，基準量に食い込む払出しが行われた場合には，その不足部分の払出価額は再調達原価等で算定される。基準棚卸法は，後入先出法に比べて，よりよくその目的を達成することができる（連続意見書第四，第一・二・6）。この場合，期末において基準量に対する不足額を決算日に仕入れたように処理するため，仕入（売上原価）が増加し，同額の食込補充引当金を設定する（連続意見書第四,（注5））。この方法によれば，払出価額は時価に近い価格で計算されるため，費用は収益と同一価格水準で対応計算ができることになる。しかし，わが国の制度会計では，基準棚卸法の採用は容認されていない。

4 金融資産会計

(1) 金融資産の意義・種類

「金融資産」とは，現金，預金・受取手形・売掛金・貸付金などの「金銭債権」，株式その他の出資証券および公社債等の「有価証券」並びに先物取引，先渡取引，オプション取引，スワップ取引およびこれらに類似する取引（デリバティブ取引という）により生じる「正味の債権」等をいう（基準10号4項）。

有価証券の範囲には，「金融商品取引法」（2条）に規定される有価証券（出資

図表2－4　金融資産の範囲

金融資産	一次金融資産	現　　　金	
		金銭債権	預　　金
			受取手形
			売　掛　金
			貸　付　金
			その他
		有　価　証　券	
		複合金融商品	
	デリバティブ取引による債権		

出所：菊谷正人＝石山　宏『新会計基準の読み方－仕訳と設例で学ぶ新会計基準（第4版）』税務経理協会，平成20年，126頁一部加筆。

証券と公社債）のほか，それに類似する企業会計上の有価証券として取り扱うことが適当であるものも含まれる（基準10号注解1－2）。

「デリバティブ取引」は，その契約を構成する権利と義務の双方を有しているが，その決済の純額（差金）で決済されることから，そのネット（差金決済額）がプラス（借方残）の場合には「正味の債権」となる（基準10号52項）。したがって，そのようなデリバティブ取引により生じる債権は，その性格上，金融資産として計上される。なお，現物商品（コモディティ）に係るデリバティブ取引から生じる差金決済額（プラスの場合）も同様の性格であることから，金融資産と同様の会計処理が行われる（基準10号注1）。

商品売買に係る「前渡金（前払金ともいう）」は，営業債権ではあるものの，商品等を受取る権利（財貨・用役請求権）を表すものであることから，金融資産として取り扱われない。また，自社株の購入により取得した「自己株式」は株主資本の控除項目として処理されるので，金融資産には含まれない。

(2) 現金・預金

会計上の「現金」の範囲には,「通貨」（紙幣と硬貨）のほかに,銀行や郵便局等に提示すれば直ちに通貨に換えられる「通貨代用証券」も含まれる。「通貨代用証券」には,他人振出しの小切手,送金小切手,送金為替手形,預金手形,郵便為替証書,支払期限の到来した公社債の利札(りさつ（りふだ）),株式配当金領収書などがある。

「預金」とは,銀行,信用金庫,労働金庫などの金融機関に金銭を消費寄託(きたく)された金銭のことをいう。具体的には,当座預金,普通預金,定期預金,別段預金,外貨預金などがある。これらのうち,当座預金口座は,企業の支払いとして銀行発行の小切手を用いて行う場合や各種公共料金の自動引落し,手形の決済などで広く一般に利用されている。定期預金等とは異なり,当座預金に対する利息は無利息とされる。なお,口座開設に際しては手数料が必要となる。

外国通貨や外貨預金は,取引時には取引発生日の為替相場による円換算額で計上され,期末には決算日現在の為替相場で換算し,その額をもって貸借対照表に計上される。したがって,両者に差額がある場合には「為替差損益」として処理される。外貨換算会計は,第6章で詳説される。

(3) 金銭債権

① 金銭債権の意義

「金銭債権」とは,金銭の弁済を受けることのできる権利であり,取引先との通常の商品売買取引によって生じた受取手形,売掛金などの「営業債権」と貸付金,立替金,未収金などの「営業外金銭債権」に分類される。

これらのうち,前者の営業債権については正常営業循環基準に基づき「流動資産」として表示されるが,後者に関しては,1年基準により,「流動資産」と「固定資産」に分類される。

② 取得時の処理（当初認識・測定）

金融資産の契約上の権利を生じさせる契約を締結した場合には,原則として,当該金融資産の発生を認識しなければならない（基準10号7項）。つまり,「約(やく)

定日基準(じょうび)」を金融資産の資産の認識基準における原則基準としている。

ただし，商品等の売買または役務の提供の対価に係る金銭債権は，実務慣行上，約定日基準の適用が適切でない場合が多いため，原則として，当該商品等の受渡しまたは役務提供の完了によりその発生を認識する（基準10号注3）。つまり，「受渡日基準(うけわたしび)」が採用されている。

金融資産の当初認識時の測定は，当該金融資産の時価により行われる。なお，金融資産の取得時における付随費用（支払手数料等）は，取得した金融資産の取得価額に含める。ただし，経常的に発生する費用で，個々の金融資産との対応関係が明確でない付随費用は，取得価額に含めないことができる。

③ 金銭債権の貸借対照表価額（再測定）

金銭債権の貸借対照表価額は，取得価額から貸倒見積高に基づいて算定された貸倒引当金を控除した金額とする。ただし，債権金額より低い価額または高い価額で取得した場合には，取得価額と債権金額との差額の性格が金利の調整と認められるときは，「償却原価法」に基づいて算定された価額から貸倒見積高に基づいて算定された貸倒引当金を控除した金額としなければならない（基準10号14項）。

「償却原価法」とは，取得価額と債権金額との差額に相当する金利相当額を弁済期までに毎期一定の方法で取得価額に加減する方法をいう。なお，当該加減額は受取利息に含めて処理する（基準10号注解5）。「償却原価法」の具体的な方法には，原則的な計算方法である「利息法」と簡便法として容認される「定額法」がある。

「利息法」とは，債権の契約利息と金利調整差額の合計額を債権の帳簿価額に対し一定率（実効利子率）となるように，複利をもって各期の損益に配分する方法である。当該配分額（利息総額）から契約利息額を差し引いた額（償却額：償還時に受取る利息部分）は帳簿価額に加減する。なお，「実効利子」とは，契約利息に取得価額・額面金額との差額（調整金利）を加算した利息合計額である。

償却額＝利息総額(帳簿価額×実効利子率)－契約利息(額面金額×契約上の利率)

「定額法」とは，債権の金利調整差額を取得日（または受渡日）から償還日までの期間で除して各期の損益に配分する方法をいい，当該配分額（償却額）を帳簿価額に加減する。

償却額＝（額面金額－取得価額）÷償還期間

【設例2－9】

×1年10月1日に，約束手形（額面2,420,000円，決済日×3年9月30日）2,000,000円で取得した。手形額面額と取得価額との差異は，金利調整分である（実効利子率10％）。決算日の×2年9月30日および×3年9月30日における償却額を(a)利息法と(b)定額法により求めなさい。

(a) 利　息　法

　×2年9月30日：

　　（借）受 取 手 形　200,000　　（貸）受 取 利 息　200,000※

　　　　※　2,000,000円×10％－0円＝200,000円

　×3年9月30日：

　　（借）受 取 手 形　220,000　　（貸）受 取 利 息　220,000※

　　　　※　（2,000,000円＋200,000円）×10％－0円＝220,000円

(b) 定　額　法

　×2年9月30日：

　　（借）受 取 手 形　210,000　　（貸）受 取 利 息　210,000※

　　　　※　（2,420,000円－2,000,000円）÷2年＝210,000円

　×3年9月30日：

　　（借）受 取 手 形　210,000　　（貸）受 取 利 息　210,000

---

④　**貸倒引当金の設定方法**

「貸倒引当金」は，金銭債権の期末残高に対して次期以降の貸倒れを予測し，その回収可能額を明示するために計上される評価性引当金である。当該貸倒見積高の算定に当たっては，金銭債権を「一般債権」，「貸倒懸念債権」，「破産更生債権等」の3つに分類し，その分類ごとに下記の方法をもって計算する

(基準10号27－28項)。

1) 一般債権

「一般債権」とは、経営状態に重大な問題が生じていない債務者に対する債権をいう。一般債権については、債権全体または同種・同類の債権ごとに、債権の状況に応じて求めた過去の貸倒実績率等、合理的な基準により貸倒見積高を算定する。「貸倒実績率」は、期末債権金額を分母に、翌期以降の貸倒損失額を分子に計算される。実務上は、一般債権に分類される金銭債権期末残高に対して、過去3年間の貸倒れの実績額に基づき計算した平均値(貸倒実績率)により、貸倒引当金は設定される。

【設例2－10】
下記資料により、一般債権における当期の貸倒引当金繰入額を求めなさい(洗替法)。計算上の小数点4位未満の端数はこれを切り上げることとする。

年度 金額	×0年度	×1年度	×2年度	当期
期末債権残高	11,000千円	9,000千円	12,000千円	15,000千円
貸倒損失額	－	60千円	70千円	50千円

(借) 貸倒引当金繰入　87,000　(貸) 貸倒引当金　87,000*1

*1　15,000千円×0.0058*2＝87千円

*2　$\left(\dfrac{60千円}{11,000千円}+\dfrac{70千円}{9,000千円}+\dfrac{50千円}{12,000千円}\right)÷3年≒0.0058$

2) 貸倒懸念債権

「貸倒懸念債権」とは、経営破綻の状態には至っていないが、債務の弁済に重大な問題が生じているかまたは生じる可能性の高い債務者に対する債権をいう。貸倒懸念債権については、債権の状況に応じて、「キャッシュ・フロー見積法」または「財務内容評価法」のいずれかの方法により貸倒見積高を算定する。

「キャッシュ・フロー見積法」とは、債権の元本・利息について、元本の回

収・利息の受取りが見込まれる時から当期末までの期間にわたり当初の約定利子率で割り引いた金額の総額と債権の帳簿価額との差額を貸倒見積高とする方法である。なお，キャッシュ・フロー見積法の適用は，その計算の特質からも分かるように，企業経営の継続を基礎とした債権の元本の回収・利息の受取りに係るキャッシュ・フローの合理的な見積りが可能な金銭債権に限られる。

【設例2－11】

期末（×1年3月31日）において，A社に対する貸付金5,500,000円（年利率10％，利払日3月31日，返済期日×2年3月31日）を有しているが，A社の経営状態が悪化したので，期末の利息を受け取った後，将来の利息を全額免除することとした。当該貸付金に対して，キャッシュ・フロー見積法により今期末における貸倒引当金繰入額を求めて，仕訳を示しなさい。

　　（借）貸倒引当金繰入　500,000　　（貸）貸 倒 引 当 金　500,000＊

　　　　＊　$5,500,000円 - \dfrac{5,500,000円 + 0円}{(1+0.1)} = 500,000円$

他方，「財務内容評価法」とは，債権額から担保の処分見込額および保証による回収見込額を減額し，その残額について，債務者の財政状態および経営成績を考慮して一定額を貸倒見積高として算定する方法である。

【設例2－12】

期末にB社に対して貸付金5,000,000円を有しているが，B社には債務の弁済に重大な問題が生じており，当該貸付金は貸倒懸念債権に分類された。なお，当該貸付金に対する担保の処分見込額は1,000,000円，債務保証見込額は2,000,000円と見込まれている。残額に対して50％を引き当てることにした場合，当期の貸倒引当金繰入額を求めて，仕訳を示しなさい。

　　（借）貸倒引当金繰入　1,000,000　　（貸）貸 倒 引 当 金　1,000,000＊

　　　　＊　（5,000,000円－1,000,000円－2,000,000円）×50％＝1,000,000円

3) 破産更生債権等

「破産更生債権等」とは，経営破綻または実質的に経営破綻に陥っている債務者に対する金銭債権をいう。この金銭債権の貸倒見積高の算定に対しては，「財務内容評価法」が適用される。ただし，貸倒懸念債権の場合と異なり，全額を貸倒見積高として計上する（基準10号注10）。

【設例2－13】

上記設例において，貸付金が破産更生債権等に分類された場合，当期の貸倒引当金繰入額を求めて，仕訳を示しなさい。

（借）貸倒引当金繰入 2,000,000　　（貸）貸 倒 引 当 金 2,000,000*

＊　5,000,000円－1,000,000円－2,000,000円＝2,000,000円

なお，破産更生債権等の貸倒見積高は，貸倒引当金で処理することを原則とするものの，債権金額または取得価額から直接減額することもできる（基準10号注10）。

(4) 有 価 証 券

① 会計上の有価証券の範囲

有価証券は，財産上の権利を表象した証券であるので，法律上は，小切手，手形，貨物証券なども有価証券である。

しかし，会計上の有価証券は，原則として，「金融商品取引法」（2条）に定義する有価証券（国債，地方債，社債，株券，新株予約権証券）に基づく。それ以外であっても，金融商品取引法上の有価証券に類似し，企業会計上の有価証券として取り扱うことが適当と認められるものも，有価証券の範囲に含められる（基準10号4項）。

② 有価証券の取得原価（当初認識・測定）

有価証券の取得価額は，他の資産の取得原価の決定方法と同様に，購入代価に売買手数料などの付随費用を加算した額で求められる。

なお，同じ銘柄を異なる価格で取得した場合には，移動平均法等の方法を適

用して平均取得価額を算定する。当該平均額は有価証券の売却時における払出価額の算定に用いられることになる。

③ 有価証券の期末評価（再測定）

有価証券の期末評価の方法は，その保有目的の違いからそれぞれ決められている。つまり，有価証券は，「所有目的基準」に従って，「売買目的有価証券」，「満期保有目的の債券」，「子会社株式および関連会社株式」および「その他有価証券」に分類され，それぞれの貸借対照表価額が異なる。

1） 売買目的有価証券

「売買目的有価証券」とは，時価の変動により利益を得ることを目的として保有する有価証券をいう。通常，トレーディング目的で保有し，売却することについて事業上の制約がない。「売買目的有価証券」については，時価変動に伴って発生する評価損益を損益計算書上に認識・計上することが企業の期末時点での財務活動の成果を示し，投資者にとって有用な情報となるとの判断から「時価基準」が適用される（基準10号15項）。

【設例2－14】
時価の変動により利益を得ることを目的として保有しているC社株式（取得原価200,000円）について，決算日に時価が250,000円に上昇した。
（借）有　価　証　券　　50,000　　（貸）有価証券運用損益　　50,000

2） 満期保有目的の債券

「満期保有目的の債券」とは，売買を目的とせず，満期まで保有する意図で取得した社債等の債券をいう。満期まで保有する債券であることから，時価が算定できるものであっても，満期までの約定利息と元本の受取りを目的としているので，その間の価格変動のリスクを認める必要がないとの理由から，当該有価証券については「取得原価」をもって貸借対照表価額とする。ただし，取得価額と債券金額との差額の性格が金利の調整と認められるときは，「償却原価法」に基づいて算定された価額をもって貸借対照表価額としなければならない（基準10号16項）。なお，償却原価法が適用される理由は，金銭債権の場合と

同様である。

【設例2－15】

D商事社債（額面2,000,000円，期間3年，年契約利率3％）を1,917,531円で取得した。毎期末に60,000円ずつのクーポン利息を受け取ることになっており，3年後の社債償還時には合計で2,060,000円を受け取ることになっている。償却原価法（利息法）による1年経過時の期末評価額を求め，期末評価に関する仕訳を示しなさい。円位未満の端数は四捨五入する。

期末評価額：1,943,820円

$$1,917,531円 = \frac{60,000円}{(1+r)} + \frac{60,000円}{(1+r)^2} + \frac{2,060,000円}{(1+r)^3}$$

実効利子率(r)＝4.5％

$1,917,531円 + (1,917,531円 × 4.5％ － 60,000円) ≒ 1,943,820円$

期末評価に係る仕訳：

（借）投資有価証券　　26,289　　（貸）有価証券利息　　26,289＊

＊　1,943,820円－1,917,531円＝26,289円

3）子会社株式および関連会社株式

「子会社株式」とは，特定の会社の財務および営業または事業方針を決定する機関を支配するために当該会社の株式を保有する場合の当該株式をいう。「関連会社株式」とは，出資，人事，資金，技術，取引等の関係を通じて，子会社以外の他の会社の財務および営業または事業の方針の決定に対して重要な影響を与えることができるようにするために当該会社の株式を保有する場合の当該株式をいう。ちなみに両者の違いは，「支配」と「重要な影響」という言葉で表されるが，株式の保有に関して言えば，その保有株数（発行済株式数における保有割合）の違いに表れる。

子会社株式および関連会社株式については，取得原価をもって貸借対照表価額とされる（基準10号17項）。これらが取得原価で評価される理由は，その保有意図が時価の上昇を期待し売却することで利益を得ようとするものではなく，

事業の遂行上不可欠な関係を維持するために保有するものであり，有形固定資産等と同じ事業投資と考えられるからである（基準10号73－74項）。つまり，時価の変動を開示する積極的意義が見いだせないからである。

4）　その他有価証券

「その他有価証券」は，事業関係を有する会社の株式を意味する「持ち合い株式」から，当面は考慮していないものの市場の動向によっては売却する可能性を有している有価証券まで，上記3つの分類に明確に区分することができない有価証券である。

「その他有価証券」については，時価をもって貸借対照表価額とし，評価差額は「洗替え方式」に基づき，次のいずれかの方法により処理する（基準10号18項）。

(a)　評価差額の合計額を純資産の部に計上する。
(b)　時価が取得原価を上回る銘柄に係る評価差額は純資産の部に計上し，時価が取得原価を下回る銘柄に係る評価差額は当期の損失として処理する。

上記(a)法は「全部純資産直入法（ぜんぶじゅんしさんちょくにゅうほう）」と呼ばれ，基本的に時価をもって評価するものの，それにより生じた評価差額に関しては，原則として，損益計算書に計上せずに，貸借対照表の純資産の部の「評価・換算差額等」に「その他有価証券評価差額金」として計上する。全部純資産直入法の場合には，「その他有価証券評価差額金」は貸借の純額で貸借対照表に計上される。損益計算書を通さず利益計算に算入されないため，税務上の所得計算に影響を及ぼさない。なお，純資産の部に計上される「その他有価証券」の評価差額については，税効果会計を適用しなければならない（基準10号18項）。つまり，「繰延税金資産」（評価差額が評価損の場合）または「繰延税金負債」（評価差額が評価益の場合）として計上する。

後者の(b)法は「部分純資産直入法」と呼ばれ，評価損が認識された場合には，保守主義の原則の観点から損益計算書に当期の損失として計上する。部分純資産直入法の場合には，評価損の部分は損益計算書に当期の損失として計上されることになるため，評価損は有税となり，その部分に係る税効果額は「法人税

等調整額」を通じて計上される。

【設例2−16】

その他有価証券に関する下記資料に基づいて，期末評価にもとづく株式等評価差額金を(a)全部純資産直入法と(b)部分純資産直入法に基づき仕訳処理しなさい。なお，税効果会計における法人税の実効税率を40%とする。また，個別銘柄ごとに評価を行うこととする。

銘　　柄	簿　　価	時　　価
Ｅ社株式	195,000円	205,000円
Ｆ社株式	400,000円	390,000円

(a) 全部純資産直入法

Ｅ社株式：

(借)投資有価証券　10,000　　(貸)その他有価証券評価差額金　6,000
　　　　　　　　　　　　　　　　繰延税金負債　4,000

Ｆ社株式：

(借)その他有価証券評価差額金　6,000　　(貸)投資有価証券　10,000
　　繰延税金資産　4,000

(b) 部分純資産直入法

Ｅ社株式：全部純資産直入法と同じ。

Ｆ社株式：

(借)投資有価証券評価損　10,000　　(貸)投資有価証券　10,000
　　繰延税金資産　4,000　　　　　　　　法人税等調整額　4,000

翌期首の会計処理に関しては，「洗替え方式」が適用されることに留意する。「洗替え方式」とは，翌期首に前期末の処理を元に戻す方法であるが，たとえば，上記設例におけるＥ社株式を「洗替え方式」の処理を示すと以下のようになる。

| (借) | その他有価証券評価差額金 | 6,000 | (貸) 投資有価証券 | 10,000 |
| | 繰延税金負債 | 4,000 | | |

「時価を把握することが極めて困難と認められる有価証券」の貸借対照表価額については、社債その他の債券は債権の貸借対照表価額に準じて決定し、社債その他の債券以外の有価証券は取得原価をもって貸借対照表価額とする（基準10号19項）。

なお、「満期保有目的の債券」、「子会社株式および関連会社株式」および「その他有価証券」のうち時価を把握することが極めて困難と認められる金融商品以外について、時価が著しく（取得原価に対して50％以下に）下落したときは、回復する見込があると認められる場合を除き、時価をもって貸借対照表価額とし、評価差額は当期の損失として処理しなければならない（基準10号20項）。いわゆる「強制評価減」が採用されている。したがって、強制評価減が適用されるような「その他有価証券」の場合には、部分純資産直入法が適合するといえる。

発行会社の財政状態の悪化により「実質価額」が著しく低下したときは、相当の減額をなし、評価差額は当期の損失として処理しなければならない（基準10号21項）。いわゆる「相当の減額」（「実価法」ともいう）の適用が要求されている。

【設例2-17】

以下の資料にもとづいて、期末の仕訳処理を示しなさい。ただし、税効果会計の処理は省略する。

保有目的	簿価	市場価格
満期保有目的の債券	3,000,000円	1,000,000円（回復の見込み無し）
子会社株式	5,000,000円	2,000,000円（回復の見込み不明）
その他有価証券	8,000,000円	3,500,000円（回復の見込みあり）

| (借) | 投資有価証券評価損 | 2,000,000 | (貸) 投資有価証券 | 2,000,000 |
| | 子会社株式評価損 | 3,000,000 | 子会社株式 | 3,000,000 |

5 無形固定資産会計

(1) 無形固定資産の意義・種類

「無形固定資産」とは，有形固定資産のような物理的形態は持たないが，企業の活動のために長期間にわたり継続的に一定のサービスを提供する，ないしは長期収益力要因になるものをいう。

無形固定資産は，原則として，有形固定資産と同様に当該資産の「有効期間」（有形固定資産の「耐用年数」に該当する）にわたって，一定の減価償却の方法により取得原価を各事業年度に配分する。

無形固定資産は，「財務諸表等規則」(27-28条) に例示列挙されているが，その内容から，次の3つに分類することができる。

(イ) 法律上の権利・契約上の利用権

　法律上，独占的に利用することが認められた権利（法律上の権利），契約によって特定の財産を独占的に利用することが認められた権利（契約上の利用権）が無形固定資産として計上される。

　(a) 法律上の権利：特許権，商標権，実用新案権，意匠権，借地権，地上権，鉱業権，漁業権，著作権など

　(b) 契約上の利用権：電話加入権，電気ガス施設利用権など

(ロ) のれん

　「のれん」とは，同業他社と比較して，特定の資産によるものではなく，全体として（あるいは資産群として）超過収益力を有する場合，その超過収益力の存在を示す経済的事実をいう。これは「営業権」とも呼ばれ，具体的に，①立地条件が優れていること，②商品等の信用が高いこと，③取引関係が密接かつ良好であること，④経営者・従業員が優れていることなどにより発生する。

(ハ) ソフトウェア

　「ソフトウェア」とは，コンピュータを機能させるように指令を組み合わ

せて表現したプログラム等をいう（研究費基準，一・2）。通常，このようなプログラムはCD－ROM・DVD等に複製して販売するが，プログラム自体としては無形固定資産として認識される。なお，映画やゲーム等，いわゆる「コンテンツ」に関わるものはこのソフトウェアには含まない。ソフトウェアの制作費は，研究開発に関わる費用を含んでいることが通常であり，この研究開発に関わる部分は，発生時に「研究開発費」として費用処理され，研究開発に該当しないものについては無形固定資産としての計上が求められる。

　無形固定資産として計上されるソフトウェアの制作費は，その制作目的により将来の収益との対応関係が異なること等から，制作目的に応じて，①受注制作のソフトウェア，②市場販売目的のソフトウェア，③自社利用のソフトウェアに分類される。このうち①の顧客から制作を依頼された受注制作のソフトウェアについては，工事契約の処理に準じた会計処理が行われるため，無形固定資産としては計上されない。

(2) 無形固定資産の取得原価
① 取得原価算定（当初測定）の基本原則
　無形固定資産の「取得原価」は，原則として，有形固定資産の場合と同様に，その取得に要した全額である。ただし，無形固定資産もさまざまな形態により取得されるため，取得原価の算定も取得形態に応じて異なる。

(イ) 購入による取得

　　購入により取得した場合には，購入代価に登録料・その他の付随費用を加算した金額を取得原価とする。

(ロ) 自己創設による取得

　　自ら無形固定資産を開発し取得した場合には，研究調査等に直接支出した金額のほか，登録免許税や出願費用を加算した金額を取得原価とする。

(ハ) 現物出資による取得

　　現物出資により株式を発行した対価として無形固定資産を取得した場合には，出資者に対して交付した株式の発行価額を取得原価とする。

㈡ 交換による取得

交換により自己所有の資産（引渡資産）と引き換えに無形固定資産を取得した場合には，引渡資産の適正な簿価を取得原価とする。

㈣ 贈与による取得

贈与により無形固定資産を取得した場合には，時価等を基準として公正に評価した額を取得原価とする。

② のれんの取得原価

「のれん」は，合併・買収のような有償取得の場合に限り，無形固定資産として認識される。したがって，法律上の権利（たとえば特許権）のように，自己創設によって「のれん」を資産計上することは認められない。これは，企業買収のように市場において超過収益力が客観的に把握できる場合でない限り，「のれん」が客観的に把握できないためである。

「のれん」の取得原価は，超過収益力を有する企業の買収価額または合併に伴い交付された株式の発行価額（と合併交付金の合計額）が，時価で再評価した当該企業の純資産額を超える金額である。

図表 2－5

被買収企業の貸借対照表

資　　産 300（時価）	負　　債 200（時価）	のれん　50	買収価額 150
	純　資　産 100（時価）	100	

③ ソフトウェアの取得原価

ソフトウェアの取得原価は，法律上の権利等と同様，原則として取得に要した全額である。しかし，ソフトウェアの制作費のうち，研究開発に該当する部分は「研究開発費」として発生時に費用処理する（研究費基準，三）。したがって，研究開発に該当しないソフトウェアの制作費のみが取得原価として把握される。

前述のように，ソフトウェアは「制作目的」に応じて分類されるが，取得原

価の算定もまた「制作目的」により異なる（研究費基準，四）。

① 「受注制作のソフトウェア」は，契約により請負価額などの諸条件が予め定められているため，工事契約の会計処理（工事進行基準または工事完成基準）に準じて処理する。

② 「市場販売目的のソフトウェア」は，販売する製品の基となる製品マスター（複写可能な完成品）の制作費のうち，研究開発費に該当する部分を除いたものを無形固定資産として認識する。

③ 「自社利用のソフトウェア」については，その利用により将来の収益獲得または費用削減が確実であると認められる場合には，当該ソフトウェアの取得・制作に要した費用を無形固定資産として認識する。

(3) 無形固定資産の償却と期末評価額

無形固定資産の費用配分手続は「償却」といい，有形固定資産の「減価償却」と区別される。無形固定資産の償却方法（ソフトウェアを除く）には，原則として，残存価額をゼロとする「定額法」が採用され，直接記帳法（資産価額から償却額を直接減額し，貸借対照表価額とする方法）により未償却残高が貸借対照表に計上される。なお，鉱業権の償却には「生産高比例法」の採用も認められている。

① 法律上の権利・契約上の利用権の償却・期末評価額

法律上の権利および契約上の利用権は，法律・契約等によって定められた「有効期間」にわたって償却される。

【設例2−18】

(1) 特許権を自ら創設・取得し，取得にあたり研究・調査等に直接支出した金額として30,000,000円，登録免許税等として300,000円を小切手により支払っている。

　　（借）特　許　権　30,300,000＊　　（貸）当 座 預 金　30,300,000

　　　　＊　30,000,000円＋300,000円＝30,300,000円

(2) 初年度における特許権の償却費（有効期間15年）の計算を行う。

（借）特許権償却　　2,020,000*　　　　（貸）特　許　権　　2,020,000
　　　　＊　30,300,000円÷15年＝2,020,000円

②　のれんの減損・期末評価額

「のれん」は，20年以内のそのその効果の及ぶ期間にわたって，定額法その他合理的な方法により規則的に償却される（企業結合基準，三・2・⑷）。また，のれんは固定資産として計上されるため，「減損基準」の対象ともなり，20年以内の規則的な償却のほか「減損処理」も適用される。

【設例2－19】
　　A社（時価に基づく純資産：10億円）を買収するにあたり，15億円を支払い，差額の5億円をのれんとして計上したが，10年で均等額償却を行う。
　　（借）のれん償却　　50,000,000　　　　（貸）の　れ　ん　　50,000,000

③　ソフトウェアの償却・期末評価額

無形固定資産として計上されたソフトウェアは，当該ソフトウェアの性格に応じて，見込販売数量に基づく償却方法（「見込販売数量法」という）その他合理的な方法により償却する。ただし，毎期の償却額は，残存有効期間に基づく均等配分額を下回ってはならない（研究費基準，四・5）。

なお，市場販売目的のソフトウェアには，見込販売数量または見込販売収益に基づく償却が合理的とされ，自社利用目的のソフトウェアには，耐用年数5年以内の定額法が合理的な償却方法とされる。

「見込販売数量法」に基づく償却費は，次のように算定される。

　　償却費＝ソフトウェアの未償却残高
$$\times \frac{\text{当年度の実績販売数量}}{\text{当年度の実績販売数量＋当年度末(次期首)の見込販売数量}}$$

したがって，この見込販売数量に基づく償却額と，均等配分額に基づく償却額とを比較して，いずれか大きい金額が当期の償却額となる。

第2章 資産会計論

【設例2－20】
(1)(イ) 自社利用目的で，完成品のソフトウェアを1,000,000円で外部から購入し，代金は付随費用25,000円とともに小切手を振り出して支払った。
　　(借)ソフトウェア　1,025,000　　(貸)当　座　預　金　1,025,000
(ロ) 当期の決算に，上記のソフトウェアを耐用年数5年として償却した。
　　(借)ソフトウェア償却　205,000　　(貸)ソフトウェア　205,000
(2) 当年度に無形固定資産に計上した市場販売目的のソフトウェア制作費30,000,000円につき，次の資料により，見込販売数量法によって初年度における償却費を算定しなさい。
　ソフトウェアの見込有効期間：3年
　販売開始時点の総見込販売数量：9,000個（当年度末においても変化なし）
　初年度の販売実績数量：3,300個

　(借) ソフトウェア償却　11,000,000*　(貸) ソフトウェア　11,000,000

　＊　$30,000,000円 \times \dfrac{3,300個}{3,300個 + 5,700個} = 11,000,000円$
　　　$30,000,000円 \div 3年 = 10,000,000円$　　∴　11,000,000円

6　繰延資産会計

(1) 繰延資産の意義・種類

「繰延資産」は，将来の期間に影響する特定の支出（費用）を支出した期のみの費用とせず，資産計上（繰延経理）するものをいう。「将来の期間に影響する特定の費用」とは，①すでに代価の支払が完了し，または支払義務が確定し，②これに対応する役務（サービス）の提供を受けたにもかかわらず，③その効果が将来にわたって発現するものと期待される費用である（注解15）。

将来の期間にわたってその効果が発現すると考えられる支出（費用）は，「期間損益計算」の観点から考えれば，その効果の発現に対応するよう将来の期間

にわたって費用配分を行うために「繰延資産」として資産計上（繰延経理）することができる。繰延資産は,「支出効果の発現」および「費用収益の対応」を重視する期間損益計算の観点から,「支出・未費用項目」として資産計上できる「費用性資産」である。

現在認められている繰延資産は, 創立費, 開業費, 株式交付費, 社債発行費等（等には「新株予約権」発行にかかわる費用が含まれる）および開発費に限定されている（実務対応19号2(2)）。これらの「費用」は, 原則として, 支出時に費用として処理されるが, 例外的に「繰延資産」として計上することができる。

繰延資産としての計上が認められる支出が限定されているのは, この資産が特殊な性質を持つため, 経営者の裁量で無制限に計上することを防止するためである。繰延資産の特殊な性質とは, 有形固定資産や棚卸資産のような他の資産とは異なり, 換金価値（換価価値）を持たず, その効果は, 通常, 当該支出を行った企業のみが享受することしかできないというものである。

「企業会計原則」（第三・四・(一)・C）では, 繰延資産として, 創立費, 開業費, 新株発行費, 社債発行費, 社債発行差金, 開発費, 試験研究費および建設利息が列挙されていた。しかし,「社債発行差金」は償却原価法の採用により計上されることがなくなり, また,「開発費」の一部と「試験研究費」は,「研究費基準」により即時費用処理が要請されており, 建設利息も会社法創設により削除されることとなった。

なお, 会計上, 繰延資産と比較されるものとして,「長期前払費用」がある。この長期前払費用は, 未だサービスの提供を受けていない支出として資産性が認められているのに対して, 繰延資産は既にその支出に伴う直接のサービスの提供を受けている点において相違する。また, 繰延資産は理論的に支出の効果が将来のどの期間に帰属するのかが不明確であるのに対して, 長期前払費用は, その期間帰属が明確であるという違いもある。

繰延資産は, 支出目的とその性質から, 次の3つに分類することができる。

① 組織形成費：企業の創設および営業開始のために支出された項目……創立費および開業費

② 資金調達費：長期的な企業の財務に必要な資金を調達するため支出された項目……株式交付費および社債発行費等
③ 開　発　費：将来の収益増大のために支出された費用であり，その効果が比較的長期に残存する項目……開発費

繰延資産として計上された場合，繰延資産は，その支出の効果の及ぶ期間にわたって償却処理（費用配分）される。

(2) 組織形成費

会社の組織を新たに形成するためには，さまざまなコストが必要である。このうち，会社が法律上成立する（法人となる）ために必要な費用を「創立費」，その後，会社が営業を開始するまでに支出した費用を「開業費」という。これらは，その支出の効果が支出時以降の一定の期間にわたり発現すると考えられるため，繰延資産の計上が認められている。

① 創　立　費

「創立費」とは，会社の負担に帰すべき設立費用である。たとえば，定款および諸規則作成のための費用，株式募集その他のための広告費，目論見書・株券等の印刷費，創立事務所の賃借料，設立事務に使用する使用人の給料，金融機関の取扱手数料，証券会社の取扱手数料，創立総会に関する費用その他会社設立事務に関する必要な費用，発起人が受ける報酬で定款に記載して創立総会の承認を受けた金額ならびに設立登記の登録免許税等をいう（実務対応19号３）。創立費は，原則として，支出時に「営業外費用」として処理する。創立費を繰延資産として計上した場合には，会社の成立した時点から５年以内のその効果の及ぶ期間にわたって月割りで「定額法」による償却を行う。この償却費は，「営業外費用」として処理される。

【設例２−21】

×１年８月27日に会社（決算日：３月31日）を設立し，同時に株式募集のための広告費等1,200,000円として小切手を振り出した。

支　出　時：
　（借）創　立　費　　1,200,000　　（貸）当 座 預 金　1,200,000
第1期末：
　（借）創立費償却　　160,000*　　（貸）創　立　費　　160,000
　　　＊　$1,200,000 \times \dfrac{8ヵ月}{60ヵ月} = 160,000円$

なお，創立費は，会社法上，資本金または資本準備金から控除することが認められている（会規74①二）。資本金または資本準備金から減額する場合には，次のように処理をすることになる。

　（借）資　本　金（または資本準備金）　1,200,000　　（貸）創　立　費　1,200,000

しかし，「実務対応19号」では，創立費が資本取引（株主等資本提供者との取引）により発生するものではないため，資本金または資本準備金から控除することは認められていない。

② 開 業 費

「開業費」とは，会社成立後，営業開始時までに支出した開業準備のための費用をいう。たとえば，土地，建物等の賃借料，広告宣伝費，通信交通費，事務用消耗品費，支払利子，使用人の給料，保険料，電気・ガス・水道料等があげられる。

なお，開業費も創立費と同様，「営業外費用」として費用処理されるのが原則であるが，営業活動と密接な関係の支出であることを考慮して，「販売費及び一般管理費」として処理することが認められている（実務対応19号3(4)）。したがって，その償却費は原則として「営業外費用」として処理され，「販売費及び一般管理費」として処理することも認められる。

繰延資産として計上された開業費は，開業のときから5年以内のその効果の及ぶ期間にわたって，「定額法」により償却する。

【設例2－22】
×1年4月6日,開業に当たって,ビルを借りるための賃借料1,000,000円を小切手で支払った。

支出時：
（借）開 業 費　1,000,000　　（貸）当 座 預 金　1,000,000

第1期末：
（借）開業費償却　200,000　　（貸）開 業 費　200,000

(3) 資金調達費

会社設立後に自己資本を調達するために発生する費用として「株式交付費」があり,また,他人資本の一つである社債を調達するために発生する費用として「社債発行費等」がある。これらの資本調達に関わる費用は,組織形成のための費用である創立費と同様に,資金運用により将来生じる収益に対応させるため次期以降に繰り延べることが認められている。

① 株式交付費

「株式交付費」とは,株式募集のための広告費,金融機関の取扱手数料,証券会社の取扱手数料,目論見書・株券等の印刷費,変更登記の登録免許税,その他株式の交付等のために直接支出した費用をいう。なお,会社設立時に発行した株式の発行費用は,創立費として取り扱われるため,注意が必要である。

従来,繰延資産を規定していた旧商法施行規則では,「自己株式」の処分に係る費用は「新株発行費」の定義に該当しないことから繰延資産として計上することはできなかった。しかし,現行の会社法では,新株の発行と「自己株式」の処分に係る費用は,同様の資金調達による財務費用として捉えられ,したがって株式交付費として繰延資産に計上することが認められることとなった。

これに対して,株式の分割や株式の無償割当などに係る費用は,繰延資産に該当する株式交付費が,繰延資産の性格から,企業規模の拡大のためにする資金調達などの財務活動に係る費用を前提としているため,株式交付費には該

当しないので，繰延資産として計上することが認められていない。

株式交付費（新株の発行または自己株式の処分に係る費用）は，原則として，支出時に「営業外費用」として処理する。繰延資産として計上された株式交付費は，株式交付のときから3年以内のその効果の及ぶ期間にわたって，「定額法」により償却され，その償却費は「営業外費用」となる。

② 社債発行費等

「社債発行費」とは，社債募集のための広告費，金融機関の取扱手数料，目論見書・社債券等の印刷費，社債の登記の登録免許税その他，社債発行のため直接支出した費用をいう。

また，新株予約権の発行に係る費用についても，資金調達などの財務活動（組織再編の対価として新株予約権を交付する場合を含む）に係るものについては，社債発行費と同様に，繰延資産として会計処理することができる。したがって，従来，「社債発行費」とされていた用語が「社債発行費等」となっている。なお，新株予約権に関わる処理は，従来の旧商法施行規則においては，新株発行費等に含められ，繰延資産計上されていた。

社債発行費は，原則として，支出時に「営業外費用」として処理する。繰延資産として計上された社債発行費は，社債の償還期間にわたり「利息法」によって償却することが原則とされているが，継続適用を前提として「定額法」による償却が認められている（実務対応19号3⑵）。

また，新株予約権の発行に関わる支出を社債発行費等として繰延資産計上した場合には，新株予約権の発行のときから3年以内のその効果の及ぶ期間にわたって「定額法」により償却し，当該償却費は「営業外費用」として処理をする（ただし，新株予約権が社債に付されている場合で，当該新株予約権付社債を一括法により処理するときは，当該新株予約権付社債の発行に係る費用は，社債発行費として上記処理を行う）。

(4) 開 発 費

「開発費」とは，新技術または新経営組織の採用，資源の開発，市場の開拓

等のために支出した費用，生産能率の向上または生産計画の変更等により，設備の大規模な配置換えを行った場合等の費用をいう。ただし，経常的な費用としての性格をもつものは開発費には含まれない。また，「研究費基準」の対象となる研究開発費についても，発生時に費用として処理しなければならないことに留意する必要がある。

　開発費は，原則として，支出時に「売上原価」または「販売費及び一般管理費」として処理する。繰延資産として計上された開発費は，支出のときから5年以内のその効果が及ぶ期間にわたって，「定額法」その他の合理的な方法によって規則的に償却し，その償却費は，「販売費及び一般管理費」あるいは「売上原価」として処理する。

　なお，支出の効果が期待されなくなった繰延資産は，その未償却残高を一時に償却しなければならない（実務対応19号3(6)）。

第3章

負債会計論

1 負債の計上・表示基準

(1) 負債の本質

　負債の例を問われるならば，買掛金，支払手形，借入金，社債などが直ちに挙げられよう。これらは「法律上の債務」である。しかも，債務履行期日，履行の相手方および履行金額が確定しているので，「確定債務」といわれる。また，未払金，前受金，商品券等も確定債務である。確定債務は，将来期間での代価支払や返済によって現金等の資産の減少をもたらす。このように，負債は将来において企業の経済的便益（経済的資源）を犠牲にさせるもの（将来の経済的便益の犠牲）である。

　債務の履行期日，相手方および金額のいずれか1つが確定していない法律上の債務は，「条件付債務（じょうけんづき）」といわれる。これも負債を構成する。将来において未確定の条件が確定すれば，それは確定債務になり，経済的便益を犠牲にさせるからである。「条件付債務」には退職給付引当金，製品保証引当金，工事補償（しょう）引当金などの引当金がある。このような引当金は「債務性のある引当金」といわれる。このほかに，条件付債務の一種として「偶発債務」がある。

　法律上の債務ではないが，負債とされるものがある。企業が所有する生産設

備などは使用すれば，将来，修繕が必要となる。これは条件付債務ではないが，経営活動を行う限り避けられない。このような将来期間での資産の減少は一定の条件のもとに，修繕引当金として計上される。これは「債務性のない引当金」といわれ，会計上，負債とされる。このように法律上の債務でないが，負債とされるものは，「会計的負債」ともいわれる。会計的負債には，修繕引当金のほかに，リース取引において計上されるリース負債もある（リース負債は第6章で詳説される）。

つまり，会計上の負債は，「確定債務」,「条件付債務」および「会計的負債」から構成される。それらの共通の性質を抽出して一般的に負債を定義すれば，前述したように，負債とは，過去の取引または事象の結果として，報告主体が支配している経済的資源を放棄もしくは引き渡す義務，またはその同等物をいう（討議資料3章5項）。

(2) 負債の分類

負債は確定債務，条件付債務および会計的負債から構成されるので，図表3－1のように，法律上の債務か否かによってそれを分類することができる。これは負債の属性による分類でもある。

図3－1　負債の属性による分類

```
         ┌ 法律上の債務 ┌ 確定債務   ┌ 債務性のある引当金
         │              └ 条件付債務 └ 偶発債務
負 債 ┤
         │              ┌ 債務性のない負債性引当金
         └ 会計的負債   └ リース負債
```

負債はまた，資産が流動資産と固定資産とに分類されることに対応して，「流動負債」と「固定負債」とに分類される。負債に対する流動・固定分類は，資産の分類と同じ基準である①「正常営業循環基準」と②「1年基準」などが使われる。資産の分類基準と同様に，まず正常営業循環基準が適用され，続いて1年基準が適用される。「正常営業循環基準」によれば，商製品の売買活動や

製造活動といった営業循環過程内で生じる負債は，たとえ支払期限が1年を超えることがあっても「流動負債」として分類される。買掛金，支払手形，前受金等が流動負債となるのは，この基準による。

営業循環過程からはずれる負債については「1年基準」が適用される。すなわち，貸借対照表日の翌日から起算して1年以内に支払期限が到来する負債は流動負債とし，1年を超える負債は固定負債とする。未払金，借入金，社債等には1年基準が適用される（ただし，経過勘定項目としての「未払費用」は「1年基準」に関係なく「流動負債」とされる）。流動負債としての借入金は「短期借入金」，固定負債としてのそれは「長期借入金」として表示されるのが一般的である。

負債に関する流動・固定分類は，図表3－2で示される。

図表 3－2 負債の流動・固定分類

```
        ┌ 流動負債 ┌ 買掛金・支払手形等 ────── 正常営業循環基準
負債 ┤          └ 未払金・短期借入金等（1年以内）┐
        │                                              ├ 1年基準
        └ 固定負債── 長期借入金・社債等（1年超）  ┘
```

資産・負債に関する流動・固定分類は，たとえば流動負債の支払に必要な流動資産があるかどうかの関係を見ることによって企業の支払能力を分析したり，安全性を分析するのに役立つ。

2　金融負債会計

(1) 金融負債の意義・種類

「金融負債」という語は，「金融資産」という語と対(つい)にして使われる。わが国の「基準10号」は，金融資産と金融負債を総称して「金融商品」と呼ぶ。金融負債とは，支払手形，買掛金，借入金，社債等の金銭債務およびデリバティブ取引により生じる正味の債務等をいう（基準10号5項）。この定義にあるように，金融負債は主として「金銭債務」と「正味のデリバティブ債務」から成る。このほかに，新株予約権付社債のように，払込資本を増加させる可能性のある部

分を含む金融商品等がある。この種のものは「複合金融商品」といわれる。金融負債の種類は，図表3－3で示されるが，本章では金銭債務と複合金融商品である新株予約権付社債を取り扱う（デリバティブ債務は第6章で触れる）。

図表3－3　金融負債の種類

金融負債 ｛ 金銭債務……買掛金，支払手形，借入金，社債等
　　　　　　デリバティブ債務（正味）
　　　　　　複合金融商品

(2) 金銭債務

① 金銭債務の意義・種類

　金銭債務とは文字どおり，金銭によって支払うべき債務である。金銭債務は主として，企業の主目的である営業循環過程内で生じるか否かによって2つに大別される。営業循環過程で生じる金銭債務は「営業債務」と呼ばれる。これは仕入取引で生じるので「仕入債務」ともいわれ，買掛金，支払手形，前受金等がその例となる。営業循環過程外で生じる金銭債務は「営業外債務」と呼ばれる。これには借入金，社債，手形借入金，未払金，預り金等がある。図示すれば，図表3－4のようになる。

図表3－4　金銭債務の分類

金銭債務 ｛ 営業債務（仕入債務）……買掛金，支払手形，前受金等
　　　　　　営業外債務……借入金，社債，手形借入金，未払金，預り金等

　金銭債務の主要なものを説明しよう。営業債務である「買掛金」とは，仕入先との営業取引（商品の購入取引など）によって生じた営業上の未支払金をいう。手形や証書等によらない信用（"口約束"）に基づくことが特徴である。このような信用に基づく未支払金として「未払金」がある。これは営業取引でない取引，たとえば有価証券や土地の購入取引等で生じた場合に使われる。「未払金」が営業外債務とされるのは，未払金のこのような性格による。

第3章　負債会計論

【設例3－1】
　G社は，H社から商品500,000円と事務所で使用する備品300,000円を購入し，代金は後日支払うことにした。
　　（借）仕　　　入　　500,000　　　（貸）買　掛　金　　500,000
　　　　　備　　　品　　300,000　　　　　　未　払　金　　300,000

　「支払手形」とは，仕入先との営業取引（商品の購入取引など）によって生じた手形上の債務をいう。営業取引でない取引，たとえば設備の建設や有価証券の購入取引等で生じた手形上の債務は「営業外支払手形」勘定を用いて処理される。銀行等から融資を受ける目的で手形を差し入れた場合には，「手形借入金」勘定で処理される。手形借入金は「短期借入金」に含めて表示するが，これは営業外支払手形と同様に，「その他の流動負債」として記載される。

【設例3－2】
　G社は，I社から商品1,000,000円を仕入れ，代金については約束手形を振り出した。また同日，Z社から店舗陳列用の備品700,000円を購入し，代金については約束手形を振り出した。
　　（借）仕　　　入　 1,000,000　　（貸）支　払　手　形　1,000,000
　　　　　備　　　品　　 700,000　　　　　営業外支払手形　　 700,000

　「借入金」とは借用証書（しゃくようしょうしょ）による金銭の借入債務であり，短期借入金（流動負債）と長期借入金（固定負債）とに分けて表示される。前述した手形借入金や当座借越は「短期借入金」に含められる。株主・役員・従業員，さらに関係会社からの長期借入金は関連当事者間の取引に該当するので，たとえば「役員長期借入金」のように独立した科目で表示される。「普通社債」は後述する。

【設例3－3】
　G社は，国債を担保として銀行から5,000,000円を借り入れ，同額の約束手形を振り出し，利息を差し引かれた手取金を受け取った。借入期間は

219日，年利率7％である。

(借) 現 金 預 金　4,790,000　　　(貸) 手形借入金　5,000,000
　　　支 払 利 息　　210,000※

※　$5,000,000 円 \times 0.07 \times \dfrac{219 日}{365 日} = 210,000 円$

② 金銭債務の期末評価額

　金銭債務の期末評価額とは，貸借対照表に記載すべき金銭債務の金額を意味する。金銭債務は，原則として，債務額をもって貸借対照表価額とする。ただし，社債を社債金額よりも低い価額または高い価額で発行したことにより，収入額と債務額との間に違いが生じたときは，当該社債の期末評価額は必ずしも債務額（額面価額）とはならない。この点は普通社債に関連して述べる。

(3) 普 通 社 債

① 社債の意義・種類

　「社債」とは，企業が社債券という有価証券を市場で発行して資金を調達することによって生じる債務である。「社債券」は市場で流通する。社債の発行は，株式発行および銀行からの長期借入とともに，企業が長期資金を調達する1つの手段である。社債には「証券化された借入金」という性格がある。社債券は一種の借入証書(かりいれしょうしょ)であるから，社債発行企業は期限が来れば，発行価額がいくらであったかに関わりなく，券面に記載された金額（額面価額）を支払わなければならない（「償還(しょうかん)する」という）。償還期間内では，あらかじめ約束された利子（確定利子）が，通常，年2回支払われる。

　株式会社だけでなく，持分会社（合名会社・合資会社・合同会社）であっても，会社であれば，その形態に関係なく社債を発行して資金を調達することができる。社債はその内容からいくつかに分類できる。担保の有無によって「担保付社債」と「無担保社債」，利率が固定されているか否かによって「固定利付債」と「変動利付債」がある。残余財産分配権の優先順位によって「普通社債」と

「劣後社債」があり，また新株予約権が付加されているものとして「新株予約権付社債」がある。そのほかに特約等を組み合わせた仕組み債には，「ゼロクーポン債」や「ストリップス債」等がある。ここでは社債のうち最も基本的な普通社債を取りあげる。「普通社債」は一般に単に「社債」と呼ばれるので，以下「社債」と呼称する。

② 社債の発行方法

社債は取締役会の決議によって発行される（会法362④）。その決議では，社債総額・利率・期間・償還方法・払込価額などが決定される（会法676）が，それらは引受主幹事証券会社と協議して決定する。社債の発行方法には，⑴平価（へいか）発行，⑵打歩（うちぶ）発行および⑶割引発行がある。「平価発行」は額面価額で社債を発行する方法であり，「打歩発行」は額面価額よりも高い価額（プレミアム付き）で発行する方法である。また，「割引発行」は額面価額よりも低い価額で（ディスカウントして）発行する方法である。

打歩発行は，社債利率が市場の平均利率よりも高い場合の調整，発行会社の信用度が高い場合に行われる。割引発行は，それとは逆に，社債利率が市場の平均利率よりも低い場合の調整，発行会社の信用度が低い場合に行われる。わが国では，割引発行が一般的である（以下，割引発行を前提にして説明する）。

割引発行では，額面価額と発行価額との間に差額（以下，社債発行差額という）が生じる。これは従来「社債発行差金」と呼ばれ，繰延資産にすることが認められてきたが，現行の会計基準では繰延資産にすることは認められない。社債発行差額が金利の調整として生じたと認められるときには，金銭債権の評価と平仄（ひょうそく）を合わせ，償却原価法に基づいた社債の評価が行われる。このような考え方は，打歩発行の場合の社債発行差額にも適用される。

③ 償却原価法による社債の評価

前述したように，「償却原価法」とは，社債を額面価額よりも低い価額または高い価額で発行したために生じる，金利調整額である社債発行差額を，償還期間にわたり毎期一定の方法で社債の貸借対照表価額に加減する方法である。償却原価法には利息法と定額法の2つがある。利息法が原則的な方法である。

定額法は簡便的な方法であり,それは継続適用を条件として認められる。

「利息法」とは,確定利率(クーポン利率)による利息支払額と社債発行差額との合計額を,社債の帳簿価額に対し一定率(実効利子率)となるように,複利で各期の損益に配分する方法である。以下の設例における実効利子率の式からわかるように,償還期間すべての現金支出額を社債発行時点の現在価値に割り引く利子率が計算される。この利子率を社債の帳簿価額に乗じることによって毎期に配分される利息額が計算され,各期に配分される社債発行差額の償却額が社債に加算される。このため,各期に配分される利息額は逓増する。この方法を図示すれば,図表3－5のようになる。

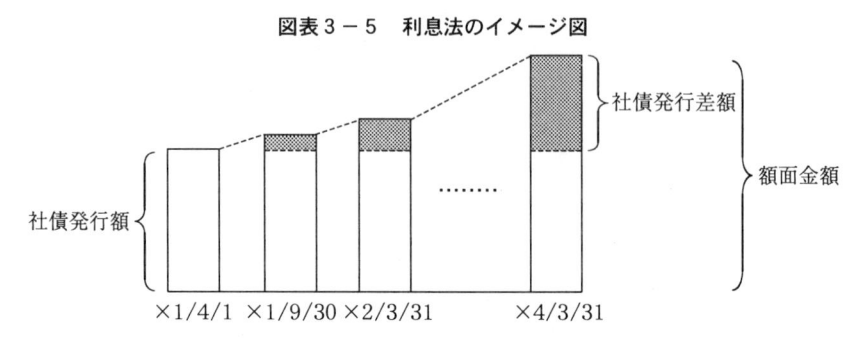

図表3－5 利息法のイメージ図

たとえば,K社(決算日3月31日)は,×1年4月1日に額面総額10,000,000円の社債(期間3年(償還期限:×4年3月31日),利率年3％,利払日:9月と3月の末日)を,額面100円につき95円で発行した場合,利息法の計算過程は図表3－6(計算上の端数は×4年3月31日の利息配分額に含める)に示され,発行日と第1回利払日・決算日の仕訳は,下記のとおりである(第2回目以降の利払日・決算日については図表3－6の数値を参照)。なお,利息法の計算要素である実効利子率(r)は次の計算式によって,約4.8％と計算できる。

$$\frac{150,000円}{1+r/2} + \frac{150,000円}{(1+r/2)^2} + \cdots + \frac{150,000円}{(1+r/2)^5} + \frac{150,000円+10,000,000円}{(1+r/2)^6}$$
$$= 9,500,000円$$

第 3 章　負債会計論

×1.4.1（発行日）：
　（借）現　金　預　金　9,500,000　　（貸）社　　　　　債　9,500,000
×1.9.30（利払日）：
　（借）社　債　利　息　　150,000　　（貸）現　金　預　金　　150,000
　　　　社　債　利　息　　 78,000　　　　　社　　　　　債　　 78,000
×2.3.31（決算日）：
　（借）社　債　利　息　　150,000　　（貸）現　金　預　金　　150,000
　　　　社　債　利　息　　 79,872　　　　　社　　　　　債　　 79,872

図表 3 - 6　利息法の計算過程

年月日	クーポン支払額	利息配分額	社債発行差額の償却額	社債発行差額の未償却額	社債の帳簿価額
×1/4/1	―	―	―	500,000	9,500,000
×1/9/30	150,000	228,000 (=9,500,000×4.8%÷2)	78,000 (=228,000-150,000)	422,000	9,578,000
×2/3/31	150,000	229,872 (=9,578,000×4.8%÷2)	79,872 (=229,872-150,000)	342,128	9,657,872
×2/9/30	150,000	231,789 (=9,657,872×4.8%÷2)	81,789 (=231,789-150,000)	260,339	9,739,661
×3/3/31	150,000	233,752 (=9,739,661×4.8%÷2)	83,752 (=233,752-150,000)	176,587	9,823,413
×3/9/30	150,000	235,762 (=9,823,413×4.8%÷2)	85,762 (=235,762-150,000)	90,825	9,909,175
×4/3/31	150,000	240,825 (=9,909,175×4.8%÷2)	90,825 (=240,825-150,000)	0	10,000,000
合計	900,000	1,400,000	500,000	―	―

　発行日では，社債は額面価額ではなく払込額（収入額・発行価額）で評価される。利払日ごとに利息配分額が計算され，社債発行差額の償却額は社債利息として計上され，それはまた社債の帳簿価額に加算される。社債発行差額の償却額が社債利息とされるのは，社債発行差額は金利調整のための利息額に他ならないからである。

　社債の期末評価額，つまり貸借対照表価額は，図表 3 - 6 のように，×2年3月31日の決算日では9,657,872円，×3年3月31日では9,823,413円，×4年3月31日では10,000,000円となり，逓増する。

　他方，「定額法」とは，社債発行差額を社債発行日から償還日までの期間で

除して各期の損益に配分する方法である。この方法は貨幣の時間価値をほとんど考慮せず，社債発行差額は償還期間で按分し，按分額を決算時に社債利息に計上し，同時にそれを社債の帳簿価額に加算する。定額法による仕訳は次のようになる（利払日にも社債発行差額を按分して計上している）。

×1.4.1 （発行日）：
 （借）現 金 預 金 9,500,000 （貸）社 債 9,500,000

×1.9.30 （利払日）：
 （借）社 債 利 息 150,000 （貸）現 金 預 金 150,000
       社 債 利 息 83,334※   社 債 83,334

×2.3.31 （決算日）：
 （借）社 債 利 息 150,000 （貸）現 金 預 金 150,000
       社 債 利 息 83,334※   社 債 83,334

※ 500,000円÷3年÷2＝83,334円

④ 社債発行費

「社債発行費」とは，前述したように，社債を発行するために直接必要とされる費用である。社債発行費は，原則として支出時に費用（営業外費用）として処理するが，繰延資産とすることもできる。繰延資産とするときには，社債の償還までの期間にわたり「利息法」によって償却しなければならない。この場合，継続適用を条件として「定額法」によることもできる。

たとえば，前記例（ただし，利払日は計算の便宜上毎年3月の末日とする）において社債発行費300,000円を支払い，それを繰延資産とし，社債発行差額と社債発行費を「利息法」で償却する場合を考えてみよう。実効利子率（r）は次の計算式によって，約6％と計算される。

$$\frac{300,000円}{1+r} + \frac{300,000円}{(1+r)^2} + \frac{300,000円 + 10,000,000円}{(1+r)^3} = 9,200,000円$$

社債発行費は金利ではないが，社債発行によって利用できる資金はそれだけ減少するので，社債発行費は社債発行差額と合算して実効利子率が計算される。上記計算式右辺の9,200,000円（＝9,500,000円－300,000円）に，それが反映され

第3章　負債会計論

ている。このため，たとえば×2年3月31日の決算日（利払日）では，社債発行差額および社債発行費の償却額252,000円は，社債発行差額500,000円と社債発行費300,000円の比率で按分し，社債利息追加額157,500円（＝252,000円×5/8）と社債発行費償却額94,500円（＝252,000円×3/8）のそれぞれを計算する。図表3－7は，そのような計算を含む計算過程を示している（計算上の端数は×4年3月31日の利息配分額に含める）。

図表3－7　利息法の計算過程

年月日	クーポン支払額	利息配分額	社債発行差額と社債発行費の償却額	社債発行差額の償却額	社債発行費の償却額	償却原価額
×1/4/1	—	—	—	—	—	9,200,000
×2/3/31	300,000	552,000（＝9,200,000×6%）	252,000（＝552,000－300,000）	157,500	94,500	9,452,000
×3/3/31	300,000	567,120（＝9,452,000×6%）	267,120（＝567,120－300,000）	166,950	100,170	9,719,120
×4/3/31	300,000	580,880（＝9,719,120×6%）	280,880（＝580,880－300,000）	175,550	105,330	10,000,000
合　計	900,000	1,700,000	800,000	500,000	300,000	—

次に社債発行日および最初の決算日の仕訳を示す（2年目および3年目の決算日の仕訳は同様であるので省略する）。

×1.4.1　（発行日）：

　（借）現　金　預　金　9,200,000　　（貸）社　　　　　債　9,500,000
　　　　社　債　発　行　費　　300,000

×2.3.31（決算日）：

　（借）社　債　利　息　　300,000　　（貸）現　金　預　金　　300,000
　　　　社　債　利　息　　157,500　　　　　社　　　　　債　　157,500
　　　　社債発行費償却　　 94,500　　　　　社　債　発　行　費　 94,500

「定額法」による社債発行費の処理では，次の仕訳が償還期間にわたって行われる。

　（借）社債発行費償却　　100,000※　（貸）社　債　発　行　費　100,000
　　　　※　300,000円÷3年＝100,000円

103

⑤ 社債の償還

社債の償還期間は，たとえば3年，6年，7年，10年等というように企業の資金需要に応じて多様である。償還期限が到来したときに，社債は必ず償還される。ここに「社債の償還」とは社債権者に額面金額を返済することをいう。償還方法は「定時償還」と「随時償還」に分けられる。定時償還には償還期日（満期日）に全額一括して償還する方法（満期償還），あるいは定時に一部を抽籤（ちゅうせん）などによって計画的に分割して償還する方法（分割償還）がある。随時償還は償還期日前に随時に一部ずつ償還する方法であり，それには抽籤償還と，市場から買入れて消却する買入償還（買入消却）がある。満期償還・分割償還および抽籤償還は額面金額で償還され，買入償還の場合には，額面価額と買入価額は異なるのが普通である。社債償還を分類すれば，図表3－8のようになる。

図表3－8　社債償還の分類

社債の償還 ｛ 定時償還 ｛ 満期償還 / 分割償還　　臨時償還 ｛ 抽籤償還 / 買入償還（買入消却）

たとえば，前記例（ただし，利払日は計算の便宜上毎年3月の末日とし，社債発行差額の償却は「利息法」によるが，社債発行費はなかったものとする）において，×2年4月1日に，上記社債のうち4割を抽籤償還した場合，利息法の計算過程は図表3－9に示され，発行日，決算日および償還日の仕訳は次のとおりである。なお，実効利子率（r）は，次の計算式によって約4.8％と計算できる。

$$\frac{300{,}000円}{1+r}+\frac{300{,}000円}{(1+r)^2}+\frac{300{,}000円+10{,}000{,}000円}{(1+r)^3}=9{,}500{,}000円$$

×1.4.1（発行日）：
　（借）現　金　預　金　9,500,000　　（貸）社　　　　　債　9,500,000

×2.3.31（決算日）：
　（借）社　債　利　息　　300,000　　（貸）現　金　預　金　　300,000
　　　　社　債　利　息　　156,000　　　　　社　　　　　債　　156,000

第3章　負債会計論

社債の期末評価額：9,500,000円＋156,000円＝9,656,000円

×2.4.1（抽籤償還日）：

（借）社　　　　債　3,862,400※　（貸）現　金　預　金　4,000,000
　　　社 債 償 還 損 益　　137,600

※　9,656,000円×40％＝3,862,400円

×3.3.31（決算日）：

（借）社　債　利　息　　180,000※1　（貸）現　金　預　金　180,000
　　　社　債　利　息　　 98,093※2　　　　社　　　　　債　 98,093

※1　6,000,000円×3％＝180,000円（利息支払額）
※2　163,488円×60％＝98,093円（利息法による利息追加額）

社債の期末評価額：9,656,000円－3,862,400円＋98,093円＝5,891,693円

さらに、×3年4月1日に残り6割の社債の半分を額面100円につき96円で買入れ、直ちに消却した場合、下記の仕訳が行われる。

×3.4.1（買入償還日）：

（借）社　　　　債　2,945,847※1　（貸）現　金　預　金　2,880,000※2
　　　　　　　　　　　　　　　　　　　社 債 償 還 損 益　　 65,847

※1　5,891,693円×30％/60％＝2,945,847円（償還社債の帳簿価額）
※2　3,000,000円×96/100＝2,880,000円（社債買入額）

償還日の×4年3月31日には、残りの社債を満期償還した場合、次の仕訳処理を行う。

×4.3.31（決算日）：

（借）社　債　利　息　　 90,000※3　（貸）現　金　預　金　 90,000
　　　社　債　利　息　　 54,154※4　　　　社　　　　　債　 54,154
　　　社　　　　債　3,000,000※5　　　　現　金　預　金　3,000,000

※3　3,000,000円×3％＝90,000円（利息支払額）
※4　180,512円×30％＝54,154円（利息法による利息追加額）
※5　5,891,693円－2,945,847円＋54,154円
　　　　　　　　　　＝3,000,000円（償還社債の帳簿価額）

図表3－9　利息法の計算過程

年月日	クーポン支払額	利息配分額	社債発行差額の償却額	社債の帳簿価額
×1/4/1	—	—	—	9,500,000
×2/3/31	300,000	456,000（＝9,500,000×4.8%）	156,000（＝456,000－300,000）	9,656,000
×3/3/31	300,000	463,488（＝9,656,000×4.8%）	163,488（＝463,488－300,000）	9,819,488
×4/3/31	300,000	480,512（＝9,819,488×4.8%）	180,512（＝480,512－300,000）	10,000,000
合　計	900,000	1,400,000	500,000	—

　上記例では，ケース発生順でいえば抽籤償還，買入償還および満期償還が行われている。「抽籤償還」は，資金の余裕が生じているような場合に随時に行われるために，実効利子率に基づいて計算されてきた帳簿価額と償還価額（額面価額）との間に差額が生じる。厳密には実効利子率の調整が必要になろうが，ここではその差額は社債償還損益（社債償還損）で処理されている。

　「買入償還」は，資金の余裕が生じているときで，自社社債の市場価格が下落しているようなときに行われることがある。このケースでも社債償還損益（社債償還益）が生じるが，これは実効利子率の差異分と償還価額（買入価額）と額面価額の差額とから構成される。「社債償還損益」は営業外収益または営業外費用に含められる。抽籤償還や買入償還のように，途中償還が行われた場合，社債発行費があるときには，償還に対応する社債発行費の未償却残高を償却することが必要になる。「満期償還」では，償還する社債の帳簿価額と額面価額とは一致するので，社債償還損益は生じない。

　「分割償還」は，社債発行時点ですでに償還計画ができているので，利息支払額や分割償還額によって変化する将来の支出額があらかじめわかっている。このため，そのような将来の支出額を織り込んで実効利子率が計算される。

　たとえば，L社（決算日3月31日）が，×1年4月1日に額面総額10,000,000円の社債（期間：5年（償還期限×6年3月31日），利率：年3％，利払日：3月の末日，社債発行差額の償却：利息法）を額面100円につき95円で発行し，×3年3月31日より毎年3月31日に2,500,000円ずつ抽籤により額面価額で償還する場合，

第3章　負債会計論

利息法の計算過程は図表３－10のようになる（計算上の端数は×6年3月31日の利息配分額に含める）。

図表３－10　利息法の計算過程

年月日	クーポン支払額	利 息 配 分 額	社債発行差額の償却額	社債の帳簿価額
×1/4/1	—		—	9,500,000
×2/3/31	300,000	437,000(=9,500,000×4.6%)	137,000(=437,000−300,000)	9,637,000
×3/3/31	300,000	443,302(=9,637,000×4.6%)	143,302(=443,302−300,000)	9,780,302 9,780,302−2,500,000=7,280,302
×4/3/31	225,000	334,894(=7,280,302×4.6%)	109,894(=334,894−225,000)	7,390,196 7,390,196−2,500,000=4,890,196
×5/3/31	150,000	224,949(=4,890,196×4.6%)	74,949(=224,949−150,000)	4,965,145 4,965,145−2,500,000=2,465,145
×6/3/31	75,000	109,855(=2,465,145×4.6%)	34,855(=113,397−75,000)	2,500,000 2,500,000−2,500,000=0

なお，実効利子率（ｒ）は，次の計算式により約4.6％となる。

$$\frac{300,000円}{1+r}+\frac{300,000円+2,500,000円}{(1+r)^2}+\frac{225,000円+2,500,000円}{(1+r)^3}$$

$$+\frac{150,000円+2,500,000円}{(1+r)^4}+\frac{75,000円+2,500,000円}{(1+r)^5}=9,500,000円$$

社債発行日および×4年3月31日の決算日までの仕訳は，下記のとおりである（×5年3月31日および×6年3月31日の仕訳は省略する）。

×1.4.1（発行日）：

（借）現　金　預　金　9,500,000　　（貸）社　　　　　債　9,500,000

×2.3.31（決算日）：

（借）社　債　利　息　　300,000　　（貸）現　金　預　金　　300,000
　　　社　債　利　息　　137,000　　　　　社　　　　　債　　137,000

　　　社債の期末評価額：9,500,000円＋137,000円＝9,367,000円

×3.3.31（決算日）：

（借）社　債　利　息　　300,000　　（貸）現　金　預　金　　300,000
　　　社　債　利　息　　143,302　　　　　社　　　　　債　　143,302

107

| | 社　　　債 | 2,500,000 | | 現　金　預　金 | 2,500,000 |

社債の期末評価額：9,637,000円＋143,302円－2,500,000円

　　　　　　　＝7,280,302円

×4.3.31（決算日）：

（借）社　債　利　息　225,000　　（貸）現　金　預　金　225,000
　　　社　債　利　息　109,894　　　　　社　　　　　債　109,894
　　　社　　　　　債　2,500,000　　　　現　金　預　金　2,500,000

社債の期末評価額：7,280,302円＋109,894円－2,500,000円

　　　　　　　＝4,890,196円

社債発行差額の償却について定額法を適用した場合には，社債発行差額は社債によって調達した資金の利用割合に応じて償却する。図表3－11は調達資金の利用割合を示し，図表3－12はその利用割合に基づいた社債発行差額の償却額を示している。×2年3月31日および×3年3月31日における社債発行差額の償却に関する仕訳は，次のようになる。

×2.3.31（決算日）：

（借）社　債　利　息　167,000　　（貸）社　　　　　債　167,000

×3.3.31（決算日）：

（借）社　債　利　息　133,000　　（貸）社　　　　　債　133,000

図表3－11　調達資金の利用割合

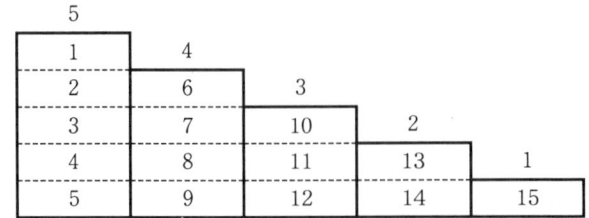

×1/4/1	×2/3/31	×3/3/31	×4/3/31	×5/3/31	×6/3/31
5					
1	4				
2	6	3			
3	7	10	2		
4	8	11	13	1	
5	9	12	14	15	

利用割合：　　5/15　　4/15　　3/15　　2/15　　1/15

図表3-12　社債発行差額の償却額

年月日	社債発行差額	利用割合	社債発行差額の償却額
×2/3/31	500,000×5/15		167,000
×3/3/31	500,000×4/15		133,000
×4/3/31	500,000×3/15		100,000
×5/3/31	500,000×2/15		67,000
×6/3/31	500,000×1/15		33,000

(4) 新株予約権付社債

① 新株予約権付社債の意義

新株予約権付社債において，社債に付される「新株予約権」とは，定められた一定期間（行使請求期間）に，定められた一定の価格（行使価格）で新株の発行を受け，あるいは自己株式の移転を受ける権利である。新株予約権を有する者は新株予約権者といわれる。したがって，新株予約権付社債を有する者は新株予約権者であり，かつ社債権者でもある。新株予約権付社債を発行した企業では，社債という金銭債務が生じ，かつ新株予約権が行使されれば払込資本が増加するので，新株予約権付社債は複合金融商品の1つである。新株予約権付社債の説明の前に，新株予約権の会計処理をあらかじめ取りあげる。

② 新株予約権の会計処理

「新株予約権」は，社債に組み込まれて「新株予約権付社債」として発行されるほかに，新株予約権証券として単独に発行することができる。新株予約権は，通常の場合，有償で発行され，新株予約権（基準8号の新株予約権は除く）の発行時には，発行企業は新株予約権に対する払込金額を「新株予約権」として計上し，純資産の部に記載する。

新株予約権が行使されたとき，発行企業は新株を発行するか，自己株式を処分（移転）しなければならない。新株を発行する場合には，新株予約権発行時の払込金額と新株予約権行使時の行使価格に相当する払込金額の合計額が資本金または資本金・資本準備金に振り替えられる。自己株式を処分する場合には，新株予約権発行時の払込金額と新株予約権行使時の行使価格に相当する払込金

額の合計額が自己株式の処分対価となるから，この合計額と自己株式の帳簿価額との差額が「自己株式処分差益（または自己株式処分差損）」として処理される（設例では，このケースの処理は省略する）。行使請求期間に新株予約権が行使されずに，その権利が失効したときには，新株予約権の失効に対応する金額が失効の確定した会計期間の利益（原則として特別利益）として処理される。

このような会計処理に見るように，新株予約権は，権利行使されれば資本金になり，その権利が放棄されれば利益となって株主資本を増加させるから，新株予約権の評価額は貸借対照表上の純資産の部に計上される。

【設例3－4】

(1) M社（決算日：3月31日）は，×1年4月1日に新株予約権（行使請求期間：×2年4月1日～×3年3月31日）を100,000,000円で発行した。新株予約権の行使価格は総額で200,000,000円である。

×1.4.1（発行日）：

（借）現 金 預 金　100,000,000　　（貸）新株予約権　100,000,000

(2) ×2年4月1日に新株予約権の90％が権利行使され，新株が発行されるとともに払込金を受け取った。払込金のうち2分の1は資本金に組み入れないことにした。

×2.4.1（権利行使日）：

（借）現 金 預 金　180,000,000[※1]　（貸）資　本　金　135,000,000
　　　新株予約権　　90,000,000[※2]　　　資本準備金　135,000,000

※1　200,000,000円×90％＝180,000,000円（行使価格に相当する払込金）
※2　100,000,000円×90％＝90,000,000円（権利行使した新株予約権）

(3) 新株予約権の残りの10％は，権利行使が行われないまま権利行使期限が過ぎた。

×3.4.1（権利失効日）：

（借）新株予約権　10,000,000　　（貸）新株予約権戻入益　10,000,000

③ 新株予約権付社債の会計処理

　新株予約権を社債の一部に組み込んで発行する社債は,「新株予約権付社債」といわれる。つまり,新株予約権付社債は新株予約権を付した社債である。新株予約権付社債は,新株予約権の行使または社債の償還によって新株予約権または社債の一方が消滅する場合を除いて,新株予約権または社債の一方だけを譲渡することはできない。この点で,新株予約権付社債は新株予約権と社債とが非分離した複合金融商品の1つである。ここでは新株予約権付社債のうち,「転換社債型新株予約権付社債」と「転換社債型以外の新株予約権付社債」の2つのタイプを取りあげる。このため,発行企業が取得条項に基づき,自社の株式の市場価格が転換価格を上回る場合に新株予約権付社債を取得する「取得条項付転換社債型新株予約権付社債」には触れない。

　「転換社債型新株予約権付社債」とは,当該社債の募集要項において,社債と新株予約権とがそれぞれ単独で存在し得ないこと,および新株予約権が付された社債を当該新株予約権行使時における出資の目的にすることをあらかじめ明確にしている新株予約権付社債をいう。すなわち,新株予約権が行使されたときの払込について,現金に代えて社債部分をもって払込に充当する新株予約権付社債である（この充当を「代用払込」という）。改正前商法上の転換社債は代用払込を行う社債であったので,このような代用払込を行う新株予約権付社債は「転換社債型」といわれる。

　転換社債型新株予約権付社債の会計処理方法として,一括法（一体処理）と区分法（区分処理）のいずれの方法も認められる。これらの方法の違いは,新株予約権付社債の払込金額を社債の対価部分と新株予約権の対価部分とに分ける（区分する）か否かにある。「一括法」は,払込金額を社債の対価部分と新株予約権の対価部分とに分けない方法であり,これは代用払込によって新株予約権と社債とが一体になっている点を捉える。この結果,一括法では新株予約権が別個に計上されない。これに対して,「区分法」は,払込金額を社債の対価部分と新株予約権の対価部分とに分ける方法であり,この点で取引実態を適切に示すことができる。区分法では,新株予約権は別個に計上される。

「転換社債型以外の新株予約権付社債」は，新株予約権の行使時に行使価格に相当する額を新株（または自己株式）に対して現金で払い込むことができ，新株予約権行使後に，新株予約権のない普通社債として社債部分を保有し続けることができる新株予約権付社債である。このような新株予約権付社債の会計処理としては，区分法のみが認められる。「転換社債型以外の新株予約権付社債」の設例によって区分法による会計処理を説明する。

【設例3－5】

(1) N社は，×1年4月1日に，額面総額100,000,000円の新株予約権付社債（期間：5年，利率：年3％）を額面価額で発行した。新株予約権付社債100円につき10円を新株予約権の発行価額とし，また新株予約権付社債100円につき90円を新株予約権の行使価格とした。新株予約権行使期間は×2年4月1日から×5年3月31日までであり，当該社債の償還期日は×6年3月31日である。利払日は計算の便宜上毎年3月の末日とする。社債発行差額は定額法により償却する。

×1.4.1（発行日）：

（借）現 金 預 金 100,000,000 　　（貸）社　　　　債　90,000,000 [1]

　　　　　　　　　　　　　　　　　　　　　新株予約権　10,000,000 [2]

※1　$100,000,000円 \times \dfrac{90}{100} = 90,000,000円$（社債の対価部分）

※2　$100,000,000円 \times \dfrac{10}{100} = 10,000,000円$（新株予約権の対価部分）

×2.3.31，×3.3.31，×4.3.31，×5.3.31（決算日）：

（借）社 債 利 息　3,000,000 [3]　（貸）現 金 預 金　3,000,000

　　　社 債 利 息　2,000,000 [4]　　　　社　　　　債　2,000,000

※3　$100,000,000円 \times 3\% = 3,000,000円$（利払額）

※4　$10,000,000円 \times \dfrac{1}{5} = 2,000,000円$（社債発行差額の償却）

(2) ×5年3月31日に，額面価額80,000,000円分について新株予約権の行使があり，払込金を受け取り，新株を発行した。なお，払込額のうち2

分の1は資本金に組入れないこととした。

×5.3.31（権利行使日）：

(借) 現 金 預 金 72,000,000※5　(貸) 資 本 金 40,000,000
　　　新株予約権　8,000,000※6　　　　資本準備金　40,000,000

※5　$80,000,000円 \times \dfrac{90}{100} = 72,000,000円$（払込額）

※6　$10,000,000円 \times \dfrac{8}{10} = 8,000,000円$（行使した新株予約権）

(3) 新株予約権の残額は，権利行使が行われないまま期限が過ぎ，×6年3月31日に社債を償還した。

×6.3.31（決算日・償還日）：

(借) 社 債 利 息　3,000,000　(貸) 現 金 預 金　3,000,000
　　　社 債 利 息　2,000,000　　　　社　　　債　2,000,000
　　　社　　　債　100,000,000　　　現 金 預 金　100,000,000
　　　新株予約権　2,000,000　　　　新株予約権
　　　　　　　　　　　　　　　　　　戻 入 益　　2,000,000

　新株予約権付社債は，新株予約権が付されている分だけ社債投資の魅力が高められているので，普通社債よりも低い表面利率で発行することができる。これを考慮して，社債の払込金額から新株予約権の発行価額を区別すれば，すなわち払込金額を社債の対価部分と新株予約権の対価部分とに分けるならば，社債そのものは割引発行されていることになる。【設例3－5】では，新株予約権の発行価額は10,000,000円であるから，社債部分についていえばその額だけの社債発行差額が生じていることになる。社債発行差額は償却原価法に基づいて処理される（設例では定額法によっている）。

　額面価額80,000,000円分の新株予約権の権利行使日では，80,000,000円の90/100（＝72,000,000円）の現金払込が行われる。この場合では，権利行使後の社債部分は普通社債に変わり存続することになる。権利行使がなかった新株予約権相当額は，利益に戻し入れられる。

【設例3－5】における新株予約権付社債を「転換社債型新株予約権付社債」と読み替えて，その場合の会計処理を説明することとする。転換社債型新株予約権付社債の会計処理方法としては，区分法と一括法のいずれも認められている。まず「区分法」による場合の会計処理を示す。

×1.4.1（発行日）：

(借) 現 金 預 金 100,000,000　(貸) 社　　　　　　債　90,000,000
　　　　　　　　　　　　　　　　　　新 株 予 約 権　10,000,000

×2.3.31，×3.3.31，×4.3.31，×5.3.31（決算日）：

(借) 社 債 利 息　3,000,000※1　(貸) 現 金 預 金　3,000,000
　　 社 債 利 息　2,000,000※2　　　 社　　　　債　2,000,000

　※1　100,000,000円×3％＝3,000,000円（利息支払額）

　※2　10,000,000円×$\frac{1}{5}$＝2,000,000円（社債発行差額の償却）

×5.3.31（権利行使日）：

(借) 社　　　　債　78,400,000※3　(貸) 資　　本　　金　43,200,000
　　 新 株 予 約 権　8,000,000※4　　　 資 本 準 備 金　43,200,000

　※3　代用払込の社債：

　　　$90,000,000円 \times \frac{8}{10} = 72,000,000円$

　　　$(2,000,000円 \times 4) \times \frac{8}{10} = 6,400,000円$（償却原価額）

　　　72,000,000円＋6,400,000円＝78,400,000円

　※4　行使した新株予約権：

　　　$10,000,000円 \times \frac{8}{10} = 8,000,000円$

×6.3.31（決算日・償還日）：

(借) 社 債 利 息　　　600,000※5　(貸) 現 金 預 金　　　600,000
　　 社 債 利 息　　　400,000※6　　　 社　　　　債　　　400,000
　　 社　　　　債　20,000,000※7　　　 現 金 預 金　20,000,000
　　 新 株 予 約 権　2,000,000　　　　新株予約権戻入益　2,000,000

　※5　利息支払額：20,000,000円×3％＝600,000円

　※6　社債発行差額の償却：

$$(10,000,000円 - 8,000,000円) \times \frac{2}{10} = 400,000円$$

※7　社債償還額の内訳：

・当初払込分：$90,000,000円 \times \frac{2}{10} = 18,000,000円$

・社債発行差額償却分：$10,000,000円 \times \frac{2}{10} = 2,000,000円$

　会計処理において注意すべきは，新株予約権が行使されたときである（実質的な割引発行のケースを想定）。新株予約権の一部が行使されたときには，それに対応する社債の対価部分と新株予約権の対価部分の合計額が資本金または資本金・資本準備金に振り替えられる。この場合の社債の対価部分には，行使された新株予約権に対応する社債発行差額の償却分が加算される。もしも新株予約権の全部が行使された場合には，社債発行差額の未償却分も社債の対価部分に加算される。

　一括法による会計処理では，次のような仕訳となる。

×1.4.1（発行日）：

　（借）現　金　預　金　100,000,000　　（貸）社　　　　　　債　100,000,000

×2.3.31，×3.3.31，×4.3.31，×5.3.31（決算日）：

　（借）社　債　利　息　　3,000,000　　（貸）現　金　預　金　　3,000,000

×5.3.31（権利行使日）：

　（借）社　　　　　　債　80,000,000　　（貸）資　　本　　金　40,000,000
　　　　　　　　　　　　　　　　　　　　　　資　本　準　備　金　40,000,000

×6.3.31（決算日・償還日）：

　（借）社　債　利　息　　　600,000　　（貸）現　金　預　金　　　600,000
　　　　社　　　　　　債　20,000,000　　　　現　金　預　金　20,000,000

　一括法においては，新株予約権付社債の発行時では，その払込金額を社債の対価部分と新株予約権の対価部分とに区分せずに，普通社債の発行に準じて処理する。新株予約権の一部の権利行使があったときには，それに対応する社債の対価部分と新株予約権の対価部分との合計額である帳簿価額が資本金または資本金・資本準備金に振り替えられる。新株予約権の全部が行使されたときに

は，社債の対価部分と新株予約権の対価部分との合計額である帳簿価額全額が資本金または資本金・資本準備金に振り替えられる。

3　引当金会計

(1)　引当金の意義・分類・設定基準

　当期中に現金の支出あるいは損失が生じていなくとも，適正な期間損益計算を行うために，一定の要件を満たした場合には，当期の費用または損失として一定の金額を見積設定する必要がある。この当期の費用または損失として見積計上する（仕訳上の）貸方科目のことを「引当金」という。

　下記4つの要件を満たした場合には，適正な期間損益計算を行うために引当金を計上しなければならない（注解18）。

①　将来の特定の費用または損失であること
②　その発生が当期以前の事象に起因していること
③　その発生の可能性が高いこと
④　その金額を合理的に見積もれること

　引当金は，損益計算と貸借対照表との2つの立場から分類することができる。

　損益計算の立場から分類すると，「費用性引当金」，「収益控除性引当金」および「損失性引当金」の3つに分類される。費用性引当金には，賞与引当金・修繕引当金・特別修繕引当金が，収益控除性引当金には売上割戻引当金・返品調整引当金が，損失性引当金には，損害補償損失引当金・債務保証損失引当金などがそれぞれに該当する。

　貸借対照表の立場からは，「評価性引当金」と「負債性引当金」に分類され，後者はさらに債務性（のある）引当金と債務性のない引当金とに分類される。評価性引当金とは，特定の資産の価値減少額を控除するために使用される科目であり，当該資産から直接または間接的に控除する形式で記載される。評価性引当金には貸倒引当金などがある。負債性引当金には1年基準が適用され，それらは流動負債または固定負債に分類される。なお，債務性のある負債性引当金

は，会社法上，負債として分類される。債務性のある負債性引当金には，製品保証引当金，売上割戻引当金，工事補償引当金，返品調整引当金，賞与引当金，退職給与引当金などがあり，他方，債務性のない負債性引当金には，修繕引当金，特別修繕引当金，損害補償損失引当金，債務保証損失引当金などがある。

(2) 退職給付引当金

「退職給付引当金」とは，従業員が将来退職することにより支給される退職金や退職年金の支払いに備えて見積計上される引当金をいう。退職給付引当金については，第6章で取り上げる。

(3) 製品保証引当金

「製品保証引当金」とは，会社が製品・商品を販売した後，一定期間無料でその修理を行うことを保証している場合に，その保証に伴い将来発生する費用に備えて見積計上される引当金をいう。

【設例3－6】

(1) 決算にあたり，製品の当期売上高16,000,000円に対して1％の製品保証引当金を設定した。なお，前期設定の製品保証引当金残高は，60,000円であった。

　　(借) 製品保証引当金　　60,000　　(貸) 製品保証引当金戻入　60,000
　　　　 製品保証引当金繰入　160,000　　　　製品保証引当金　　　160,000※

　　　※　16,000,000円×1％＝160,000円

(2) 次期になり，上記製品につき顧客より修繕の申込みを受け，無料で修理した。その金額の内訳は，材料費が10,000円，労務費が8,000円であった。

　　(借) 製品保証引当金　　18,000　　(貸) 材　　料　　費　　10,000
　　　　　　　　　　　　　　　　　　　　　 労　　務　　費　　 8,000

(4) 返品調整引当金

「返品調整引当金」とは，出版社など返品率が高い企業において得意先企業との間で返品契約を結んでいるような場合，当期に販売した商品で次期以降の返品金額に備えるために，期末において返品予想額に対応する売上総利益相当金額を見積計上する引当金をいう。

【設例3－7】

決算にあたり，当期売上高16,000,000円に対して4％の返品調整引当金を設定した。当該商品の売上総利益率は毎期30％である。なお，前期に設定した返品調整引当金の残高は，60,000円であった。

(借) 返品調整引当金　　60,000　　(貸) 返品調整引当金戻入　　60,000

返品調整引当金繰入　192,000　　　　返品調整引当金　　192,000※

※　16,000,000円×30％×4％＝192,000円

(5) 修繕引当金と特別修繕引当金

「修繕引当金」とは，次期に行われる修繕に備えて当期の負担部分を見積計上する引当金をいう。これに対して，「特別修繕引当金」とは，たとえば，船舶や溶鉱炉のように，数年ごと定期的に行われる大修繕の支出に備えて当期の負担部分を見積計上する引当金をいう。

【設例3－8】

(1) 決算にあたり，船舶の4年後の修繕に備え，2,000,000円の特別修繕引当金を設定した。

(借) 特別修繕引当金繰入　2,000,000　　(貸) 特別修繕引当金　2,000,000

(2) 4年後の船舶の定期特別修繕の費用として8,400,000円を要し，小切手で支払った。なお，前3年度中に引当てた特別修繕引当金は6,000,000円ある。

```
（借）特別修繕引当金  6,000,000  （貸）当 座 預 金  8,400,000
    修 繕 費  2,100,000※
    特別修繕引当金
    不 足 損      300,000
      ※ 8,400,000円÷4年＝2,100,000円
```

(6) 売上割戻引当金

「売上割戻引当金」とは，得意先との間で売上割戻契約を結んでいる場合，当期売上に対する次期以降の割戻額に備えて，見積計上する引当金をいう。

【設例3－9】

(1) 決算にあたり，250,000円の売上割戻引当金を設定した。なお，前期設定の売上割戻引当金残高は0円であった。

　　（借）売上割戻引当金繰入 250,000 （貸）売上割戻引当金 250,000

(2) 次期になり，得意先に20,000円のリベート（割戻金）を支払うために同店に対する売掛金と相殺した。

　　（借）売上割戻引当金 20,000 （貸）売 掛 金 20,000

(7) 債務保証損失引当金

「債務保証損失引当金」とは，企業が他企業の債務の保証を行っているときに，その債務者に代わってその債務の返済を行わなければならなくなった場合に生ずる損失に備えて，見積計上する引当金をいう。

【設例3－10】

(1) 決算にあたり，債務保証しているD社の財政状態が悪化し，当該債務者に換わって弁済しなければならない可能性が高まったために，1,000,000円の債務保証損失引当金を設定した。

　　（借）債務保証損失引当金繰入 1,000,000 （貸）債務保証損失引当金 1,000,000

(2) 次期になり，D社が倒産したために1,000,000円の債務を債務者に代わって小切手で支払い弁済した。

（借）債務保証損失引当金 1,000,000　（貸）当　座　預　金 1,000,000

(8) 租税特別措置法上および特別法上の準備金

これまでみてきた引当金と違って，会計理論的には利益留保性の性格を有するものであっても，租税特別措置法上および特別法上，特定の準備金の設定が認められているものがある。

租税特別措置法の準備金（税法の準備金）は，原則として純資産の部（特別法上の準備金・引当金であり，租税特別措置法で損金算入が認められるものは負債の部）に計上される。それには海外投資等損失準備金，特別償却準備金，固定資産圧縮積立金などがある。

また，特別法上の準備金は，負債の部もしくは別区分で計上される。たとえば　保険業法では責任準備金，証券業法では株式売買損失準備金，債券売買損失準備金，証券取引責任準備金などがある。

4　偶発債務会計

(1) 偶発債務の意義

「偶発債務」とは，債務保証，係争事件に係わる賠償義務，その他実際に発生していない債務で，将来において事業の負担となる可能性のあるものをいう。偶発債務の具体例として，手形遡求義務，債務保証，先物売買契約，係争事件に係る賠償義務などに起因して生じる債務がある。これらは，後日，偶発債務が現実の債務になった場合に，企業に多大な損失と負債をもたらすので，これらが存在している場合には，その内容および金額を注記しなければならない。ただし，重要性の乏しいものについては，注記を省略することができる（財規58条）。

「会社計算規則」(103条)によれば，貸借対照表等に関する注記として，保証債務，手形遡求債務，重要な係争事件に係る損害賠償義務その他これらに準ずる債務（負債に計上したものを除く）があるときは，当該債務の内容および金額を記載することを求めている。

なお，「企業会計原則」(注解18)の規定によれば，発生の可能性の低い偶発事象に係る費用または損失については，引当金を計上することはできない。ただし，偶発債務が現実の債務となって損失をもたらす可能性が高く，その金額が合理的に見積もることができる場合には，引当金設定の4要件を満たすので，これに対し引当金を設定しなければならない。換言すれば，偶発債務が現実の債務となる可能性が高いとはいえない場合や，損失額を合理的に見積もれない場合には引当金としての計上が認められない。

(2) 手形遡求義務

手形の「割引」や「裏書譲渡」を行った際に，もし手形上の主たる債務者が期日に手形金額を弁済できなければ，主たる債務者に代わって，手形を割り引いた者が手形金額の支払いに応じなければならない。この「手形遡求義務」は，受取手形の消滅によって生じた新たな金融負債の性格を持っている。したがって，時価評価して保証債務という勘定科目で貸借対照表の負債の部に計上する（基準10号13項）。

さらに，手形の割引および裏書譲渡の残高は，企業の財政状態を判断する上でも貸借対照表の注記事項とする。すなわち，受取手形を割引に付し，または債務の弁済のために裏書譲渡した金額は，「受取手形割引高」または「受取手形裏書譲渡高」の名称を付して注記しなければならない。さらに，この会計処理は，割引に付しまたは債務の弁済のために裏書譲渡した受取手形以外の手形についても準用する。ただし，この場合における割引高または裏書譲渡高の注記は，当該手形債権の発生要因を示す名称を付して記載しなければならない（財規ガイド58）。

(3) 債務保証

「債務保証」とは，債務者がその債務を返済できなくなった際に，その債務者に代わって保証人が債務を支払う義務を負う契約を結ぶことをいう。したがって，当該債務者が債務不履行になった際には，債務保証をした保証人が代わって債務を履行しなければならない。その後，保証人は債務者に対して求償債権を行使することになる。

このように，偶発債務と求償債権の存在を明示するために，通常，偶発債務には，「保証債務」勘定と「保証債務見返」勘定という一対の対照勘定を用いて備忘的に仕訳を行う。この勘定は，債務者が債務を返済した場合，また当該債務者が債務不履行になり，代わって債務保証をした者が返済した場合のいずれも，反対仕訳を行って消去する。なお，主たる債務者が債務弁済の能力を持たないことが判明した際には，前述の「債務保証損失引当金」(負債性引当金）の設定が必要になる。

【設例3－11】

(1) 取引先であるA商店の借入金2,000,000円の連帯保証人となる依頼を受け，これに応じた。

　　(借)保証債務見返　　2,000,000　　(貸)保　証　債　務　2,000,000

(2) 上記A商店の借入金2,000,000円が支払不能となったため，延滞利息50,000円とともに小切手を振り出して支払った。

　　(借)未　　収　　金　2,050,000　　(貸)当　座　預　金　2,050,000
　　　　保　証　債　務　2,000,000　　　　保証債務見返　2,000,000

第4章 純資産会計論

1 純資産の計上・表示基準

(1) 純資産の本質

　貸借対照表における資産と負債の差額を「純資産」という。従来，当該差額は「資本」とされていたが，平成18年に会社法が施行され，それに合わせて企業会計基準委員会より「基準5号」が公表され，わが国の貸借対照表における「資本の部」は「純資産の部」へと変更された。

　従来の資本の部における資本の概念についてはさまざまな解釈があったが，一般には，①純資産としての資本，②株主持分としての資本，③損益計算上の資本を同時に意味する概念であるとみなされてきた。

　しかしながら，連結貸借対照表における少数株主持分のような負債と資本のいずれにも属さない中間独立項目の出現や，その他有価証券評価差額金のようないわゆる資本直入項目（しほんちょくにゅうこうもく）（現在，純資産直入項目（じゅんしさんちょくにゅうこうもく）という）の出現により，上述の資本の諸概念を同一範囲で概念づけることは困難となった。

　そこで，まず，中間独立項目の出現に対しては，中間独立項目を新たに純資産の部に取り込むことによって，従来通り，差額概念として純資産を理解することが可能となった。また，資本直入項目の出現については，純資産の部に

「株主資本」の区分を設け，純資産の部を入れ子状態にすることで，直接的には現在株主に帰属する成果とはいえないそれらの項目を株主資本として扱わず，株主資本以外の純資産項目（評価・換算差額等）として純資産直入することにより，株主に帰属する成果とそれ以外とを峻別することが可能となった。

同時に，純資産の部の構成項目としての株主資本を独立区分とすることによって，損益計算書におけるボトムラインとして算定・表示される「純利益」を獲得する元本としての資本概念として純化することが可能となった。

(2) 純資産の分類基準

「純資産の部」は，「株主資本」と「株主資本以外の各項目」に分類され，さらに株主資本は，「資本金」，「資本剰余金」および「利益剰余金」に区分される。資本剰余金は，「資本準備金」および資本準備金以外の資本剰余金（「その他資本剰余金」という）に区分し，利益剰余金は，「利益準備金」および利益準備金以外の利益剰余金（「その他利益剰余金」という）に区分する（基準5号4～6項）。

株主資本以外の各項目は，「評価・換算差額等」（連結貸借対照表では「その他の包括利益累計額」）および「新株予約権」に区分し，連結貸借対照表においてはこれらに加え「少数株主持分」の区分を設ける（基準5号7項，基準25号16項）。

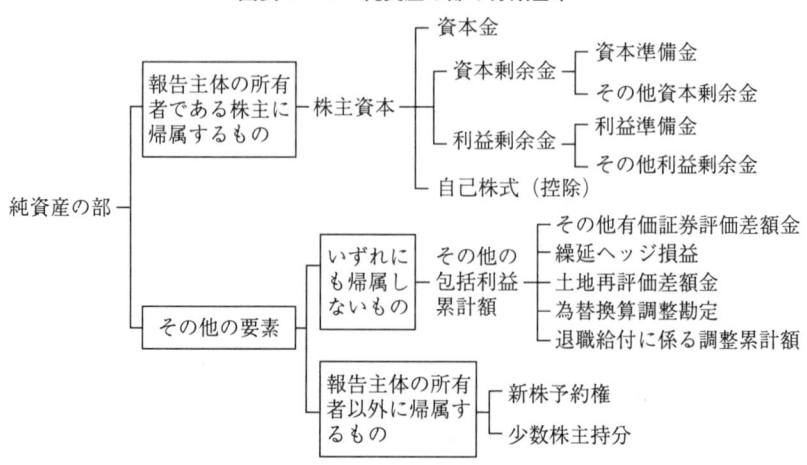

図表 4 - 1　純資産の部の分類基準

```
                            ┌ 資本金
                            │          ┌ 資本準備金
              ┌ 報告主体の所有 ┬ 株主資本 ┼ 資本剰余金 ┤
              │ 者である株主に │          │          └ その他資本剰余金
              │ 帰属するもの  │          │          ┌ 利益準備金
              │              │          ├ 利益剰余金 ┤
純資産の部 ┤              │          │          └ その他利益剰余金
              │              └ 自己株式（控除）
              │                                    ┌ その他有価証券評価差額金
              │              ┌ いずれに  その他の   ├ 繰延ヘッジ損益
              │              │ も帰属し  包括利益  ┼ 土地再評価差額金
              └ その他の要素 ┤ ないもの  累計額    ├ 為替換算調整勘定
                            │                    └ 退職給付に係る調整累計額
                            │ 報告主体の所有   ┌ 新株予約権
                            └ 者以外に帰属す ┤
                              るもの        └ 少数株主持分
```

第4章 純資産会計論

このうち，評価・換算差額等には，「その他有価証券評価差額金」や「繰延ヘッジ損益」のように，資産または負債は時価等をもって貸借対照表価額としているが，当該資産または負債に係る評価差額を当期の損益としていない場合の当該評価差額等が含まれる（基準5号8項）。

このような純資産の部の分類は，企業会計基準委員会が公表した「討議資料」を理論的基盤としている。「討議資料」（第3章18項）では，総資産額のうち負債に該当しない部分をすべて純資産とし，同時に，純利益を重視し，これを生み出す投資の正味ストックとしての株主資本を純資産の内訳とする。このように，報告主体の所有者に帰属する部分としての株主資本と，これにより獲得

図表4－2　純資産の部の表示

純資産の部（個別貸借対照表）	純資産の部（連結貸借対照表）
Ⅰ　株　主　資　本	Ⅰ　株　主　資　本
1　資　本　金	1　資　本　金
2　資本剰余金	2　資本剰余金
(1)　資本準備金	
(2)　その他資本剰余金	
資本剰余金合計	
3　利益剰余金	3　利益剰余金
(1)　利益準備金	
(2)　その他利益剰余金	
××積立金	
繰越利益剰余金	
利益剰余金合計	
4　自　己　株　式	4　自　己　株　式
株主資本合計	株主資本合計
Ⅱ　評価・換算差額等	Ⅱ　その他の包括利益累計額
1　その他有価証券評価差額金	1　その他有価証券評価差額金
2　繰延ヘッジ損益	2　繰延ヘッジ損益
3　土地再評価差額金	3　土地再評価差額金
	4　為替換算調整勘定
	5　退職給付に係る調整累計額
評価・換算差額等合計	その他の包括利益累計額合計
Ⅲ　新株予約権	Ⅲ　新株予約権
	Ⅳ　少数株主持分
純資産合計	純資産合計

される純利益との関係が重視される。

　なお，株主資本内部においては，資本金以外について，維持拘束性を旨とする「資本剰余金」と分配可能性を旨とする「利益剰余金」とに区分している。これは，「企業会計原則」における一般原則たる「資本取引・損益取引区分の原則」（第7章で説明される）を遵守した結果といえる。

　これに対し，株主資本以外の純資産項目間には，統一的な性質が認められない。すなわち，評価・換算差額等は投資のリスクから解放されない部分，新株予約権は報告主体の将来の所有者となり得るオプションの所有者との直接的な取引で発生した部分，少数株主持分は子会社の少数株主との直接的な取引で発生した部分や投資のリスクから解放された部分のうち子会社の少数株主に割り当てられた部分である。

　図表4－2では，個別貸借対照表と連結貸借対照表における純資産の部が表示されている。

2　株主資本会計

(1) 資　本　金
①　資本金の意義

　株式会社における「資本金」は法定資本ともよばれ，会社法において定められる概念である。会社法の前身である商法（会社の計算）にあっては，債権者に対する担保として維持すべき最低金額として資本金を含意していた。

　しかし，資本金の金額決定は会社に一定の裁量が認められていること，従来定めがあった最低資本金制度が撤廃されたこと，さらに会社法において株主資本内部における金額の移動（計数の変動）が認められたことによって，資本金が随時可変的なものとなっていることなどにより，上述した意味での資本金の位置づけは希薄化している。したがって，会計上，資本金は会社法上定められた一定金額としての意味しか有さず，それよりもむしろ資本金と資本剰余金とを合わせた「払込資本」の方が会計上は有意な概念となっている。

第4章　純資産会計論

　通常の新株発行における資本金の金額は，設立または株式の発行に際して株主となる者が当該株式会社に対して払込みまたは給付をした財産の額を原則とする（会法445①）。ただし，当該金額の2分の1を超えない金額は，資本金とせず資本準備金とすることが認められている（会法445②－③）。

　なお，合併，会社分割（吸収分割および新設分割），株式交換または株式移転に際して資本金または資本準備金として計上すべき金額については，「会社計算規則」において，別途定められている。

②　資本金の増加

　払込資本のうち資本金を増加させる取引を「増資」という。これには，株主資本の増加を伴う「実質的増資」と株主資本の内訳のみが変動する「形式的増資」がある。実質的増資には，①通常の新株発行，②新株予約権の権利行使，③合併などの組織再編があり，形式的増資には，①資本準備金の資本金組入，②その他資本剰余金の資本金組入などがある。

　なお，会社法上は，募集株式の手続において新株の発行と自己株式の処分とを区別していない。

【設例4－1】

(1) 増資に際し，新株式1,000株につき払込金額6,000円で公募を行い，申込期日までに1,200株分の申込みがあり，払込みを受けた申込証拠金は別段預金に預け入れた。

　　（借）別　段　預　金　7,200,000　　（貸）新株式申込証拠金　7,200,000

(2) 1,000株の株式割当を行い，割り当てられなかった200株については，申込者に返金した。

　　（借）新株式申込証拠金　1,200,000　　（貸）別　段　預　金　1,200,000

(3) 払込期日において，申込証拠金を会社法に定める最低額について資本金に組み入れた。また，払い込まれた資金を当座預金に預け替えた。

　　（借）新株式申込証拠金　6,000,000　　（貸）資　　本　　金　3,000,000
　　　　　　　　　　　　　　　　　　　　　　　株式払込剰余金　3,000,000

　　（借）当　座　預　金　6,000,000　　（貸）別　段　預　金　6,000,000

③ 資本金の減少

払込資本のうち資本金を減少させる取引を「減資」という。これには，株主資本の減少を伴う「実質的減資」と株主資本の内訳のみが変動する「形式的減資」がある。実質的減資は事業規模の縮小を主目的として行われ，形式的減資は欠損の填補を主目的として行われる。

なお，減資に際して減少する資本金の額が払戻額または欠損填補に充当した額を超える場合，当該超過額を「資本金減少差益」という。当該金額は，従来，「資本準備金」として処理されていたが，会社法においては「その他資本剰余金」として処理することも認めた。その結果，「資本金減少差益」は過去に株主が払い込んだ維持拘束性を有する資本でありながら，後述する「分配可能額」財源となり得る。

【設例4－2】
減資に際し，1株あたりの簿価が5,000円の発行済株式1,000株につき，1株あたり4,000円にて買入消却し，小切手を振り出した。

(借) 資　　本　　金 5,000,000　　(貸) 当　座　預　金 4,000,000
　　　　　　　　　　　　　　　　　　　　資本金減少差益 1,000,000

(2) 資本剰余金
① 資本剰余金の意義

資本取引から生じた剰余金を「資本剰余金」という。ここに「資本取引」とは，狭義には株主による払込資本の増加・減少取引を指し，広義にはそれに加え，固定資産評価替取引や株主以外からの受贈取引を含む。

資本剰余金は，「資本準備金」と「その他資本剰余金」から成る。「資本準備金」は会社法において積立が規定されている資本剰余金であり，①株式払込剰余金，②合併差益，③吸収分割剰余金，④新設分割剰余金，⑤株式交換剰余金，⑥株式移転剰余金が該当する。また，「その他資本剰余金」は，資本準備金以外の資本剰余金を意味し，会社法に規定されていないものの「基準5号」にお

いて積立が規定されている資本剰余金であり，①資本金減少差益，②資本準備金減少差益，③自己株式処分差益が該当する。これらの項目は狭義の資本取引を前提としており，「基準5号」が想定するものである。

これに対し，広義の資本取引を前提とした場合，固定資産評価替取引から生ずる資本剰余金（評価替資本）として，①固定資産評価差益，②保険差益などがあり，また，受贈取引から生ずる資本剰余金（受贈資本）として，①国庫補助金，②工事負担金，③私財提供益，④債務免除益などがある。これらの項目は，「企業会計原則」が想定するものである。

② 資本準備金

会社法は，前述したとおり，別段の定めがある場合を除き，設立または株式の発行に際して株主となる者が当該株式会社に対して払込みまたは給付をした財産の額の2分の1を超えない金額は，資本金に組み入れないことを認め，この場合には当該金額を「資本準備金」として計上しなければならない。

また，資本剰余金から「剰余金の配当」を行う場合，準備金（資本準備金と利益準備金）の額が資本金の4分の1に達するまで，剰余金の配当により減少する資本剰余金の額に10分の1を乗じた金額を資本準備金として積み立てなければならない（会法445④，会規45①）。さらに，計数の変動により，資本金やその他資本剰余金から資本準備金に振り替えられた結果，資本準備金が増加する場合もある（会法447，451，会規49①）。

「資本準備金」は，後述する「利益準備金」とともに，会社法上，分配不能なものとされる。

③ その他資本剰余金

従来，商法においては，株主からの払込資本は資本金もしくは資本準備金のいずれかに必ず含めることとされていた。しかし，平成13年の商法改正によって，①資本金減少差益および②資本準備金減少差益が資本準備金から外され，また，③自己株式処分差益も分配財源となった。

この改正を受けて，企業会計基準委員会は「基準1号」を公表し，これらは狭義の資本取引から生じた剰余金であり資本性を有するものでありながら，資

本準備金として計上できないことを勘案して、「その他資本剰余金」という概念および区分を設け、そこに収容することとした。

つまり、資本準備金もその他資本剰余金も、会計上は等しく資本取引から生じた剰余金でありながら、会社法上、分配財源に含まれるか否かによって一線が引かれる。すなわち、資本準備金は「分配不能な資本剰余金」であり、その他資本剰余金は「分配可能な資本剰余金」である。

④ 評価替資本・受贈資本

資本取引を広義に解釈したとき、株主からの払込資本以外に「評価替資本」と「受贈資本」が生じる場合がある。

「評価替資本」とは、資産を長期間保有している間に貨幣価値の著しい変動があった場合に、その資産を時価まで評価増したことから生じる評価差額であり、①固定資産評価差益、②保険差益などが該当する。ただし、有形固定資産の評価基準として取得原価主義を採用するわが国の会計では、このような資産の評価増を行わないことが原則であることから、評価替資本の計上は非常に限定的である。

また、「受贈資本」とは、企業資本の充実を目的として株主以外の者から拠出を受けたものであり、贈与剰余金ともよばれ、①国庫補助金、②工事負担金、③私財提供益、④債務免除益などが該当する。

評価替資本および受贈資本の性格について、「企業会計原則」は伝統的に資本剰余金として捉えてきたが、会社法および法人税法は利益剰余金としている。

(3) 利益剰余金

① 利益剰余金の意義

損益取引から生じた剰余金を「利益剰余金」といい、「留保利益」を意味する。ここに「損益取引」とは、狭義には収益もしくは費用の増加・減少取引をさし、広義にはそれに加え、その他有価証券評価差額金などの「その他の包括利益」の増加・減少取引をさす。

利益剰余金は、「利益準備金」と「その他利益剰余金」から成る。このうち、

「利益準備金」は会社法において積立が規定されている利益剰余金である。また，「その他利益剰余金」は，利益準備金以外の利益剰余金を意味し，①任意積立金，②繰越利益剰余金が該当する。これらの項目は狭義の損益取引を前提としており，「基準5号」が想定するものである。

② 利益準備金

会社法は，利益剰余金から「剰余金の配当」を行う場合，準備金（資本準備金と利益準備金）の額が資本金の4分の1（基準資本金額という）に達するまで，「剰余金の配当」により減少する利益剰余金の額に10分の1を乗じた金額を「利益準備金」として積み立てることを要求する（会法445④，会規45①）。

このほかに，計数の変動により，その他利益剰余金から利益準備金に振り替えられた結果，「利益準備金」が増加する場合もある（会法451，会規51①）。

「利益準備金」は，前述した「資本準備金」とともに，会社法上，分配不能なものとされる。

③ その他利益剰余金

「利益準備金」も「その他利益剰余金」も，会計上は等しく損益取引から生じた剰余金でありながら，会社法上，分配財源に含まれるか否かによって一線が引かれる。すなわち，利益準備金は「分配不能な利益剰余金」であり，その他利益剰余金は「分配可能な利益剰余金」である。

その他利益剰余金には，「任意積立金」と「繰越利益剰余金」が該当する。任意積立金とは，定款の定めまたは株主総会の決議に基づいて任意に積み立てた利益留保部分である。任意積立金の具体的な内容としては種々があるが，建物・設備などの新築に備えて留保した「新築積立金」，事業の拡張に備えて留保した「事業拡張積立金」，社債の償還に備えて留保した「減債積立金」，不測の事態に備えて留保した「災害損失積立金」，使途を特定しないで留保した「別途積立金」などがある。

これに対して，任意積立金以外のその他利益剰余金が，「繰越利益剰余金」である。損益計算書におけるボトムラインを構成する当期純利益または当期純損失は，貸借対照表において繰越利益剰余金を増減させる。

(4) 剰余金の配当
① 剰余金の配当の意義

会計上は，伝統的に株主資本のうち資本金以外を剰余金と規定するのに対し，会社法は，その他資本剰余金とその他利益剰余金をあわせて「剰余金」とよぶ（会法446，会規177－178）。その上で，自己株式を除く株式所有者に対して「剰余金の配当」を認めている（会法453）。ただし，純資産額が300万円未満の株式会社にあっては，剰余金の配当を行えない（会法458）。

会計理論上，配当に代表される社外流出の財源は，利益剰余金（留保利益）に限られるべきであるが，会社法は，利益剰余金に加え資本剰余金中「その他資本剰余金」にまで配当財源を拡大した。そのため，従来の呼称である「利益の配当」を「剰余金の配当」に変更した。「剰余金の配当」には，金銭による現金配当のほか，商品などによる現物配当が認められ，しかも，いつでも何度でも実施することができる。

② 分配可能額

会社法は，剰余金の配当ならびに自己株式の有償取得が可能な金額を「分配可能額」として定めている（会法461，会規184－186）。これは剰余金の配当などにより，会社の純資産が無制限に社外流出すると，債権者の利益が著しく害されるためである。

会社法は，まず剰余金の範囲を規定し，剰余金に一定の項目を加減する形で「分配可能額」を規定している。最も基本的なモデルにより分配可能額を示せば，次のとおりになる。

分配可能額＝配当日における剰余金の額
　　　　　△配当日における自己株式の帳簿価額
　　　　　△直前の決算日後に自己株式を処分した場合における自己株式処分価額
　　　　　△直前の決算日にのれん等調整額[*1]が資本等金額[*2]を上回っている場合における一定額
　　　　　△直前の決算日におけるその他有価証券評価差額金の負の残高

△直前の決算日における土地再評価差額金の負の残高
*1 資産の部に計上したのれんの額の2分の1と繰延資産の額の合計額
*2 資本金，資本準備金，利益準備金の合計額

なお，直前の決算日において，「のれん等調整額＞資本等金額」である場合，直前の決算日における「その他資本剰余金」の額を考慮して，それぞれ以下のケースに応じ一定の額を減算する。

① 「のれん等調整額≦資本等金額＋その他資本剰余金の額」のケース
　　一定の額＝のれん等調整額－資本等金額
② 「のれん等調整額＞資本等金額＋その他資本剰余金の額」のケース
　(a) 「のれんの額×1/2≦資本等金額＋その他資本剰余金の額」のケース
　　　一定の額＝のれん等調整額－資本等金額
　(b) 「のれんの額×1/2＞資本等金額＋その他資本剰余金の額」のケース
　　　一定の額＝その他資本剰余金の額＋繰延資産の額

また，分配可能額の計算に際しては，会社が期中の一定の日を臨時決算日として「臨時計算書類」を作成し，臨時決算日までに生じた純損益を反映させることができる。その場合，剰余金の額に臨時決算日が属する事業年度の初日から臨時決算日までの期間損益と自己株式の処分対価を加算する。

(5) 自己株式

① 自己株式の性格

会社がいったん発行した自社の株式を取得して保有しているとき，その株式を「自己株式」という。自己株式の会計的性格としては，「資産説」と「資本控除説」がある。

「資産説」は，自己株式を取得したのみでは株式は失効しておらず，自己株式は他の有価証券と同様に換金性のある会社財産とみられることを論拠とする。この説によれば，自己株式は貸借対照表上，資産の部に記載され，処分差額は損益として処理される。

これに対し，「資本控除説」は，自己株式の取得は狭義の資本取引であり，会社所有者に対する会社財産の払戻しの性格を有することを論拠とする。この説によれば，自己株式は貸借対照表上，資本の控除項目として記載され，処分差額は資本剰余金の増減として処理される。

会計上は，かねて資本控除説が主張されていた。これに対し，制度会計上は，商法が平成13年の改正前は「資本控除説」を認めていなかったため「資産説」が採用されていたが，同年の改正により「資本控除説」に転換し，現在に至っている。

現行制度上，会社が自己株式を取得したときは取得原価により仕訳を行い，期末に自己株式を保有するときは当該取得原価により評価を行い，「純資産の部」における株主資本の末尾に「自己株式」として，一括して控除する形式で表示を行う（基準1号7・8項）。

② **自己株式の処分**

会社が保有する自己株式は，第三者への売却，新株予約権付社債やストック・オプションなどの新株予約権の権利行使者への交付，合併や株式交換における対価などに利用できる。

自己株式を募集株式の発行等の手続で処分する場合，自己株式の処分は前述したように資本取引と考え，処分差額を損益とすることなく，純資産の部の株主資本の項目を直接増減させる。

この場合，正の値の処分差額たる「自己株式処分差益」は，自己株式の処分が新株の発行と同様の経済的実態を有する点を考慮し，資本剰余金中の「その他資本剰余金」に計上される（基準1号9項）。

これに対し，負の値の処分差額たる「自己株式処分差損」は，純資産の部における株主資本からの分配，すなわち払込資本の払戻しと同様の経済的実態を有する点を考慮し，資本剰余金中の「その他資本剰余金」から減額する（基準1号10項）。その際，その他資本剰余金の残高を超えた自己株式処分差損が発生した場合，その他資本剰余金の残高が負の値になるが，狭義には資本剰余金は払込資本のうち資本金に含まれないものを表すことから，負の残高の資本剰余

金という概念は妥当しない。そこで，会計期間末において「その他資本剰余金」の残高が負の値となった場合には，その他資本剰余金を零とし，当該負の値を利益剰余金中の「その他利益剰余金」（繰越利益剰余金）から減額する（基準1号12項）。

【設例4－3】

(1) 自己株式1,000株を1株3,000円で取得した。

　　（借）自　己　株　式 3,000,000 　　（貸）現　金　預　金 3,000,000

(2) 上記自己株式のうち400株を1株3,200円で売却処分した。

　　（借）現　金　預　金 1,280,000 　　（貸）自　己　株　式 1,200,000
　　　　　　　　　　　　　　　　　　　　　　自己株式処分差益 80,000

(3) 上記自己株式の残りの600株を1株2,500円で売却処分した。なお，このときその他資本剰余金として，上記(2)の自己株式処分差益のほかに資本準備金減少差益が120,000円存在していた。

　　（借）現　金　預　金 1,500,000 　　（貸）自　己　株　式 1,800,000
　　　　　自己株式処分差益　　 80,000
　　　　　資本準備金減少差益　120,000
　　　　　繰越利益剰余金　　 100,000

③ 自己株式の消却

会社が保有する自己株式を消滅させることを，「自己株式の消却」という。自己株式を消却した場合，前述した自己株式の処分と同様に捉え，資本剰余金のうち「その他資本剰余金」から減額する。したがって，自己株式を消却した場合には，消却手続が完了したときに，消却対象となった自己株式の帳簿価額をその他資本剰余金から減額する（基準1号11項）。

また，自己株式を消却したことにより，期末における「その他資本剰余金」の残高が負の値となった場合には，その他資本剰余金を零とし，当該負の値を利益剰余金のうち「その他利益剰余金」（繰越利益剰余金）から減額する（基準1号12項）。

3　その他の純資産会計

(1)　評価・換算差額等（その他の包括利益累計額）

　資産・負債の時価評価もしくは換算替えを行うことによって生じる未実現の差額金額を「評価・換算差額等」（連結貸借対照表では「その他の包括利益累計額」）という。

　前述した損益取引を広義に解した場合，これは包括利益たる利益を構成することになるが，わが国において措定されている利益は実現利益たる純利益であり，同時に損益取引を狭義に解するため，利益を構成することなく（換言すれば，損益計算書を経由することなく），貸借対照表の純資産の部に直入される。その表示区分が純資産の部の株主資本以外とされるのは，当該金額は報告主体の所有者に属するものとは考えないためである。また，その計上金額は，税効果会計の適用によって繰延税金資産・繰延税金負債を控除した大きさとなる。

　連結貸借対照表上における「その他の包括利益累計額」には，①その他有価証券を時価評価したときの評価差額金たる「その他有価証券評価差額金」，②ヘッジ会計における繰延ヘッジを採用したときのヘッジ手段の時価評価差額金たる「繰延ヘッジ損益」，③時限立法である「土地再評価法」に基づき土地を時価評価したときの評価差額金たる「土地再評価差額金」，④在外子会社の貸借対照表の換算において決算日レート法を適用した際に生じる換算差額たる「為替換算調整勘定」がある（基準5号8項）。さらに，「基準26号」（27項）により「退職給付に係る調整累計額」が追加された。

(2)　新株予約権
①　新株予約権の意義

　前述したように，権利行使によって，当該会社の株式の交付を受けることができる権利を「新株予約権」という。新株予約権を発行した会社は，これを新株予約権者が行使した際に，新株を発行するか自己株式を移転する義務を負う。

会社法においては，従来の新株引受権，ストック・オプション（自社の株式を原資産とするコール・オプション），さらに転換社債の転換権を統合したものとして新株予約権を位置づけている。

「新株予約権」は，将来，権利行使され払込資本となる可能性がある一方，失効して払込資本とはならない可能性もある一種の仮勘定として性質を有するため負債の部に記載することも考えられる。

しかし，新株予約権は返済義務を有さないことから，負債の定義を満たさないため，負債の部に記載することは妥当ではない。そこで，純資産の部に記載されることになるが，その表示区分が純資産の部の株主資本以外とされるのは，当該金額は報告主体の現在の所有者（現在株主）に属するものではないないためである。

② 新株予約権の会計処理

新株予約権を発行した場合，その発行に伴う払込金額を，またストック・オプションとして付与された新株予約権については，その費用計上に伴う金額を純資産の部の株主資本以外の項目たる「新株予約権」として計上する。

前述したように，新株予約権が行使され，新株を発行するときは，当該新株予約権の帳簿価額と新株予約権の行使に伴う払込金額の合計額を「資本金」または「資本金および資本準備金」に振り替える。また，新株予約権が行使され，自己株式の処分を行うときは，当該新株予約権の帳簿価額と新株予約権の行使に伴う払込金額の合計額を自己株式の処分価額として，前述の自己株式の会計処理を行う。

新株予約権が行使されずに権利行使期間が満了し，当該新株予約権が失効したときは，当該失効に対応する帳簿価額を失効した会計期間の利益として処理する。

【設例4－4】

(1) ×2年3月末に決算を迎えた。なお，×1年6月の株主総会において，下記条件のストック・オプションを7月1日付けで従業員20人に対し付

与することを決議している。
- 1人当たり付与株数：5株
- 権利確定日：×2年6月末
- 権利行使期間：×2年7月から×3年6月
- 権利行使時における1株当たりの払込金額：40,000円
- 付与日におけるストック・オプションの1株当たりの公正な評価額：2,000円
- 権利確定日までに退職して権利が失効されると見込む人数：2人

(借) 株式報酬費用　135,000　(貸) 新株予約権　135,000※

※ $(20人-2人) \times 5株 \times 2,000円 \times \frac{9か月}{12か月} = 135,000円$

(2) ×2年6月末に権利確定日が到来した。なお、×2年4月以降この日までに4人が退職している。

(借) 株式報酬費用　25,000　(貸) 新株予約権　25,000※

※ $(20人-4人) \times 5株 \times 2,000円 \times \frac{12か月}{12か月} - 135,000円 = 25,000円$

(3) ×2年7月から×3年3月の間に、14人が権利行使を行った。会社法が規定する最低額を資本金に組み入れ、残額を資本準備金とした。

(借) 現　金　預　金　2,800,000※1　(貸) 資　本　金　1,470,000
　　　新 株 予 約 権　　140,000※2　　　　資 本 準 備 金　1,470,000

※1　14人×5株×40,000円＝2,800,000円（払込額）
※2　14人×5株×2,000円＝140,000円

(4) ×3年6月末に残りの2人のストック・オプションが権利行使されないまま失効した。

(借) 新 株 予 約 権　　20,000　(貸) 新株予約権戻入益　20,000※

※　2人×5株×2,000円＝20,000円（失効した新株予約権の額）

(3) 少数株主持分

連結貸借対照表上,子会社の資本のうち親会社に帰属しない部分を「少数株主持分」という。

従来,少数株主持分は,連結貸借対照表上,負債の部と資本の部の中間に記載したが,当該貸方の第3区分を解消するに際し,少数株主持分を純資産の部に含めることとした(基準5号7項(2))。ただし,連結財務諸表作成上,親会社株主に帰属するもののみを株主資本に反映させる「親会社説」を踏襲することとしたため,少数株主持分は純資産の部に記載の株主資本以外に記載されることになった。

第5章 損益会計論

1 損益計算の意義・特質

(1) 損益計算の意義

　会計の主要な役割の1つは，適正な利益計算（赤字決算の場合は損失計算）を行うことである。社会的注目度の高い企業ほど，今期，どの程度の黒字決算であったか，あるいは赤字決算であったかという情報は，社会的に大きな影響力をもつ。赤字決算となれば，社長が解任されたり，優秀な人材の確保が難しくなったりと，経営者にとってはさまざまな面で不利な立場に立たされることから，企業側は，できることならば，前年度よりも多くの利益額を報告したいし，赤字決算は避けたいという思いをもっている。

　しかしながら，企業側の都合のみによって，利益額を自由自在に決められてしまうようでは，決算報告が行われる意味はない。特定の会計処理基準に基づいて，客観的かつ中立的に算定される数値でない限り，財務諸表利用者は信用できないし，利用する価値さえないからである。したがって，利益額は首尾一貫した考え方に基づいて算定される必要があり，実際，決算報告に多くの人々が注目するのは，利益額が，特定の会計処理基準に基づいて算定された，客観的かつ中立的な数値であると広く認識されているためである。

大規模企業の動向には，マスメディアをはじめ多くの注目が集まり，決算内容は社会的に影響力をもつ．図表5－1は，2007年3月期の会計データ（連結

図表5－1　日本の大規模企業

	会社名	総資産額 (百万円)	時価総額 (百万円)	経常利益 (百万円)	純利益額 (百万円)	発行済株式数	従業員数 (人)
1	トヨタ自動車	32,574,779	24,100,000	2,382,516	1,644,032	3,198,000,000	299,394
2	日本電信電話	18,365,775	8,609,654	1,138,001	476,907	13,819,669	199,733
3	東京電力	13,521,387	5,437,412	441,294	298,154	1,349,000,000	52,584
4	日産自動車	12,402,208	5,192,721	761,051	460,796	4,111,000,000	165,729
5	本田技研工業	12,036,500	7,488,391	792,868	592,322	1,822,000,000	167,231
6	ソニー	11,716,362	5,997,353	102,037	126,328	1,001,000,000	163,000
7	三菱商事	11,485,664	4,617,509	595,542	415,895	1,688,000,000	55,867
8	日立製作所	10,644,259	3,039,196	202,338	−32,799	3,325,000,000	349,996
9	三井物産	9,813,312	3,926,180	330,140	301,502	1,785,000,000	41,761
10	住友商事	8,430,477	2,619,228	331,929	211,004	1,235,000,000	61,490
11	松下電器産業	7,896,958	5,097,426	439,144	217,185	2,146,000,000	328,645
12	東日本旅客鉄道	6,968,031	3,668,506	300,051	175,780	3,996,194	71,316
13	関西電力	6,827,231	3,139,824	231,677	147,935	926,200,000	29,805
14	NTTドコモ	6,116,215	9,503,414	772,943	457,278	43,594,644	21,591
15	東芝	5,931,962	2,529,016	298,460	137,429	3,213,000,000	190,708
16	中部電力	5,701,714	3,166,447	178,611	90,550	781,800,000	28,697
17	新日本製鉄	5,344,924	5,298,437	597,640	351,182	6,399,000,000	47,257
18	伊藤忠商事	5,271,512	1,846,837	300,230	177,059	1,581,000,000	45,690
19	東海旅客鉄道	5,164,581	2,639,735	236,654	137,144	1,959,951	24,063
20	丸紅	4,873,304	1,241,138	193,815	119,349	1,733,000,000	28,442
21	三菱重工業	4,391,864	2,557,107	83,048	48,839	3,356,000,000	62,940
22	新日本石油	4,385,533	1,397,448	186,611	70,221	1,462,000,000	13,214
23	東北電力	4,069,331	1,491,650	99,121	53,173	498,900,000	22,422
24	九州電力	4,039,838	1,585,169	118,580	65,967	473,200,000	18,167
25	富士通	3,943,724	1,622,677	147,288	102,415	2,067,000,000	160,977
26	JFEホールディングス	3,872,142	4,106,065	513,520	299,683	589,100,000	53,610
27	デンソー	3,765,135	3,567,445	322,128	205,170	814,500,000	112,262
28	NEC	3,731,669	1,279,806	16,347	9,128	2,025,000,000	154,786
29	豊田自動織機	3,585,857	1,741,381	108,484	59,468	312,100,000	36,096
30	三菱電機	3,452,231	2,605,870	184,776	123,080	2,147,000,000	102,835

（注）　東京証券取引所第1部に2007年3月末日に上場する企業（金融業を除く）のうち，総資産額上位30社のみを示している．

決算ベース）に基づいて，総資産額が最も大きい30社を示したものである。

たとえば，第1位のトヨタ自動車は，約32兆円の総資産を所有し，約30万人の従業員を雇用している。約30万人の従業員が，約32兆円の工場設備等を用いて自動車生産を行っているわけである。同時に，トヨタ自動車は，多数の株主の出資によって成立している株式会社である。発行済株式数は約31億株におよび，31億枚のトヨタ自動車株が世界中の投資家によって所有されている。1株当たりの株価に発行済株式数を乗じた「時価総額」は，2007年3月末日時点では約24兆円である。これらの数値を見る限り，トヨタ自動車がいかに大規模な企業であるかがよく理解できよう。

決算内容の良し悪しは，株価にも影響を及ぼす。一般的に，経常利益等の数値が良好のときは株価が上昇し，良好でないときは株価が下落する。株価は，株式1枚当たりの財産価値を示していることから，多数の株式を発行している大規模企業ほど，株価の変動によって多くの人々の財産価値に影響を及ぼす。

会計理論上，利益額を決める一連の計算過程のことを「損益計算」と呼ぶ。損益計算は会計の中心領域の1つとして位置づけられることから，会計理論の全体像を理解するには主柱となる領域の1つである。

(2) 期間損益計算

「損益計算」とは，その用語が示すとおり，売上高等の「収益」から，売上原価等の「費用」を差し引くことによって「利益」（または「損失」）を算定することをいう。

　　　収益－費用＝利益（または損失）

損益計算に当たって，一貫して，問題となるのが①認識および②測定の2点である。前述したように，「認識」とは，収益・費用をいつの時点で帳簿に計上（把握）するのかという問題であり，「測定」とは，収益・費用をいくらの金額で帳簿に計上（把握）するのかという問題である。ただし，「認識」は収益で，「測定」は費用で問題となる。

まず，主に収益に関して問題となる認識の重要性を考えてみる。たとえば，

市ヶ谷家電（決算日：3月31日，大手家電メーカーの販売子会社）が，家電量販店の秋葉原電気から商品500万円（エアコン＠5万円×100台）の注文を3月30日に受け，4月2日に同社倉庫に配送し，代金は後日回収するものとする。この取引に関して，市ヶ谷家電は次の仕訳を行うこととなる。

3月30日または4月2日：

　　（借）売　掛　金　5,000,000　　　（貸）売　　　上　5,000,000

当該仕訳を受注時の3月30日に行うか，あるいは先方引渡時の4月2日に行うかについて，いつの時点で帳簿に計上（把握）するかという認識問題が生じる。前者の時点で行えば，今期の売上高が500万円増加するのに対して，後者の時点で行うと，今期ではなく翌期の売上高に含められる。いずれを選択するかによって「収益」，ひいては「利益」の金額が大きく異なる結果となる。

もし，会計理論または制度において，いずれかの時点で収益の認識を行うべきかについて，一定の考え方が確立していないとすれば，経営者は，その時々の状況に応じて，有利に事を運べるような行動を採るかもしれない。ただ，これほどの自由裁量が経営者に与えられるとすれば，財務諸表利用者が信頼できる損益計算は達せられるはずはない。

以上のように，売上高を中心とする収益を，いつの時点で帳簿に計上すべきかという認識の問題は，損益計算の結果に大きな影響を及ぼす事柄であることから，損益計算における中心課題の1つとして位置づけられる。

次に，主に費用に関して問題となる測定の重要性を考えてみる。たとえば，前述の市ヶ谷家電が，期首の4月1日に3,000万円の倉庫を建設したとする。当該倉庫に関して減価償却を行い，期末時において次の仕訳を行う。

　　（借）減 価 償 却 費　×××　　　（貸）建物減価償却累計額　×××

このとき，減価償却費（建物に関する費用）の計上は，1年間の使用を終えた決算日時点において行う以外は考えられないため，いつの時点において費用に計上すべきかという「認識」は，ここでは重要な事柄にはならない。

それに対して，減価償却費をいくら計上すべきかという点は議論の余地があり，重要である。なぜならば，たとえば，耐用年数を25年と見積もるか50年と

見積もるかによって，または定額法・定率法等のうちいずれの減価償却方法を採用するかによって，費用の金額は大きく変動するからである。

　会計理論または制度において，「費用」をいくらの金額で帳簿に計上すべきかについて，適切な考え方が確立されていないとすれば，上述の収益の認識と同様，経営者の裁量を多分に認め，その結果として，財務諸表利用者によって信頼される損益計算は達せられない。したがって，売上原価や減価償却費等の費用をいくらの金額で帳簿に計上すべきかという測定の問題は，認識と並んで，損益計算における中心課題の1つとして位置づけられる。

　以上のとおり，損益計算における中心課題は，とくに，①売上高を中心とする「収益」の「認識」と②売上原価や減価償却費等の「費用」の「測定」に大別することができる。ただし，認識および測定が損益計算における中心課題として位置づけられるのは，今日の会計が「継続企業」の前提を置いているためである。この点も理解しておく必要がある。

　前述の市ヶ谷家電が，×1年4月1日に開業し，2年後の×3年3月31日に清算（事業終了）することとなっていれば，認識・測定問題は重要な事柄にはならない。まず，収益については，×3年3月31日時点をもって事業が終了することが決まっていることから，それ以降の期間に，収益の計上を先延ばしすることはできず，事業開始から終了時までに生じた全売上高を収益に計上する以外に方法はない。同様に，倉庫の建設費についても，2年間の営業に要した費用として，その全額を計上する以外に方法はなく，同倉庫が何年稼動するかといった耐用年数も考慮する必要はない。

　一定の営業期間を経た後，清算することが決まっている「清算企業」を前提にするならば，当該期間内に生ずる全収益（全体収入）および全費用（全体支出）を計上するだけで「損益計算」（全体損益計算）は確定する。ところが，現代の大規模企業は，「会計期間の公準」に従ってその会計計算・決算報告を行っている。つまり，継続する事業期間を，1年ごとに区切って，会計期間を分けていくことになると，特定の収益や費用を，今期の損益計算書に載せるべきか，あるいは，次期以降のいずれかの期間に載せるべきかという問題が必然的に生

ずる。これが，今日の損益計算において，認識および測定という具体的問題として現れてくる理由である。

このように今日の損益計算は，「継続企業」の前提の下，人為的に期間を区切って決算報告を行っていくという特質をもつことから，とくに「期間損益計算」と呼ぶ。すなわち，特定の期間の損益計算を行うため，当該期間に属する収益と費用のみを損益計算書に計上し，当該期間の利益を確定していく。

なお，期間損益の計算方法には，純資産の期間比較によって損益を計算する「財産法」(「純資産比較法」ともいう)，1会計期間の収益・費用を把握・比較して損益を算定する「損益法」がある。「財産法」は，原則として期中の帳簿記録に依存せず，期首と期末における資産・負債の実施棚卸により損益計算を行うが，その損益の発生源泉を明らかにできない欠点を有する。一方，「損益法」は，期中の継続的な帳簿記録に基づいて，収益と費用をそれぞれ合計し，両者の差額をもって損益を計算する方法である。通常の場合，「期間損益計算」は「損益法」を基調とするが，実施棚卸によって帳簿記録の修正を必要とすることもあるので，「財産法」によって補完するという計算方法を採ることになる。

2　収益の認識・測定

(1)　収益の認識・測定基準

収益は，「財貨またはサービスの提供に対する対価」として定義される。簡単に言えば，ある企業が，商製品あるいはサービスを提供することによって獲得した代金のことであり，家電量販店ならば，家電を販売して得た代金のことであり，レジに入ってきたお金のことである。

収益の認識と測定，すなわち，売上高等を，いつの時点に，いくらの金額で，帳簿に計上すべきかについて，会計理論および制度では，原則として次の考えを採っている（企原，第2・1A）。

(イ)　認識基準：実現基準（収益の発生過程における実現時点（販売時点））

(ロ)　測定基準：収支額基準（買い手との間で成立した取引価額（実際の収入額））

第5章　損益会計論

図表5－2　生産・販売活動

①生産開始　②生産終了　③販売　④代金回収
発生した価値／買い手移転／現金回収

(A) 発生基準　(B) 実現基準　(C) 現金基準

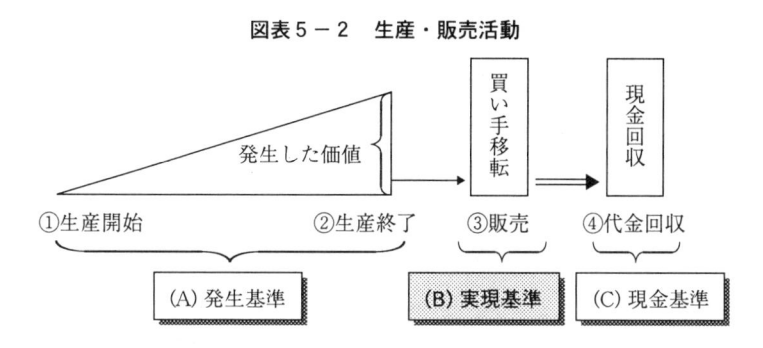

　図表5－2が示すように，家電メーカー（製造業）における家電の生産・販売では，①生産開始以降，材料・労務費・経費を費やして生産を進め，②生産終了（製品完成）に向かって，徐々に製品としての価値が増えていく。さらに，受注後，③買い手のもとに製品の所有権が移転し，④代金として現金が回収される。

　これらのプロセスは，(A)価値発生時（①生産開始〜②生産終了），(B)実現時（③販売）および(C)現金受領時（④代金回収）の3つの時点に大別され，これらの時点における収益の認識を(A)発生基準，(B)実現基準および(C)現金基準と称することができる。現代の会計学は，収益の認識基準として(B)「実現基準」に基づくことを原則としている。その理由は以下のとおりである。

　まず，(A)発生基準に従えば，各会計期間の期末時点までに完成した部分を価値増加分として見積もり，企業活動の成果たる収益額に含める。発生基準は，生産の進捗状況に着目することから，企業活動（特に生産活動）の成果を迅速に反映できるという長所はあるものの，2つの問題点がある。第1は，現代の会計学は，資本主義社会における営利企業を想定しており，たとえ，製品が次々に完成したとしても，それらが市場に受け入れられない限り，つまり「販売された」というプロセスを通過しない限り，企業活動による成果を獲得したとみなすことはできないという点である。第2は，販売のプロセスを通過していない以上，収益として計上される金額は，自社における見積値にほかならず，客観性に乏しく，かつ，金額の信頼性を欠くという点である。これらの問題点

により，(A)発生基準に基づく収益認識を行うことは適切ではない。

一方，(B)実現基準と(C)現金基準との差異は，受注後，家電の所有権が買い手側に移転した時点で収益を計上するか，あるいは，現金として代金を回収した時点で収益を計上するかという点にある。販売後，代金回収できない可能性は排除できないため，代金回収時まで収益の計上を先延ばした方が，確実に現金化できたもののみを収益に含めることができる。しかし，通常，企業は，提供する商製品・サービスが多額に及ぶほど，当該代金回収の可能性を十分に考慮した上で販売しており，販売時点を通過後，代金回収に失敗するのは全取引のうち数パーセントに過ぎない。したがって，確実性を重視するあまり，収益の計上を代金回収時まで先延ばしすることには積極的な意味を見出しにくい。むしろ，販売時点の通過後，代金回収に失敗する可能性が低いのであれば，販売時点の通過をもって収益の計上を行った方が企業活動の成果を適時に反映することができると解されるので，(B)実現基準によることを原則としている。

収益の測定基準は「収支額基準」，すなわち実際の収入額（および支出額）に基づくこととなるが，前述のとおり，収益に関する測定は重要な問題にはならない。実現時点において収益の計上を行うとなると，実際の収入額，すなわち販売価額に拠らざるを得ず，他に選択の余地はないからである。当該価額は，買い手との合意に基づいて決められることから，収益額を恣意的に決めることはできず，客観性の高い数値であるという長所を併せ持つ。

(2) 実現の概念

収益の認識基準たる「実現」は，「販売」と同義である。ただし，「販売時点」といっても，前述のとおり，商製品の受注時なのか，あるいは，実際に先方に引渡した時点なのかなど，販売という行為には一定の幅がある。会計上，「実現」とは，次の2つの要件を満たしたことをいう。

［1］ 財貨またはサービス（用役ともいう）が提供されていること
［2］ 対価として現金または現金等価物が取得されていること

これらの2要件が満たされると，販売が成立した状態になる。すなわち，①

第5章　損益会計論

財貨・用役が，売り手から買い手に移転すると同時に，無償譲渡でない限り，必然的に買い手は売り手に対する債務を負い（財貨・用役の提供を受けたからには代金を払わなければならない），一方，売り手は買い手に対する債権をもつことになる（財貨・用役を提供したからには代金を受け取ることができる）。

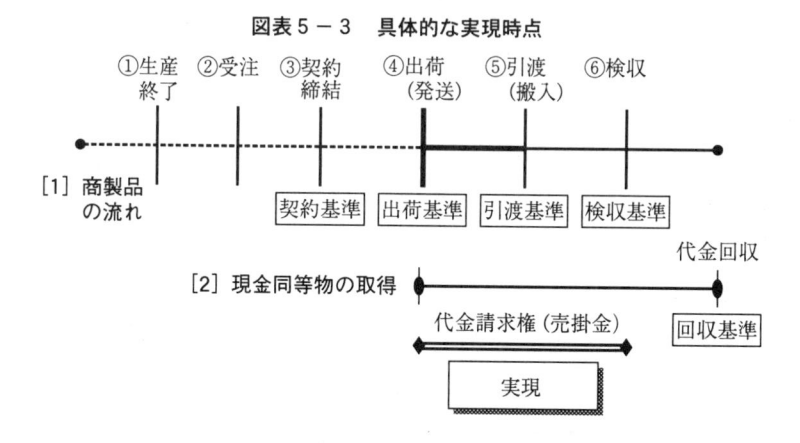

図表5-3　具体的な実現時点

```
        ①生産  ②受注  ③契約  ④出荷  ⑤引渡  ⑥検収
        終了          締結   (発送)  (搬入)
─────────┼──────┼──────┼──────┼──────┼──────┼──────
[1] 商製品                    契約基準 出荷基準 引渡基準 検収基準
    の流れ

    [2] 現金同等物の取得                                代金回収
                        ─────────────────────────────
                         代金請求権（売掛金）           回収基準
                                実現
```

　図表5-3は，商製品の販売プロセスを示している。「実現」の要件に照らすと，③契約締結段階では商製品の物理的移動を伴っておらず，[1]および[2]双方を満たしていない。両要件を満たすのは，少なくとも，④出荷（発送）以降であり，大量生産品（汎用品）に関しては，④出荷（発送）時または⑤引渡（搬入）時点をもって，両要件を満たしたと解し，収益の計上を行うのが一般的である。とくに，⑤引渡（搬入）時には，買い手が商製品を受け取ったことを証拠づける納品書も授受され，[1]と[2]を満たしていることは明白である。

　ただし，商製品の性格上，どうしても不良品を含む確率が高く，⑥先方が慎重に検収した後でないと，商製品が買い手側に移転したとみなせない場合には，⑤引渡時点をもって[1]を満たしたと解すのは不適切であり，⑥検収を経て返品の可能性が排除された時点をもって「実現」と解すべきである。したがって，どの時点に実現したかどうかは，取り扱う商製品・サービスの性格・特徴に照らして，[1]と[2]を満たしたかどうかを実質的に見極める必要がある。

149

(3) 特殊な収益の認識
① 委託販売

「委託販売」は，商製品の販売を他人に委託する販売形態である。委託販売は，まず，委託者が受託者に商製品を発送するが，第三者に販売したわけではないため，発送段階では収益を計上しない。受託者が販売した時点，あるいは，販売の都度，売上計算書（仕切精算書）が送付されている場合は当該計算書の到着時点をもって収益を計上する（注解6(1)）。

委託者が受託者に商製品を委託した時点では，当該商製品が販売されるかどうかは不明であり，売上を計上することはできない。そのため，発送時点では「仕入」勘定（費用）から「積送品」勘定（資産）に振り替える。積送品勘定は，商品の所有権は依然として委託者にあるが，手元にはないことを示す勘定である。受託者が商製品を販売した時点，または，その事実を委託者が売上計算書を通じて把握した時点で，委託者は収益（積送品売上）を計上する。この時点において，委託者から見て，実現基準を満たした（[1] 財貨・用役の提供および[2] 現金等価物の取得）と認められることから，収益を認識する。

【設例5－1】

(1) 委託販売の依頼先O社に商品（原価90,000円，売価110,000円）を発送した。なお，発送費1,000円は現金で支払った。

　　（借）積　送　品　　91,000　　（貸）仕　　　　入　　90,000
　　　　　　　　　　　　　　　　　　　　現　　　　金　　 1,000

(2) 委託先O社より，次の売上計算書を受け取った。なお，売上計算書到着日に売上を計上するとともに，受託者の販売額を売上額とする方法によっている。

	売　上　計　算　書	
売　　　　　　上		110,000
販　売　手　数　料		5,000
手　　取　　金		105,000

(借)	積送売掛金	105,000	(貸)	積送品売上	110,000
	積送諸掛	5,000			
	仕　　入	91,000		積　送　品	91,000

② 試用販売

「試用販売」は，一定期間試用させ，顧客が購入を希望すれば，販売するという販売形態である。この場合，顧客が買取の意思を表示しない限り，購入するかどうかは決まらないため，買取の意思が表示された時点をもって収益を計上する（注解6(2)）。

売り手が，商製品を試用者（顧客）に送った時点では，当該商製品が販売されるかどうかは不明であり，「仕入」勘定（費用）から「試用品」勘定（資産）に振り替える。ここで，「試用品」勘定は，商品の所有権は依然として売り手にあるが，手元にはなく，試用品として顧客のところにあることを示す勘定である。顧客が試用した結果として当該商製品の買取の意思を固め，その事実を伝えた時点で，売り手は収益（試用売上）を計上できる。この時点において，実現の要件を満たした（［1］財貨の提供および［2］現金等価物の取得）と認められることから，収益を計上する。

【設例5－2】

(1) 化粧品8,500円（原価6,500円）を試用品として送付した。

(借)	試　用　品	6,500	(貸)	仕　　入	6,500

(2) 顧客から試用品を買い取るとの連絡を受けた。

(借)	売　掛　金	8,500	(貸)	試用売上	8,500
	仕　　入	6,500		試　用　品	6,500

③ 予約販売

「予約販売」は，事前に予約金を受領し，後に商製品を引き渡す販売形態である。この場合，予約金を受領した時点では「前受金」勘定（負債）に計上しておき，商製品を引き渡した時点をもって収益を計上する（注解6(3)）。

予約金を受領した時点では，それに対する財貨を提供していない。この時点では実現の要件を満たしていないため，「前受金」として処理する。商製品を引き渡した時点で，受領した代金の一部分について財貨を提供したことから，その部分のみ実現の要件を満たしたと認められ，収益（売上）を計上する。

【設例5－3】
(1) 月刊誌の定期購読の申し込みがあり，1年分24,000円（@2,000円×12ヶ月，1月号～12月号）を現金で受け取った。
　　（借）現　　　金　24,000　　（貸）前　受　金　24,000
(2) 1月号が完成したため，定期購読者に発送した。
　　（借）前　受　金　 2,000　　（貸）売　　　上　 2,000

---

④ 割賦販売

「割賦販売」は，販売代金を分割して回収する販売形態である。割賦販売は，商製品を引き渡した時点，すなわち販売時点をもって収益の計上を行うことを原則とする。ただし，割賦金の回収には不確実性を伴うことから，割賦金を回収した日に収益を計上する「回収基準」，あるいは割賦金の回収期限到来日に収益を計上する「回収期限到来基準」も認められている（注解6(4)）。

企業の販売戦略により，代金が実際に回収できるかどうかの可能性は異なる。たとえば，買い手の支払能力を十分に考慮し，回収可能性が高い場合に限って販売することもあれば，売上高を伸ばすため，必ずしも回収できるとは限らない場合にも販売することがある。

前者のケースであれば，財貨の引渡時点で，「[2]現金等価物の取得」も保証されたといえるが，後者の場合には不確実性が高く，「[2]現金等価物の取得」が保証されたとはいえない。前者のケースでは引渡時点をもって実現の要件を満たしたといえるが，後者のケースでは，代金回収ができた段階ではじめて実現の要件を満たしたと見るのが妥当である。割賦販売においては代金回収リスクが高いため，商品引渡の時点では引渡の事実を，「割賦販売契約」勘定と「割賦仮売上」勘定という対照勘定を用いて，備忘記録として帳簿に残すに

留め，収益を計上しない。[1] 財貨の引渡と [2] 現金の取得の2つが揃った入金または回収期限到来の段階において初めて，収益（割賦売上）を計上し，備忘記録を取消す。「回収基準」や「回収期限到来基準」が許容されているのはこのためである。

【設例5－4】

(1) 200,000円のテレビを20回分割払いで販売した。なお，当店では，割賦代金の回収の不確実性が高いことから，回収基準を採用している。また対照勘定法によって会計処理を行っている。

　　（借）割 賦 販 売 契 約　200,000　　（貸）割 賦 仮 売 上　200,000

(2) 第1回目の入金があった。

　　（借）現　　　　　　金　 10,000　　（貸）割　賦　売　上　 10,000
　　　　　割　賦　仮　売　上　 10,000　　　　　割 賦 販 売 契 約　 10,000

---

⑤ 工事契約

「工事契約」は，仕事の完成に対して対価が支払われる請負契約(うけおいけいやく)のうち，土木，建築，造船，一定の機械装置等，基本的な仕様・作業内容を顧客の指図(さしず)に基づいて行うものをいう（基準15号4項）。工事契約の収益認識に関しては，「工事完成基準」と「工事進行基準」が認められる（基準15号6項(2)－(4)）。

「工事完成基準」は，工事の完成・引渡時に全収益を一括計上する方法である。この方法によると，数期間に及ぶ工事の最終期に多額の収益が計上される。

一方，「工事進行基準」は，決算日における工事進捗度(こうじしんちょくど)を見積もり，工事収益の一部を当該期間の収益として計上する方法である。「決算日における工事進捗度」は，「原価比例法」等，工事契約における施行者の履行義務全体との対比において，「決算日」における当該義務の遂行割合を合理的に反映する方法を用いて見積もる。ここに「原価比例法」とは，決算日までに実施した工事に関して発生した工事原価が工事原価総額に占める割合をもって「決算日における工事進捗度」とする方法である（基準15号6項(7)）。原価比例法による収益計上額は，次の算式によって計算される。

$$収益計上額 = 工事収益総額 \times \frac{当期実際発生原価}{工事契約の見積原価総額}$$

　工事契約の場合，設計通りに完成すれば，顧客側は引渡しを受け，かつ，代金を支払う義務を負うことから，工事進行基準によっても，実現の要件（[1] 財貨の提供および [2] 現金等価物の取得）は満たすと解される。

【設例5－5】

　期首に工期3年のビル建設を請け負った。請負契約額は500,000,000円，予想工事総原価は400,000,000円であり，期末時点において，実際発生工事原価（第1年目）は120,000,000円であった。「工事進行基準」に基づいて，今年度末における仕訳を行う。

　（借）完成工事未収入金　150,000,000　　（貸）完 成 工 事 高　150,000,000※
　　　　完 成 工 事 原 価　120,000,000　　　　　未成工事支出金　120,000,000

$$※\quad 完成工事高：500,000,000円 \times \frac{120,000,000円}{400,000,000円} = 150,000,000円$$

　上記設例では，工事完成高は，完成工事原価（費用）と対応させ，30,000,000円の利益が計上される。「工事完成基準」によれば，収益（500,000,000円），費用（400,000,000円）および利益（100,000,000円）が完成時に一括計上される。

3　費用の認識・測定

(1)　費用の認識・測定基準

　費用は，「1期間の収益を獲得するために費消した（費やした）財貨またはサービス」として定義される。たとえば，家電メーカーが，液晶テレビを20万円で販売したとする。同社は，材料（材料費），労働力（労務費），設備（減価償却費）および広告（広告費）等の財貨・サービスを費消して初めて20万円の収益を獲得することができ，当該費消額を「費用」という。

　費用の認識・測定，すなわち材料費，労務費，減価償却費，広告費等を，い

つの時点に，いくらの金額で，帳簿に計上すべきかについて，会計理論および制度では，原則として次の考えを採っている（企原，第2・1A）。

(イ) 認識基準：発生基準（財貨または用役の費消時点）

(ロ) 測定基準：収支額基準（実際の支出額）

つまり，費用は，財貨・用役を「費消した時点」において，「実際の支出額」を基礎として帳簿に計上する。たとえば，テレビコマーシャルを用いた広告を行ったとすれば，コマーシャルを流した時点において，それに要した支出額を費用として計上すればよい。当該費用額は，その期の収益を獲得するために，広告というサービスを費消したものとみなすことができる。また，固定資産の使用期間は多年度に及ぶことから，取得時に資産計上し，その後，価値が減少した部分，すなわち費消した部分を「減価償却費」として計上していく。減価償却の場合，過去の支出額（取得原価）を基礎として費消した部分を費用に計上していくという方法をとっていることから，「収支額基準」と「発生基準」に基づいているといえる。

しかしながら，費用の認識と測定は，上記基準のみですべてのケースを説明できるほど，単純ではない。次にこの点を説明しよう。

(2) 費用収益対応の原則

損益計算書における費用項目のうち，通常，最も多額に，かつ，事業内容上も最も重要性が高いのは「売上原価」である。売上高から売上原価を控除した売上総利益（いわゆる粗利）の計算に必要な箇所であり，商業および製造業ともに，全費用項目の主要部分は売上原価によって占められている。

売上原価の認識・測定のプロセスを観察すると，上記の基準のみでは，最終的に損益計算書上に費用として計上される時点・金額を決められない。製造業の場合，まず，材料費・労務費・経費が，上記の認識・測定基準に従い，それらが費消された時点に実際の支出額を基礎として帳簿上に計上される。たとえば，材料は組立工程に投入した時点に費消することから，同時点において，過去の支出額のうち費消額を「材料費」として計上する。また，経費のうち工場

設備の費消額については，減価償却の手続を通じて，過去の支出額（取得原価）を基礎に「減価償却費」として計上している。

ところが，当該項目は，この費消時点をもって，損益計算書上の費用に計上されるわけではない。材料費・労務費・経費は，組立工程の進捗に従い，仕掛品，製造間接費および製品勘定等に集計され，当該製品が，外部に販売される以前の段階では，一切，損益計算書上の費用には計上されず，貸借対照表上の「棚卸資産」に含められている。その後，当該製品が外部に販売されて，初めて貸借対照表上の「棚卸資産」から損益計算書上の「売上原価」に振り替えられ，損益計算書上の費用として計上される。

このような2段階に及ぶ手続を踏んでいるのは，「期間損益計算」が「費用収益対応の原則」という考え方を柱に据えているためである。今期100個の製品が販売されたのに対して，工場では120個の製品が完成した，すなわち120個分の材料等を費消したからといって，「実現基準」に基づき100個分の収益を計上する一方，発生基準（費消基準）に基づき120個分の費用を計上したのでは両者の計算が見合わず，いわゆるドンブリ勘定の結果を得る。「期間損益計算」の下では，実現基準に基づき100個分の収益が計上されているならば，費用の側も，それに対応した100個分の費用を計上するという考え方をとっている。このように，費用，とくに最も重要度の高い売上原価の認識・測定は，図表5－4のとおり，2段階にわたって行われる。

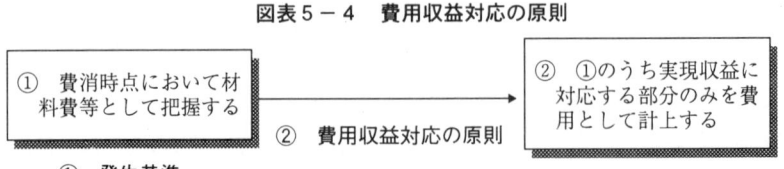

図表5－4　費用収益対応の原則

① 費消時点において材料費等として把握する	→	② ①のうち実現収益に対応する部分のみを費用として計上する
① 発生基準	② 費用収益対応の原則	

売上原価の算定は，まず第1段階として，発生基準，すなわち財貨・用役の費消時点において，材料費・労務費・経費等として帳簿上把握される。この段階でそれらの全額を損益計算書上の費用に含めてしまうと，実現収益に対応しない部分まで費用に含められることとなり，収益と費用の対応に基づく利益計

算が達せられない。このため第2段階として，①発生基準のフィルターを通過した事象に対して，さらに②「費用収益対応の原則」というフィルターをかけ，①のうち実現収益に対応する部分のみを，損益計算書上の費用として計上するという手続を踏んでいる。

前述したとおり，費用の認識・測定は，主に測定の方が問題であるといわれている。売上原価算定のプロセスをみても，第1段階で把握された事象のうち，最終的に，いくらの金額を損益計算書に載せるべきか，すなわち測定の方が問題になっている。

(3) 費用収益対応の態様

前述のとおり，「売上原価」は，①発生基準に加えて，②費用収益対応の原則を適用することによって，収益と費用の対応を個別的に図り，厳密な利益計算を行うという考えに従っている。かかる費用収益の「対応」という考え方は，今日の期間損益計算を貫く考え方である。

費用収益の対応が期間損益計算を貫く考え方であるとすれば，売上原価以外の費用項目にも適用されるはずである。しかし，「販売費及び一般管理費」については，本社社員の給料，本社建物の減価償却費および広告費等が含まれるが，これらのうちどの部分が今期の収益の獲得に対応しているかを厳密に特定することはできない。そのため，各費消時点において費用計上が行われる。また，営業外費用に属する支払利息等も今期の発生額に関し費用計上が行われる。

要約すれば，「売上原価」に関しては，費用収益対応の原則が，個別的に適用されているのに対して，それ以外の「販売費及び一般管理費」をはじめとする費用項目に関しては，今期の費消額が，今期の実現収益に対応しているであろうとの推論に基づいて計上されている。前者の適用と比べると，後者は厳密性の点で劣ることは否めない。この点で，会計理論は，実現収益と売上原価の個別的対応を「直接的対応」あるいは「個別的対応」と呼ぶのに対して，それ以外の費用項目と実現収益との対応関係のことを「間接的対応」あるいは「期間的対応」と呼び，両者の対応関係の厳密性が異なることを認めている。

以上の枠組みでは，なおも説明困難な費用項目に「引当金」の計上がある。たとえば，設備資産に関して，4年に1度程度の大修繕が必要であることが予定されているとき，大修繕に先立つ各年度において，「特別修繕引当金」を設定するのが通常である。4年に1度の割合で多額の修繕費が生じるならば，各期の収益獲得は，当該大修繕を実施しない限り不可能であると解されることから，実際の修繕，すなわちサービスの費消に先立つ各期の収益に，当該費用を負担（対応）させようとする考えに基づいている。

　大修繕に先立つ各期においては，一切，修繕というサービスの費消を伴っていないため，当該費用計上は「発生基準」に基づくものではない。サービスの費消は将来に至るが，「期間損益計算」を貫く「費用収益対応の原則」に基づいて，今期の収益に対応させるべき費用として，見越計上を行っていると解すのが適当である。

　このように，費用の認識・測定は，「発生基準」と「費用収益対応の原則」とを併用しつつ，損益計算書に含まれる収益と費用とを対応させている。このような考え方は，実現した収益に対して，それに対応する費用をいかに配分していくか，という手続として捉えられることから，会計理論では「費用配分の原則」あるいは「原価配分の原則」と称している。

4　損益計算書の表示

　期間損益計算の結果は，最終的に，損益計算書に表示する。今日の損益計算書は，投資家等の利用者が分析し易いように，さまざまな工夫が施されている。損益計算書の目的あるいは表示形式等について説明する。

(1)　当期業績主義損益計算書と包括主義損益計算書

　損益計算書は期間損益計算の結果を示すものであり，その最終行には当期純利益（税引後の金額）を表示する。損益計算書の最終行にどのような利益を表示するかという点について，「当期業績主義」および「包括主義」という2つの

図表5-5 当期業績主義損益計算書と包括主義損益計算書

当期業績主義損益計算書	包括主義損益計算書	
Ⅰ 売上高	Ⅰ 売上高	⎫ 営業損益計算 ⎫ 経常損益計算 ⎫ 純損益計算
Ⅱ 売上原価	Ⅱ 売上原価	
売上総利益	売上総利益	
Ⅲ 販売費及び一般管理費	Ⅲ 販売費及び一般管理費	
営業利益	営業利益	
Ⅳ 営業外収益	Ⅳ 営業外収益	
Ⅴ 営業外費用	Ⅴ 営業外費用	
当期純利益	経常利益	
	Ⅵ 特別利益	
	Ⅶ 特別損失	
	当期純利益	

考え方がある。

図表5-5が示すとおり,「当期業績主義損益計算書」および「包括主義損益計算書」は,当期純利益の計算に特別利益・特別損失を含めないのか,あるいは含めるのかという点で異なる。当期業績主義の下では,特別利益・特別損失以下の計算は,「利益剰余金計算書」という別の計算書において行われる。

特別利益・特別損失は,工場売却に伴う損益,リストラに伴う損益あるいは災害による損益等,非経常的・非反復的な損益である。当期業績主義は,損益計算書上の利益には非経常的・非反復的な損益項目を含めず,最終行では,1期間の「正常収益力」を示そうとする考え方に基づいている。一方,包括主義は,非経常的・非反復的な項目まで含めて,最終行では,当期の「処分可能利益」を示そうとする考え方に基づくものである。

わが国では,以前,当期業績主義を採用していたが,昭和49年以降,包括主義損益計算書を採用し続けている。昭和49年以前は,現在の「経常利益」を「当期純利益」と称していた。

(2) 総額主義の原則

損益計算書上の費用・収益は総額で記載することを原則とし,費用項目と収益項目を相殺してはならない(企原,第2・1B)。これは,たとえば,受取手数

料と支払手数料，有価証券売却益と有価証券売却損，受取利息と支払利息を相殺し，純額のみを損益計算書に記載すると，企業活動の実態が把握しにくくなるために要請される。

(3) 費用収益対応表示の原則

「費用収益対応表示の原則」とは，損益の発生源泉に基づいて区分表示することを要請する原則である（企原，第2・1C）。すなわち，まず，直接的な対応関係をもつ「売上高」と「売上原価」とを対応表示し，さらに，「販売費及び一般管理費」を対応表示して「営業利益」の計算を行う。また，金融収益および金融費用を主な内容とする「営業外収益」および「営業外費用」，ならびに，非経常的項目および過年度修正項目を主な内容とする「特別利益」および「特別損失」もそれぞれ対応表示する。ただし，営業外収益と営業外費用および特別利益と特別損失は，「売上高」と「売上原価」のような対応関係があるわけではなく，両者は類似項目であるために対応表示しているに過ぎない。

(4) 区分表示の原則

「区分表示の原則」は，損益計算書には「営業損益計算」，「経常損益計算」および「純損益計算」の区分を設けることを要請する原則である（企原，第2・2）。「営業損益計算」では本業部分の利益計算の結果が，「経常損益計算」では，営業損益計算の結果に，主に金融収益と金融費用を反映した経常的な利益計算の結果が，さらに「純損益計算」では，非経常的・過年度修正事項を反映した結果が示される。

日本企業は，経常損益計算の結果，すなわち「経常利益」を企業業績とみなす傾向が強い。たとえば，日本の企業社会では「経常利益」のことを「ケイツネ」という通称で呼ぶほど，会社員一般にとって，最も馴染み深い業績指標となっている。ただし，営業損益計算，経常損益計算および純利益計算のいずれかの結果のみをもって企業の経営成績を判断するのは，バランスを欠く見方であり，損益計算書の分析では，それらを総合的に見る必要がある。

第6章 特殊会計論

1 リース会計

(1) リース取引の意義・種類

① リース取引の意義

「リース取引」とは,特定の物件(以下,「リース物件」という)の所有者たる貸手(レッサー)が,当該物件の借手(レッシー)に対し,合意された期間(以下,「リース期間」という)にわたりこれを使用収益する権利を与え,借手は,合意された使用料(以下,「リース料」という)を貸手に支払う取引をいう(基準13号4項)。

すなわち,リース取引は,借手がリース料を支払うことにより,リース期間中のリース物件の独占的使用を可能にする取引である。

② リース取引の種類

リース取引は,「ファイナンス・リース取引」と「オペレーティング・リース取引」に分類される。

「ファイナンス・リース取引」とは,(a)リース契約に基づくリース期間の中途において当該契約を解除することができないリース取引またはこれに準ずるリース取引(解約不能(ノンキャンセラブル)のリース)で,(b)借手がリース物件

からもたらされる経済的利益を実質的に享受することができ，かつ，当該リース物件の使用に伴って生じるコストを実質的に負担することとなるリース取引（フルペイアウトのリース）をいう（基準13号 5 項）。

ノンキャンセラブルとは，リース期間の中途において当該契約を解約することができないこと，または法的形式上は解約可能であるとしても，解約に際し相当の違約金を支払わなければならない等の理由から事実上解約不能と認められることをいう（基準13号36項）。

フルペイアウトの要件である「当該リース物件からもたらされる経済的利益を実質的に享受する」とは，当該リース物件を自己所有するならば得られると期待されるほとんどすべての経済的利益を享受することをいう。また，「当該リース物件の使用に伴って生じるコストを実質的に負担する」とは，当該リース物件の取得価額相当額，維持管理等の費用，陳腐化によるリスク等のほとんどすべてのコストを負担することをいう（基準13号36項）。

これらの 2 つの要件は，ファイナンス・リース取引における経済的実質に基づく判定要件である。さらに，ファイナンス・リース取引に該当するか否かの具体的な計数的判定基準として「現在価値基準」と「経済的耐用年数基準」があり，いずれかに該当する場合にはファイナンス・リース取引と判定される（適用指針16号 9 項）。

(a) 現在価値基準

解約不能のリース期間中のリース料総額の現在価値が，当該リース物件を借手が現金で購入するものと仮定した場合の合理的見積金額（以下，「見積現金購入価額」という）の概ね90％以上であること

(b) 経済的耐用年数基準

解約不能のリース期間が，当該リース物件の経済的耐用年数の概ね75％以上であること（ただし，リース物件の特性，経済的耐用年数の長さ，リース物件の中古市場の存在等を勘案すると，上記(a)の判定結果が90％を大きく下回ることが明らかな場合を除く）

さらに，ファイナンス・リース取引は，「所有権移転ファイナンス・リース

取引」および「所有権移転外ファイナンス・リース取引」に区分される（基準13号8項）。所有権移転ファイナンス・リース取引に該当するものとして，㈠所有権移転条項付リース，㈡割安購入選択権付リース，㈢特別仕様のリース物件を対象とするリースが存在する（適用指針16号10項）。

㈠ 「所有権移転条項付ファイナンス・リース」とは，リース契約上，リース期間終了後またはリース期間の中途でリース物件の所有権が借手に移転するリース取引をいう。

㈡ 「割安購入選択権付リース」とは，リース契約上，借手に対して，リース期間終了後またはリース期間の中途で名目的価額またはその行使時点のリース物件の価額に比して著しく有利な価額で買取る権利（以下，「割安購入選択権」という）が与えられ，その行使が確実に予想されるリース取引をいう。

㈢ 「特別仕様のリース物件を対象とするリース」とは，リース物件が，借手の用途等に合わせて特別の仕様により製作または建設されたものであり，当該リース物件の返還後，貸手が第三者に再びリースまたは売却することが困難であるため，その使用可能期間を通じて借手によってのみ使用されることが明らかなリース取引をいう。

これらのリース取引は，リース物件に伴う利益と危険が貸手から借手に移転されるので，実質的には当該物件の売買取引とみなされる。そのため，「所有権移転ファイナンス・リース取引」と称される。

これに対して，ファイナンス・リース取引の中には，リース物件の実質的所有権が借手に移転するとはいえないものがある。これを「所有権移転外ファイナンス・リース取引」という。この場合には，当該リース取引は，法的には賃貸借の性格を有しているが，経済的にはリース物件を使用する権利の売買および融資と類似の性格を有していることから，経済的実態を優先して「売買取引」として取り扱われる。

所有権移転ファイナンス・リース取引と所有権移転外ファイナンス・リース取引では，売買処理を具体的に適用するにあたり，リース資産の減価償却費の

算定等において異なる点が生じる。

なお,「オペレーティング・リース取引」とは,ファイナンス・リース取引以外のリース取引をいう（基準13号6項）。この取引の場合には,リース物件の所有による利益と危険は貸手に残り,借手には移転しない。したがって,オペレーティング・リース取引は,法的形式のとおり,リース物件の賃貸借取引として扱われる。借手はリース料を費用（支払リース料）として計上し,貸手はリース料を収益（受取リース料）として計上する。

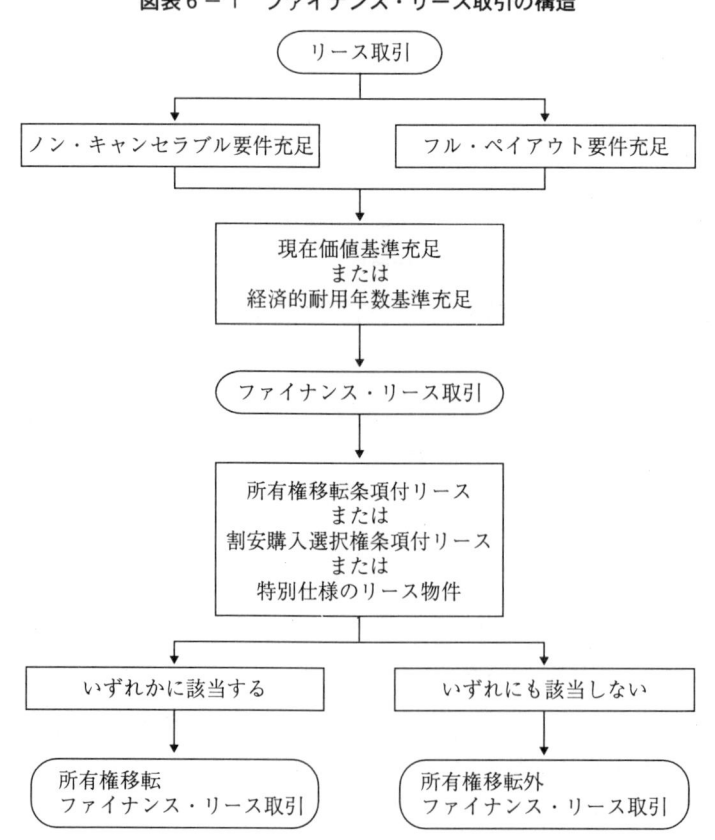

図表6-1　ファイナンス・リース取引の構造

```
           リース取引
          ／      ＼
ノン・キャンセラブル要件充足    フル・ペイアウト要件充足
          ＼      ／
        現在価値基準充足
           または
      経済的耐用年数基準充足
             │
      ファイナンス・リース取引
             │
       所有権移転条項付リース
            または
       割安購入選択権条項付リース
            または
        特別仕様のリース物件
          ／      ＼
  いずれかに該当する    いずれにも該当しない
        │                │
    所有権移転          所有権移転外
  ファイナンス・リース取引   ファイナンス・リース取引
```

出所：菊谷正人『「企業会計基準」の解明』税務経理協会,平成20年,179頁。

第6章 特殊会計論

(2) 所有権移転ファイナンス・リース取引の会計処理
① 借手側の会計処理
1) リース取引日の会計処理

　ファイナンス・リース取引については，原則として，通常の売買取引に係る方法に準じた会計処理（以下「売買処理」という）を行う（基準13号9項）。

　ファイナンス・リースの借手は，「リース取引開始日」（借手がリース物件を使用収益する権利を行使することができることとなった日）に「売買処理」により，リース物件を「リース資産」，リース物件に係る債務を「リース債務」として計上する（基準13号10項）。

　　　（借）リ ー ス 資 産　×××　　（貸）リ ー ス 債 務　×××

　借手は，リース取引によりリース物件の実質的所有権を取得するのであるから，これを資産として計上する。同時に，借手は，これに対してリース期間中のリース料支払義務を負うので，これを負債として計上する。

　リース物件の取得原価の算定方法については，原則としてリース取引開始時に合意されたリース料総額からこれに含まれている利息相当額の合理的な見積額を控除する方法による。当該利息相当額については，原則として，リース期間にわたり「利息法」により配分する（基準13号11項）。「利息法」とは，各期の支払利息相当額をリース債務の未返済元本残高に一定の利率を乗じて算定する方法をいう。当該利率は，リース料総額の現在価値が，リース取引開始日におけるリース資産（リース債務）の計上価額と等しくなる利率として求められる（適用指針16号24項）。

2) リース料支払日の会計処理

　リース料の支払日には，その支払額を利息相当額とリース債務返済額に区分して処理しなければならない（基準13号11項）。つまり，リース料の支払のつど，次のような仕訳が必要である。

　　　（借）リ ー ス 債 務　×××　　（貸）現 金 預 金　×××
　　　　　 支 払 利 息　×××

3）　決算日の会計処理

所有権移転ファイナンス・リース取引に係るリース資産の減価償却費は，自己所有の固定資産に適用する減価償却方法と同一の方法により算定される（基準13号12項）。

　　　（借）減　価　償　却　費　　×××　　　（貸）リ ー ス 資 産　　×××
　　　　　　　　　　　　　　　　　　　　　　　　減価償却累計額

②　貸手側の会計処理
1）　貸手側における会計処理法の種類

「所有権移転ファイナンス・リース取引」における貸手側は，リース取引開始日に「売買処理」によりリース物件の金額を「リース債権」として計上する（基準13号13項）。

貸手における利息相当額の総額は，リース契約締結時に合意されたリース料総額および見積残存価額の合計額から，これに対応するリース資産の取得価額を控除することによって算定する。当該利息相当額については，原則として，リース期間にわたり「利息法」により配分する（基準13号14項）。

なお，リース取引開始日に「リース債権」として計上する会計処理方法は，(1)リース取引開始日に売上高と売上原価を計上する方法（以下，「第1法」という），(2)リース料受取時に売上高と売上原価を計上する方法（以下，「第2法」という）および(3)売上高を計上せずに利息相当額を各期へ配分する方法（以下，「第3法」という）に分けられている。「所有権移転ファイナンス・リース取引」と判定された場合には，取引実態に応じて，いずれかの方法を選択し，継続的に適用しなければならない（適用指針16号51項，61項）。

2）　リース取引開始日に売上高と売上原価を計上する方法（第1法）

リース取引開始日にリース料総額で「売上高」を計上し，同額で「リース債権」を計上する。また，リース物件の現金購入価額（リース物件を借手の使用に供するために支払う付随費用がある場合には，これを含める）により「売上原価」を計上する。リース取引開始日に計算された売上高と売上原価との差額は，「利息相当額」として取り扱う。リース期間中の各期末において，リース取引開始

日に計算された利息相当額の総額のうち，各期末日後に対応する利益は繰り延べ，リース債権と相殺して表示する。

① リース取引開始日の会計処理

　　（借）リース債権　　×××　　（貸）売　上　高　×××
　　　　　売　上　原　価　×××　　　　　買　掛　金　×××

② リース料受取時の会計処理

　　（借）現　金　預　金　×××　　（貸）リ ー ス 債 権　×××

③ 決算日の会計処理

　　（借）繰延リース利益繰入　×××　　（貸）繰延リース利益　×××
　　　　　　　　　　　　　　　　　　　　　－リース債権の評価勘定－

「繰延リース利益」は負債ではなく，リース債権の評価勘定として控除される。なお，翌期以降における決算日において，「繰延リース利益」は戻し入れる。

　　（借）繰延リース利益　　×××　　（貸）繰延リース利益戻入益　×××

　この第1法は，リース料総額をリース取引開始日に売上高として計上する方法であり，主として製造業，卸売業等を営む企業が製品または商品を販売する手法としてリース取引を利用する場合を想定している。

3）　リース料受取時に売上高と売上原価を計上する方法（第2法）

　リース取引開始日に，リース物件の現金購入価額（リース物件を借手の使用に供するために支払う付随費用がある場合には，これを含める）により，「リース債権」を計上する。リース期間中の各期に受け取る「受取リース料」を各期において「売上高」として計上し，当該金額からリース期間中の各期に配分された利息相当額を差し引いた額をリース物件の「売上原価」として処理する。

① リース取引開始日の会計処理

　　（借）リース債権　×××　　（貸）買　掛　金　×××

② リース料受取時の会計処理

　　（借）現　金　預　金　×××　　（貸）売　上　高　×××
　　　　　売　上　原　価　×××　　　　　リース債権　×××

　この第2法は，リース期間中の各期の受取リース料を売上高として計上する

方法である。

4) 売上高を計上せずに利息相当額を各期へ配分する方法（第3法）

　リース取引開始日に，リース物件の現金購入価額（リース物件を借手の使用に供するために支払う付随費用がある場合には，これを含める）により，「リース債権」を計上する。各期の「受取リース料」を利息相当額とリース債権の元本回収に区分し，前者を各期の損益として処理し，後者をリース債権の元本回収額として処理する。リース料総額とリース物件の現金購入価額の差額は「受取利息相当額」として取り扱い，リース期間にわたり各期へ配分する。

① リース取引開始日の会計処理

　　（借）リ ー ス 債 権　×××　　（貸）買　掛　金　×××

② リース料受取時の会計処理

　　（借）現 金 預 金　×××　　（貸）リ ー ス 債 権　×××
　　　　　　　　　　　　　　　　　　　　受 取 利 息　×××

　第1法と第2法が売上高と売上原価を総額で計上する方法であったのに対し，第3法は売上高を計上せず，利益（差額）の配分のみを行う方法であり，リース取引が有する複合的な性格の中でも，「金融取引」の性格が強い場合を想定している。

(3) 所有権移転外ファイナンス・リース取引の会計処理

① 借手側の会計処理

　「所有権移転外ファイナンス・リース取引」についても，所有権移転ファイナンス・リース取引と同様に，リース取引開始日に売買処理により，リース物件とこれに係る債務を「リース資産」および「リース負債」として計上する（基準13号10項）。ただし，「リース資産」および「リース負債」として計上する価額は，次のとおりに求める（適用指針16号22項）。

　① 借手において当該リース物件の「貸手の購入価額」等が明らかな場合には，リース料総額を割引率で割り引いた「現在価値」と「貸手の購入価額」等とのいずれか低い額による。

② 「貸手の購入価額」等が明らかでない場合には，「現在価値」と「見積現金購入価額」とのいずれか低い額による。

所有権移転外ファイナンス・リース取引においても，利息相当額の総額は，原則としてリース期間にわたり「利息法」により配分するが，リース資産総額に重要性が乏しいと認められる場合には，次のいずれかの方法を採用することができる（適用指針16号31項）。

① リース料総額から利息相当額の合理的な見積額を控除しない方法（この方法では，リース資産およびリース債務はリース料総額で計上され，支払利息は計上されず，減価償却費のみが計上される）
② 利息相当額の総額をリース期間にわたり定額法で配分する方法

また，「所有権移転外ファイナンス・リース取引」に係るリース資産の減価償却は，原則として，リース期間を耐用年数とし，残存価額をゼロとして算定する（基準13号12項）。

リース期間が1年以内である「短期のリース取引」，企業の事業内容に照らして重要性の乏しい取引であり，かつ，リース契約1件当たりのリース料総額が300万円以下である「少額のリース取引」のように，個々のリース資産に重要性が乏しいと認められる場合，簡便法として，「オペレーティング・リース取引」の会計処理に準じて，通常の賃貸借取引に係る方法に準じた会計処理（「賃貸借処理」という）を行うことができる（適用指針16号34-35項）。

② **貸手側の会計処理**

「所有権移転外ファイナンス・リース取引」の貸手は，リース取引開始日に「売買処理」によりリース物件の金額を「リース投資資産」として計上する（基準13号13項）。利息相当額については，原則として，リース期間にわたり「利息法」により配分する（基準13号14項）。

なお，リース取引開始日に「リース投資資産」として計上する会計処理としては，前述の所有権移転ファイナンス・リース取引と同様に，第1法（リース取引開始日に売上高と売上原価を計上する方法），第2法（リース料受取時に売上高と売上原価を計上する方法）および第3法（売上高を計上せずに利息相当額を各期へ配

分する方法）のいずれかの方法を取引実態に応じて選択し，継続的に適用しなければならない（適用指針16号51項）。たとえば，リース取引開始日における第1法の仕訳処理は下記のとおりである。

（借）リース投資資産　×××　　（貸）売　上　高　×××
　　　売　上　原　価　×××　　　　　買　掛　金　×××

(4) オペレーティング・リース取引の会計処理

「オペレーティング・リース取引」については，通常の賃貸借取引に係る方法に準じた「賃貸借処理」を行う（基準13号15項）。したがって，借手側と貸手側によるリース料の支払・受領時には，次のような仕訳処理を行う。

借手側：（借）支払リース料　×××　　（貸）現　金　預　金　×××
貸手側：（借）現　金　預　金　×××　　（貸）受取リース料　×××

2　資産除去債務会計

(1) 資産除去債務の意義・範囲

「資産除去債務」とは，有形固定資産の取得，建設，開発または通常の使用によって生じ，当該資産の除去に関して法令または契約で要求される法律上の義務およびそれに準ずるものをいう。「法律上の義務に準ずるもの」には，有形固定資産の除去そのものは義務でなくとも，有形固定資産を除去する際に当該資産に使用されている有害物質等を法律等の要求による特別の方法で除去するという義務も含まれる（基準18号3項(1)）。

つまり，企業が負う将来の負担を財務諸表に反映させることが投資情報として有用であるとすれば，資産除去債務は法令または契約で要求される法律上の義務だけに限定されない。「法律上の義務に準ずるもの」とは，債務の履行を免れることがほぼ不可能な義務であり，法律上の義務とほぼ同等の不可避的な義務を指す。具体的には，法律上の解釈により当事者間での清算が要請される債務，過去の判例・通達等のうち法律上の義務とほぼ同等の不可避的な支出が

義務付けられているものがそれに該当する。したがって，企業の自発的な計画のみによって行われる資産除去は，「法律上の義務に準ずるもの」には該当しない（基準18号28項）。

ここに「除去」とは，有形固定資産を用役提供から除外することをいう。具体的な態様としては，売却，廃棄，リサイクルその他の方法による処分等は含まれるが，転用や用途変更は企業が企業自らの使用を継続し，当該資産を用役提供から除外していないので，含まれない（基準18号3項(2)，30項）。

有形固定資産には，建設仮勘定，リース資産，投資不動産も含まれる（基準18号23項）。有形固定資産の「通常の使用」とは，有形固定資産を意図した目的のために正常に稼働させることをいう。たとえば，当該資産の除去義務が不適切な操業等の「異常な使用」によって発生した場合には，資産除去債務に該当しない。土地の汚染除去の義務が「通常の使用」によって生じ，その汚染原因が当該土地に建てられている建物・構築物等の資産除去債務であると考えられるときには，資産除去債務に該当する（基準18号26項）。

資産除去債務の典型例としては，原子力発電施設の解体に伴う債務が考えられる。有形固定資産を除去する義務として，たとえば鉱山等の原状回復義務，定期借地権契約で賃借した土地の上に建設した建物・構築物を除去する義務，賃借建物の原状回復義務などがある。有害物質等を特別の方法で除去する義務としては，アスベスト・ＰＣＢを除去する義務などが考えられる。資産除去債務は有形固定資産の除去に関連するものに限定されているため，有形固定資産の使用期間中に実施する環境修復や修繕は資産除去債務の対象とはならない（基準18号24項）。

(2) 資産除去債務の当初認識・当初測定時における会計処理
① 資産除去債務の計算要素－将来の資産除去費用の見積り－

資産除去債務は，有形固定資産の取得，建設，開発または通常の使用によって発生した時に負債として計上する。資産除去債務の発生時に，当該債務の金額を合理的に見積もることができない場合には，これを計上せず，合理的に見

積もることができるようになった時点で負債として計上する（基準18号 4 － 5 項）。「資産除去債務を合理的に見積もることができない場合」とは，決算日現在入手可能なすべての証拠を勘案し，最善の見積りを行ってもなお，合理的に金額を算定できない場合をいう（適用指針21号 2 項）。

　資産除去債務はそれが発生したときに，有形固定資産の除去に要する「割引前の将来キャッシュ・フロー」を見積もり，割引後の金額（割引価値）で算定する（基準18号 6 項）。つまり，資産除去債務の負債計上額は，まず，資産除去時における割引前キャッシュ・フローを見積もり，次に，これを適切な「割引率」によって割り引いて算定される。したがって，資産除去債務の計算要素としては，(1)割引前の将来キャッシュ・フローと(2)割引率が必要である。

②　割引前の将来キャッシュ・フローの見積り

　「割引前の将来キャッシュ・フロー」は，合理的で説明可能な仮定および予測に基づく自己の支出見積りによる。その見積金額は，生起する可能性の最も高い単一の金額（最頻値という）または生起し得る複数の将来キャッシュ・フローをそれぞれの発生確率で加重平均した金額（期待値という）とする。将来キャッシュ・フローには，有形固定資産の除去に係る作業のために直接要する支出のほか，処分に至るまでの支出（たとえば，保管や管理のための支出）も含める（基準18号 6 項(1)）。

　なお，自己の支出見積りとしての有形固定資産の除去に要する「割引前の将来キャッシュ・フロー」を見積もる場合には，次のような情報が考慮されなければならない（適用指針21号 3 項，19－22項）。

　(イ)　対象となる有形固定資産の除去に必要な平均的な処理作業に対する価格の見積り

　(ロ)　対象となる有形固定資産を取得した際に，法令により売買金額から資産除去費用を控除できる場合には，取引価額から控除された資産除去費用の算定基礎となった数値

　(ハ)　過去において類似資産に発生した資産除去費用の実績

　(ニ)　当該有形固定資産への投資の意思決定を行う際に見積もられた資産除去

第6章 特殊会計論

費用

(ホ) 有形固定資産の除去サービスを行う業者など第三者からの情報

上記の情報により見積もられた金額にインフレ率や見積値から乖離するリスクを勘案する。また，合理的で説明可能な仮定と予測に基づき，技術革新などによる影響額を見積もることができる場合には，これを反映させる（適用指針21号3項）。

たとえば，×1年4月1日にアスベスト含有の構築物（10,000）を取得したA社は，4年間と見込まれる耐用年数の終了時に当該資産を解体・撤去しなければならない法律上の義務を負うため，下記のような自己の支出見積りに基づいて「割引前の将来キャッシュ・フロー」（最頻値を使う）を計算しなければならない（適用指針21号［設例2］一部修正）。

(a) 解体業者（B社）が解体・撤去に支払う労務費は，×1年4月1日現在における平均的な賃金に基づいており，当社（A社）は，生起する複数の将来キャッシュ・フロー（リスク反映済み）をその発生確率で加重平均した「期待値」を見積もる。

インフレ率補正前 予測キャッシュ・フロー	発生確率	期待値
800	30%	240
1,200	50%	600
1,300	20%	260
		1,100

(b) A社は，B社が労務費の80%を間接費と設備費に配分すると見積もる。
(c) B社は労務費・間接費等に利益を加えるが，A社は，解体・撤去から稼得する利益を過去の実績により労務費・間接費等の合計額の20%であると仮定する。
(d) A社は，4年間にわたるインフレ率を年平均2%と仮定する。

×1年4月1日現在における「割引前の将来キャッシュ・フロー」

予測労務費	1,100
予測間接費・設備費（1,100×80％）	880
解体業者の利益加算（(1,100+880)×20％）	396
インフレ率補正前の将来キャッシュ・フロー	2,376
インフレ率補正後の将来キャッシュ・フロー	2,572*

※ $2,376 \times 1.024^4 = 2,572$

③ 将来キャッシュ・フローの割引計算

合理的で説明可能な仮定・予測に基づいて「割引前のキャッシュ・フロー」が見積もられた後，当初認識される資産除去債務は割引率を用いて計算される。「割引率」は，貨幣の時間価値を反映した無リスクの税引前の利率とする（基準18号6項(2)）。

有利子負債やリース債務と異なり，明示的な金利キャッシュ・フローを含まない資産除去債務については，(1)退職給付債務と同様に無リスクの割引率を用いることが現在の会計基準全体の体系と整合的であること，(2)同一内容の資産除去債務について信用リスクの高い企業の方が高い割引率を用いることにより，

図表6－2　割引前の将来キャッシュ・フローと割引計算

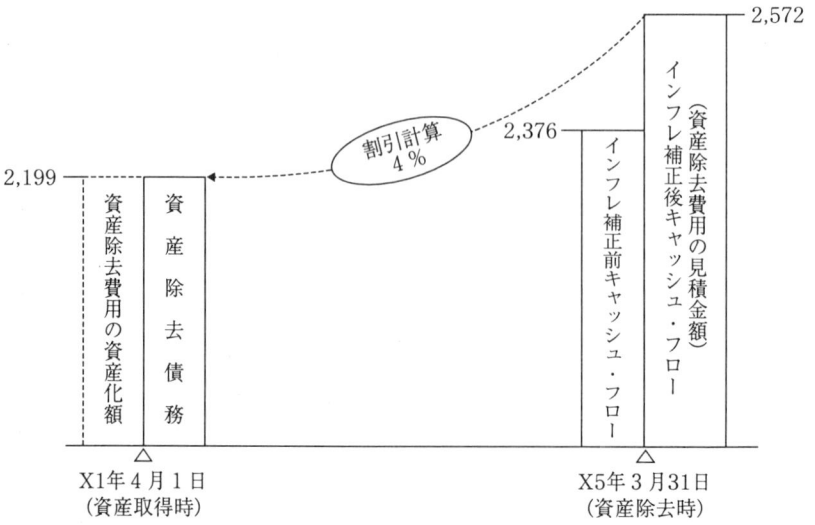

```
2,199 ┌──┐                         割引計算    ┌──┐ 2,572
      │資│                           4％      │（資
      │産│  資                    2,376 ┌──┐ │産除
      │除│  産  ← ─ ─ ─ ─ ─ ─ ─       │イ │ │去費
      │去│  除                         │ン │ │用の
      │費│  去                         │フレ│ │見積
      │用│  債                         │補 │ │金額）
      │の│  務                         │正 │ │イン
      │資│                             │前 │ │フレ
      │産│                             │キャ│ │補正
      │化│                             │ッ │ │後キ
      │額│                             │シュ│ │ャッ
      └──┘                             │・ │ │シュ
                                        │フロ│ │・フ
                                        │ー │ │ロー）
                                        └──┘ └──┘
        △                                      △
     X1年4月1日                             X5年3月31日
     （資産取得時）                          （資産除去時）
```

第6章　特殊会計論

負債計上額が少なくなるという結果は財政状態を適切に示さないこと，(3)資産除去債務の性格上，自己の不履行の可能性を前提とする会計処理は適当でないことなどの理由により，無リスクの割引率が用いられる（基準18号40項）。

この無リスク割引率によって「割引前の将来キャッシュ・フロー」を割り引いた金額が，当初認識された資産除去債務として計上される。前記例において利付国債（残存期間4年）の流通利回りを4％と仮定した場合，×1年4月1日現在において当初認識される資産除去債務は2,199（＝2,572÷1.04^4）と計算される。図表6－2は，「割引前の将来キャッシュ・フロー」，「割引率」による割引計算および資産除去債務の関連を示している。

④　資産除去債務に対応する資産除去費用の資産計上

無リスク・レートにより算定された資産除去債務に対応する資産除去費用は，資産除去債務を負債として計上したときに，当該負債と同額を関連資産の帳簿価額に加える。資産計上された資産除去費用は，減価償却を通じて，当該有形固定資産の残存耐用年数にわたり，各期に費用配分される（基準18号7項）。したがって，×1年4月1日（資産取得時，資産除去債務発生時）における仕訳処理は下記のとおりである。

　　（借）構　築　物　　12,199　　（貸）現　金　預　金　　10,000
　　　　　　　　　　　　　　　　　　　　資 産 除 去 債 務　　 2,199

資産除去債務が有形固定資産の稼働等に従って，使用の都度発生する場合には，資産除去債務に対応する除去費用を各期においてそれぞれ資産計上し，関連資産の残存耐用年数にわたり各期にわたり費用配分する。なお，この場合には，資産除去費用をいったん資産に計上し，当該計上時期と同一の期間に資産計上額と同一の金額を費用処理することもできる（基準18号8項）。

(3)　資産除去債務の再測定時における会計処理

①　資産除去債務に対応する資産除去費用の費用配分

前述したように，当初認識時に資産除去債務と同額を資産化された資産除去費用は，減価償却を通じて費用配分される。資産除去債務を負債として計上し，

同額を有形固定資産の取得原価（または帳簿価額）に加算する会計処理は，「負債資産の両建処理」と呼ばれている。この両建処理により，有形固定資産の取得に付随して生じる資産除去費用の未払いの債務を負債として計上すると同時に，対応する資産除去費用が当該有形固定資産の取得原価に含められるので，当該資産への投資について回収すべき額が引き上げられている。有形固定資産の除去時に不可避的に生じる支出額を「付随費用」と同様に取得原価に加えた上で，費用配分が行われる。さらに，負債資産の両建処理は，資産効率の観点からも有用な情報を提供するものと考えられる（基準18号41項）。

前記例（構築物10,000，資産除去債務2,199）における当初認識時の取得原価（12,199）は，耐用年数（4年）にわたり減価償却されるので，毎決算期の仕訳処理（定額法による）は次のとおりになる。なお，図表6－3は資産計上額の推移，図表6－4は減価償却費の推移を示している。

（借）減 価 償 却 費　　3,050※　　（貸）構築物減価償却累計額　　3,050

※　第4年度には，端数処理のため3,049とする。

図表6－3　資産計上額の推移　　　図表6－4　減価償却費の推移

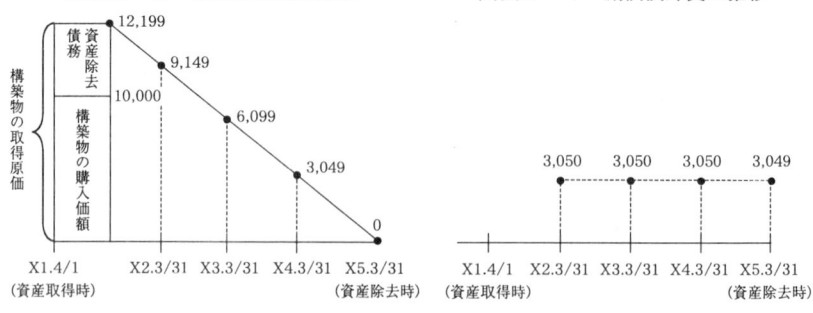

② 時の経過による資産除去債務の調整

時の経過による資産除去債務の調整額は，その発生時の費用として処理する。当該調整額は，期首の負債の帳簿価額に当初負債計上時の割引率を乗じて算定する（基準18号9項，48項）。この調整額は，退職給付会計における「利息費用」と同様の性格を有する（基準18号48項）。

前記例（資産除去債務2,199）の毎決算期における資産除去債務の調整額に関す

る仕訳処理は下記のとおりであり,資産除去時の実際の除去支出額を2,700であると仮定する(適用指針21号[設例1]参考)。

×2年3月31日(第1回決算日):
(借)利 息 費 用　　88　　(貸)資産除去債務　　88※1
　　※1　2,199×4%=88

×3年3月31日(第2回決算日):
(借)利 息 費 用　　91　　(貸)資産除去債務　　91※2
　　※2　(2,199+88)×4%=91

×4年3月31日(第3回決算日):
(借)利 息 費 用　　95　　(貸)資産除去債務　　95※3
　　※3　(2,199+88+91)×4%=95

×5年3月31日(第4回決算日,資産除去日):
(借)利 息 費 用　　99　　(貸)資産除去債務　　99※4
　　※4　(2,199+88+91+95)×4%=99

(借)資産除去債務　2,572　　(貸)現 金 預 金　2,700
　　資産除去債務履行差損　128

図表6-5では,資産除去債務に関する時の経過による調整額(利息費用)の

図表6-5　資産除去債務と時の経過による調整額

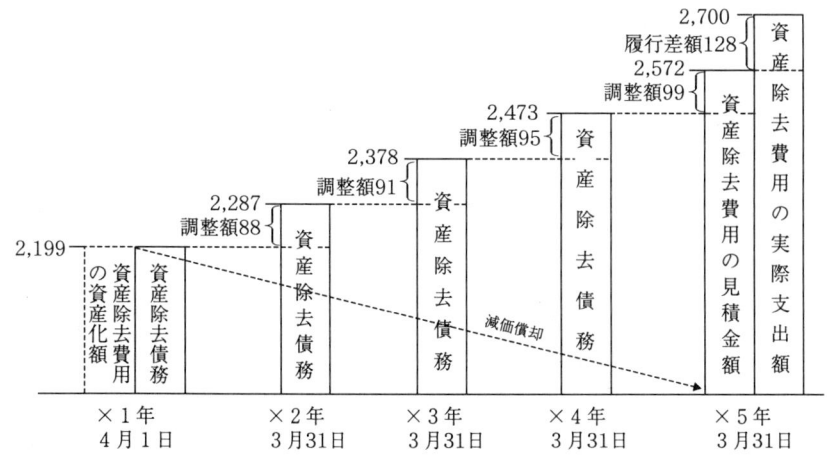

推移および負債計上額（資産除去債務額）の推移が示されている。

(4) 財務諸表における表示

資産除去債務は，決算日後1年以内にその履行が見込まれる場合を除き，固定負債の区分に「資産除去債務」等の適切な科目名で表示する。決算日後1年以内に資産除去債務の履行が見込まれる場合には，流動負債の区分に表示する（基準18号12項）。

資産計上された資産除去債務に対応する資産除去費用（資産価額）に係る費用配分額は，損益計算書上，当該債務に関連する有形固定資産の「減価償却費」と同じ区分に含めて計上する。時の経過による資産除去債務の調整額（利息費用）は，損益計算書上，当該債務に関連する有形固定資産の「減価償却費」と同じ区分に含めて計上する（基準18号13-14項）。

資産除去債務の履行時に認識される資産除去債務残高と債務決済のために実際に支払われた額との差額（履行差額という）は，損益計算書上，原則として，当該債務に対応する資産除去費用に係る費用配分額（減価償却費）と同じ区分に含めて計上する（基準18号15項）。

資産除去債務を実際に履行した場合，その支出額についてはキャッシュ・フロー計算書上，「投資活動によるキャッシュ・フロー」の項目として取り扱う（適用指針21号12項）。

3　減損会計

(1) 減損会計の意義・手順

減損会計における「減損」とは，固定資産の収益性の低下により投資額の回収が見込めなくなった状態であり，物理的な理由または経済環境の変化によって固定資産の回収可能価額が帳簿価額を下回り，その回復が不可能になった状態をいう。「減損会計」は，固定資産の収益性の低下が認められる場合に，その事実を契機として帳簿価額を回収可能価額まで減額し，両者の差額を「減損

損失」として計上する会計処理である。

　　減損損失＝帳簿価額－回収可能価額

　減損会計は，(イ)帳簿価額の切下げを行うが，切上げは行わない点，(ロ)帳簿価額の修正は毎決算期に要求されない（つまり，減損時のみに帳簿価額の切下げを行う）点において，有価証券の時価評価とは本質的に異なる。

　従来から固定資産の帳簿価額を減額する会計処理として，「臨時償却」および「臨時損失」という制度があった。「臨時償却」は，陳腐化などによる固定資産の著しい機能的減価または償却不足による帳簿価額の切下げであり，「臨時損失」は天災などの偶発的事象を起因とする著しい物理的減価による減失部分を帳簿価額に反映させることである。これらに対する会計処理と減損会計には，実体価値まで帳簿価額を切り下げ，将来に損失を繰り延べないという類似点は存在するものの，減損会計が収益性の低下を契機とする資産価値の低価減であるのに対して，「臨時償却」および「臨時損失」は収益性を考慮することなく，特定の臨時的な事象が生じた場合に帳簿価額を切り下げる会計処理である。

　減損損失の認識・測定は，次のような減損会計の手順を経て行われる。

(1)　第1段階：減損の兆候の判定
(2)　第2段階：減損損失の認識
(3)　第3段階：減損損失の測定
(4)　第4段階：減損損失の配分（資産グループの場合）

(2)　減損会計の手続

①　減損の兆候の判定

　減損の兆候の判定は，原則として，個々の資産ごとに行われる。ただし，企業が保有する資産は，そのすべてが個々の資産ごとに判定できるものとは限らない。この場合には，それらの資産を識別された現金生成単位ごとにまとめて把握する。「識別された現金生成単位」（資産グループ）とは，当該資産が他の資産と密接不可分に結びついて利用され，個々には回収可能価額を見積ることが

できない場合に，それらを1群の資産グループとしてまとめ，おおむね独立したキャッシュ・フローを生み出す最小の単位をいう（減損基準，二・6・(1)）。

「現金生成単位」としての資産グループの要件を満たすには，その資産グループからのキャッシュ・インフローの把握が他の資産や資産グループからのキャッシュ・インフローと独立していることが前提となる。たとえば，全国に中継設備を設置している携帯電話会社では，中継設備は，それぞれ独立したものではなく，すべてを一体のものとして稼動することによって，その利用価値が認められ，キャッシュ・インフローが生ずる。このような資産グループが「現金生成単位」である。

本来，毎決算期に資産の回収可能価額を見積もるべきであるが，見積計算に要するコスト等を考慮し，これに代えて「減損の兆候」（資産または資産グループに減損が生じている可能性を示す事象）を毎決算期（期末でなくともよい）に調査すればよいとされている（適用指針6号11項）。

したがって，第1段階である「減損の兆候」がないと判定された場合には，第2段階以降の手続を行う必要はない。図表6－6は，減損の兆候の判定と減損会計手続を示している。

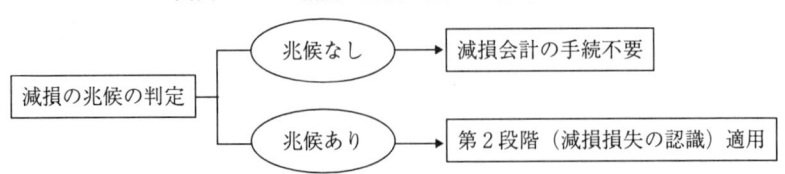

図表6－6　減損の兆候の判定と減損会計手続

減損の兆候の判定 → 兆候なし → 減損会計の手続不要
　　　　　　　　　→ 兆候あり → 第2段階（減損損失の認識）適用

「減損の兆候」がある場合には，当該資産または資産グループについて，「減損損失」を認識するかどうかの判定を行うが，減損の兆候としては，たとえば，次の事象が考えられる（減損基準，二・1）。

① 資産または資産グループが使用されている営業活動から生ずる損益またはキャッシュ・フローが，継続してマイナスになっているか，あるいは，継続してマイナスとなる見込みである。

② 資産または資産グループが使用されている範囲または方法について，当

該資産または資産グループの回収可能価額を著しく低下させる変化が生じたか，あるいは，生ずる見込みである。
③　資産または資産グループが使用されている事業に関連して，経営環境が著しく悪化したか，あるいは，悪化する見込みである。
④　資産または資産グループの市場価格が著しく下落した。
なお，上記①の判定にある「継続してマイナス」とは，おおむね過去2期がマイナスであったことを指すが，当期の見込みが明らかにプラスとなる場合は該当しない（適用指針6号12項(2)）。

②　減損損失の認識

第1段階の判定において「減損の兆候」があると判断された資産または資産グループについては，当該資産または資産グループから得られる「割引前将来キャッシュ・フロー」の総額を見積り，このキャッシュ・フロー総額が帳簿価額を下回る場合には，減損損失を認識する（減損基準，二・2・(1)）。図表6－7は，減損損失の認識の判定と次の段階の減損会計手続を示している。

図表6－7　減損損失の認識の判定と減損会計手続

減損損失の認識の判定 ─┬─ 認識しない → 減損損失の測定不要
　　　　　　　　　　　└─ 認識する → 第3段階（減損損失の測定）適用

なお，「減損損失の認識」の手段として，事業用固定資産の投資の回収可能性に関する判定に「見積将来キャッシュ・フロー」を採り入れたことは，減損会計の最大の特徴である。「割引前将来キャッシュ・フロー」が適用される根拠としては，成果の不確定な事業用資産の減損は，減損の存在が相当程度に確実な場合に限って減損損失を認識することが適当であるからである（減損基準，前文四(2)）。つまり，「割引後」将来キャッシュ・フローを適用する場合と比較して「割引前」将来キャッシュ・フローは大きな金額となることに，減損損失の認識の相対的確実性を求めたものと考えられる。

減損損失を認識するために「割引前将来キャッシュ・フロー」を見積もる期

間は，資産の経済的残存使用年数または資産グループ中の主要な資産の経済的残存使用年数と20年のいずれか短い方とする（減損基準，二・2・(2)）。一般的には，長期にわたる将来キャッシュ・フローの見積りに対しては不確実性が高くなると考えられるので，20年の妥当性については疑問である。

③ 減損損失の測定

「減損の兆候」があり，かつ，「減損損失の認識」をクリアーした固定資産については，第3段階として「減損損失の測定」が行われる。つまり，減損損失を認識すべきであると判定された資産または資産グループについて，帳簿価額を回収可能価額まで減額し，当該減少額を減損損失として当期の損失とする（減損基準，二・3）。

ここでいう「回収可能価額」とは，資産または資産グループの①正味売却価額と②使用価値のいずれか高い方の金額である（減損基準，注解1）。図表6－8は，「回収可能価額」を図形化したものである。

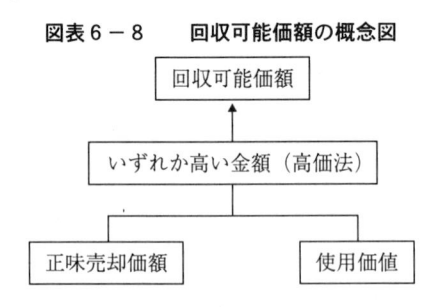

図表6－8　回収可能価額の概念図

```
            回収可能価額
                ↑
       いずれか高い金額（高価法）
          ↑              ↑
    正味売却価額        使用価値
```

「正味売却価額」とは，資産または資産グループの時価から処分費用見込額を控除した金額である（減損基準，注解1・2）。ここに「時価」とは公正な評価額をいい，通常，観察可能な市場価格である。市場価格が観察できない場合には，合理的に算定された価格が時価となる（減損基準，注解1・3）。「合理的に算定された価値」とは，不動産については「不動産鑑定評価基準」に基づいて算定された金額，その他の固定資産については当該資産の特性等を考慮した評価技法に基づいて算定された金額である（適用指針6号28項）。

他方，「使用価値」（「利用価値」ともいう）とは，資産または資産グループの

第6章　特殊会計論

「継続的使用」と使用後の「処分」によって生ずると見込まれる将来キャッシュ・フローの現在価値である（減損基準，注解1・4）。使用価値の算定において見積もられる将来キャッシュ・フローは，企業の固有の事情を反映した合理的で説明可能な仮定および予測に基づいて見積もる（減損基準，二・4・(1)）。企業は，取締役会の承認を得た中長期計画の前提となった数値を，経営環境など企業の外部要因に関する情報や企業が用いている内部情報（たとえば，予算やその修正資料，業績評価の基礎データ，売上見込）と整合的に修正し，かつ，資産または資産グループの現在の使用状況や合理的な使用計画等を考慮して，将来キャッシュ・フローを見積もる。企業に中長期計画が存在しない場合には，経営環境など企業の外部要因に関する情報，企業が用いている内部情報に基づき，資産または資産グループの現在の使用状況や合理的な使用計画等を考慮して，将来キャッシュ・フローを見積もる（適用指針6号36項(1)−(2)）。

なお，「減損損失の測定」において使用価値を用いる場合には，見積将来キャッシュ・フローは割引後の数値が使われる（適用指針6号43−46項）。これは，減損損失の認識の判定では割引前の使用による「減損の相対的確実性」を重視したのに対して，減損損失の測定の場合には，資産評価に実体価値を求めているからである。また，使用価値の算定に際して用いられる割引率は，減損損失の測定時点の割引率を用い，原則として，翌期以降の会計期間においても同一の方法により算定される（適用指針6号43項）。

【設例6−1】
　昨年購入した機械装置について，減損の兆候が確認されたので，下記の資料により減損損失の認識と測定を行う。

　　　　帳簿価額：3,000,000円　　　減価償却累計額：1,000,000円
　　　　割引前将来キャッシュ・フロー：1,800,000円　時価：1,300,000円
　　　　処分費用見込額：100,000円　　使用価値：1,500,000円
　減損損失の認識の判定：
　　2,000,000円(帳簿価額)＞1,800,000円(割引前将来キャッシュ・フロー)
　　　　　　　∴　減損損失を認識する。

> 減損損失の測定：
> (1) 回収可能価額の算定
> ・正味売却価額　1,300,000円−100,000円＝1,200,000円
> ・使用価値　1,500,000円
> 　　1,200,000円＜1,500,000円　　∴　1,500,000円
> (2) 減損損失の金額
> 　　2,000,000円−1,500,000円＝500,000円
> （借）減　損　損　失　500,000　　（貸）機　械　装　置　500,000
> 　　　　　　　　　　　　　　　　　　　（または減損損失累計額）

④　減損損失の配分

資産グループについて「減損損失」が認識された場合には，当該資産グループの帳簿価額と回収可能価額との差額により減損損失の「総額」は把握できる。その減損損失の計上に際しては，各資産の帳簿価額を減額する必要があるため，資産グループについて認識された「減損損失の配分」の問題が生じる。

資産グループについて認識された減損損失は，帳簿価額に基づく比例配分等の合理的な方法により，当該資産グループの各構成資産に配分する（減損基準，二・6(2)）。したがって，帳簿価額に基づく比例配分を原則とするが，たとえば時価に基づく比例配分などの合理的な配分方法があれば，当該方法によることも認められる（減損基準，前文四・2・(6)・②）。

⑤　減損処理後の会計処理

1)　減価償却

減損損失の測定によって減額された資産または資産グループの減損処理後の「減価償却」は，減損損失を控除した帳簿価額を「基礎価額」として行われる（減損基準，三・1）。すなわち，減損処理後の資産については，切下げ後の帳簿価額を基礎として，毎期，計画的・規則的に減価償却を行う。

耐用年数については，従来使用していた耐用年数の残存年数を用いるのが通常であるが，経営環境の変化などに応じて耐用年数を見直す場合も考えられる。

つまり，減損処理後における減価償却の計算要素（基礎価額と耐用年数）は，次のように変更される。

　　基礎価額：減損処理後の当該資産の帳簿価額

　　耐用年数：当該資産の残存耐用年数（または改訂耐用年数）

2）　減損損失の戻入れ

「減損損失の戻入れ」とは，過去に減損処理をした資産または資産グループについて，その回収可能価額が回復した場合に，帳簿価額を引き上げる会計処理である。この減損損失の戻入れについては，各国により取扱いを異にする。

わが国の「減損基準」（三・2）では，減損損失の戻入れは行わない。これは，減損の存在が相当程度確実な場合に限って減損損失を認識することが主たる理由であり，ここでいう「相当程度確実な場合」とは，減損損失の認識が「割引前の将来キャッシュ・フロー」を基礎としていることが根拠となっている。つまり，「割引前の将来キャッシュ・フロー」に基づいて算定された「回収可能価額」を上回る事実が生じることは，判定後においてもまず有り得ないことを前提としている。したがって，減損損失の戻入れを認める理由が存在しない。

米国基準においても，「減損損失の戻入れ」は禁止されている。この根拠としては，減損を認識した場合には，減損処理後の帳簿価額を「新しい原価」として会計処理を行うことが前提となっており，この新しい原価は減損損失を認識する直前の帳簿価額からの切り離しであること，また，減損損失の認識の判定基準が「割引前キャッシュ・フロー」であることを戻入禁止の理由としている。

一方，国際会計基準（第36号）では，事業用固定資産について一定の条件を満たした場合に限り，「減損損失の戻入れ」を認めている。戻入れできる金額は，その資産の回収可能価額の増加額のすべてではなく，減損損失を認識することなく計画通りの減価償却を実施していたと仮定した戻入時点での「帳簿価額」（取得原価）として想定できる金額までとされている。もし減損損失の戻入れが可能となった場合，下記の仕訳が必要である。

　　（借）固　定　資　産　　×××　　（貸）減損損失戻入益　　×××

(3) 財務諸表における表示

「減損損失」は損益計算書に表示されるが，固定資産に係る臨時的な損失であるので，原則として，「特別損失」とする（減損基準，四・2）。

貸借対照表における表示は，原則として，減損処理前の取得原価から減損損失を直接控除し，控除後の金額をその後の帳簿価額とする形式で行う。ただし，減損損失累計額を取得原価から間接控除する形式で表示することもできる。この場合，減損損失累計額を減価償却累計額に合算して表示することができる（減損基準，四・1）。つまり，「直接控除方式」を原則とするが，「間接控除方式」も認められている。さらに，間接控除方式では，減損損失累計額を減価償却累計額と合算表示する「合算間接控除方式」も適用可能である。

たとえば，機械装置（取得原価1,000千円，減価償却累計額540千円）について減損損失160千円を計上した場合，(a)直接控除方式，(b)独立間接控除方式，(c)合算間接控除方式による貸借対照表表示を示せば，下記のとおりである。

(a) 直接控除方式

機械装置	840,000	
減価償却累計額	540,000	300,000

(b) 独立間接控除方式

機械装置	1,000,000	
減価償却累計額	540,000	
減損損失累計額	160,000	300,000

(c) 合算間接控除方式

機械装置	1,000,000	
減価償却累計額	700,000	300,000

4　退職給付会計

(1) 退職給付会計の意義

「退職給付」とは，一定の期間にわたり企業に労働を提供したこと等の事由に基づいて，退職以後に従業員に支給される給付をいい，「退職一時金」および「退職年金」から成る。企業は，従業員が将来退職するときに，退職給付規定等に従って退職給付を支給する義務を負う。

従来，退職一時金には引当処理する「発生主義」，退職年金の掛金はその拠出時に費用処理する「現金主義」が混在していた。平成10年6月に企業会計審議会から公表された「退職給付基準」は，退職一時金と退職年金を包括する退職給付について，発生主義に基づく会計処理に統一するものであり，国際会計基準の新たな動向にも対応するものである。

企業年金制度（退職給付に当てる資金を基金等の外部機関に拠出・積立して管理を委託する外部積立制度）は，年金制度の加入者（従業員），事業主（母体企業）ならびに年金制度（基金）の3者により構成される。

企業年金制度は，企業の負担すべき債務の相違という点から，確定給付型（掛金建て）制度と確定拠出型（給付建て）制度とに分類される。「確定拠出型制度」においては，拠出すべき一定の掛金を基金に支払えば支出額は確定するため，企業にそれ以上の負担が生じることはないが，従業員が退職後に受け取る給付額は運用成果により変動することになる。これに対して，「確定給付型制度」では，従業員が退職後に受け取る給付額が確定しているので，退職給付支払いのために外部に積み立てた資産が運用利回りの低下等を理由として将来の給付に際して不足している場合には，その不足分を企業が負担しなければならない。

確定拠出型制度のもとでは，基金に支払われた一定の掛金支払額を費用処理すればよいことになる。「退職給付基準」は，確定給付型制度を前提として設定されている。

退職給付の性格については，①従業員が提供した労働の対価として支払われる賃金給与の後払いであるとする考え方（賃金後払説），②従業員の功績に対する褒賞としての報酬であるとする考え方（功績報償説），③退職後の従業員の生活保障のための給付であるとする考え方（生活保障説）等の諸説がある。このうち，「基準26号」は，退職給付を労働協約等に基づいて従業員が提供した労働の対価として支払われるものと解して，「賃金後払説」に立っている。

退職給付は，基本的に従業員の勤務時間を通じた労働の提供に伴って発生するものと解され，その発生が当期以前の事象に起因する将来の特定の費用的支出であるので，退職給付に対しては発生主義に基づき費用を認識するとともに，引当金が設定されることになる。

退職給付に係る会計は，適正な期間損益計算と将来の退職給付に伴うキャッシュ・フローの予測に有用な情報を提供するために必要とされる。

(2) 退職給付に係る負債の計上
① 退職給付に係る負債とその計算

「基準26号」によれば，退職給付債務に未認識過去勤務費用および未認識数理計算上の差異を加減した額から年金資産の額を控除した額が「退職給付に係る負債」（個別財務諸表上では「退職給付引当金」）として計上される。

退職給付に係る負債＝退職給付債務±未認識過去勤務費用±未認識数理計算上の差異－年金資産

仮に未認識過去勤務費用と未認識数理計算上の差異がないものとすれば，「退職給付に係る負債」は，退職給付債務から年金資産を控除した額（「積立状況を示す額」という）となる（基準26号13項）。

退職給付に係る負債＝退職給付債務－年金資産

ここに「退職給付債務」とは，従業員の退職時に見込まれる退職給付の総額（退職給付見込額）のうち，認識時点（期末）までに発生していると認められる額を一定の割引率および予想される退職時から現在までの期間（残存勤務期間）に基づき現在価値に割り引いた額をいう（基準26号16項）。このような現価方式

第6章　特殊会計論

により，退職給付債務は，将来の給付時点から現在までの貨幣の時間価値を割り引いた現在価値を指すことになる。

発生給付評価方式が採用されており，毎期の勤務に対応して発生した金額の累計額が退職給付債務となる。「退職給付債務」は，原則として，個々の従業員ごとに計算する。

退職給付債務の金額は，次の3段階を経て計算される。

① 退職給付見込額の算定
② 退職給付見込額の各勤務期間への割当計算
③ 各勤務期間に割り当てられた退職給付見込額の割引現在価値の計算

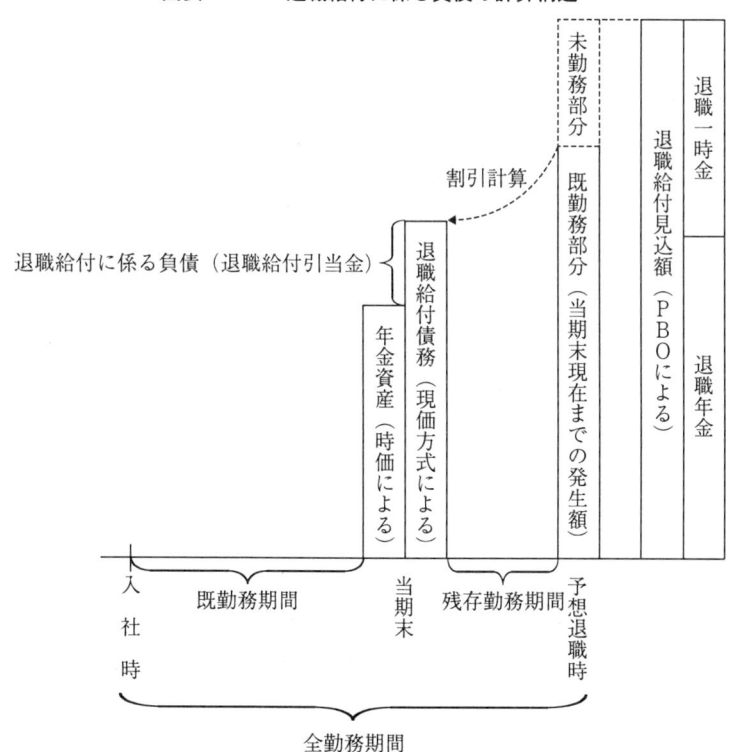

図表6-9　退職給付に係る負債の計算構造

出所：菊谷正人＝石山宏『新会計基準の読み方〔第4版〕』税務経理協会，平成20年，61頁。

まず,「退職給付見込額」は,現在の給与水準ではなく,将来の給与水準で算定される。つまり,「基準26号」(18〜20項)は,将来の昇給部分等も含む「予測給付債務」(PBO)を採択した。退職給付債務は,①昇給,中途退職等合理的に見込まれる退職給付の変動要因を考慮して見積もった退職時の退職給付見込額のうち,②当該退職給付見込額について全勤務期間で除した金額を各期の発生額とする方法その他従業員の労働の対価を合理的に反映する方法を用いて計算した期末までに発生していると認められる金額を,③安全性の高い長期の債券(例えば,長期国債,政府機関債および優良社債)の利回りを基礎として決定した一定の割引率および残存勤務期間に基づき割り引いて計算する。したがって,退職給付債務は,割引率を引き下げると増加し,引き上げると減少する。

② 年金資産とその計算

「年金資産」とは,企業年金制度を採用している企業において,退職給付に充てるために基金等,外部に積み立てられている資産をいう(基準26号7項)。年金資産は,退職給付の支払いのためにのみ使用されることが制度的に担保されているため,これを収益獲得のために保有する一般資産と同様に貸借対照表に計上することには問題があり,かえって財務諸表の利用者に誤解を与えるおそれがある。つまり,年金資産は,貸借対照表の資産の部に計上するのではなく,退職給付債務から直接控除されることになる。

この場合,年金資産の金額は,期末における公正な評価額により計算する(基準26号22項)。つまり,年金資産の評価額は,資産取引に関して十分な知識と情報を有する当事者間で当該資産が当該取引時点で交換される市場価値(時価)による。

なお,必ずしも「退職給付債務額>年金資産額」であるとは限らず,「退職給付債務額<年金資産額」となる場合もある。この場合,控除しきれなかった金額は「退職給付に係る資産」(個別財務諸表では「前払年金費用」)として資産計上される。すなわち,年金資産については,その額が企業年金制度に係る退職給付債務に当該企業年金制度に係る未認識過去勤務費用および未認識数理計算上の差異を加減した額を超える場合には,当該超過額を退職給付債務から控除

することはできないものとし,「退職給付に係る資産」(または「前払年金費用」)として処理する (基準26号27項, 55項)。

③ 過去勤務費用と数理計算上の差異の処理

「過去勤務費用」とは,退職給付水準の改訂等に起因して発生した退職給付債務の増加または減少部分をいう (基準26号12項)。「数理計算上の差異」とは,年金資産の期待運用収益と実際の運用成果との差異,退職給付債務の数理計算に用いた見積数値と実績との差異および見積数値の変更等により発生した差異をいう (基準26号11項)。

「過去勤務費用」および「数理計算上の差異」は,原則として,各期の発生額について平均残存勤務期間以内の一定年数でした額を毎期費用処理しなければならない。この方法を「定額法」という。これらを直ちに費用処理しないことを認めているのは,過去勤務費用については,その発生原因である給付水準の改訂等が従業員の勤労意欲が将来にわたって向上するとの期待のもとに行われる面があること,また数理計算上の差異には予測と実績の差異のみならず,予測数値の修正も反映されるので,各期に生じた差異を直ちに費用として計上することが退職給付に係る負債の状態を忠実に表現するとは限らないとの理由による。また,数理計算上の差異の取扱いについては,退職給付債務が長期的な見積計算であることから,基礎率等の計算基礎に重要な変動が生じない場合にはこれを変更しない等,その決定にあたって合理的な範囲で重要性による判断を認める方法 (重要性基準) を採用している。

「未認識過去勤務費用」とは,過去勤務費用のうち費用処理 (費用の減額処理または費用を超過して減額した場合の利益処理を含む) されていないものをいう (基準26号12項)。また,「未認識数理計算上の差異」とは,数理計算上の差異のうち費用処理されていないものをいう (基準26号11項)。これらについては,連結決算上,「その他の包括利益」に含めて計上する (基準26号15項)。

前述したように,退職給付債務に未認識過去勤務費用および未認識数理計算上の差異を加減した額から年金資産の額を控除した金額を「退職給付に係る負債」として計上する。未認識過去勤務費用および未認識数理計算上の差異が生

じるのは，発生時に直ちに損益計算書に計上せずに，一定期間にわたって費用処理する，いわゆる「遅延認識」が認められているためである。

また，新たに「退職給付基準」を適用した初年度期首において，退職給付債務から年金資産の公正な評価額を控除した未積立退職給付債務の金額と従来の退職給与引当金等の金額との差額を「会計基準変更時差異」という。会計基準変更時差異については，新会計基準の適用初年度に一括して費用処理することもできるが，遅延認識が認められている。すなわち，期間損益計算への影響を考慮して，15年以内の一定の年数の按分額を当該年数にわたり費用として処理することができる。したがって，退職給付負債の計算上，当面費用処理していない会計基準変更時差異を「未認識会計基準変更時差異」といい，退職給付債務に加減しなければならない。

退職給付に係る負債＝退職給付債務±未認識過去勤務費用±未認識数理計算上の差異±未認識会計基準変更時差異－年金資産

(3) 退職給付費用の処理

「退職給付費用」は，当期の勤務費用および利息費用から成り，企業年金制度を採用している場合には，年金資産に係る当期の期待運用収益相当額を差し引くことにより算定される。

退職給付費用＝勤務費用＋利息費用－期待運用収益相当額±過去勤務費用の費用処理額±数理計算上の差異の費用処理額

「勤務費用」とは，退職給付見込み額のうち当期の労働の対価として発生したと認められる額を一定の割引率および残存勤務期間に基づき割引計算により算定された金額である（基準26号8項，17項）。従業員からの拠出がある企業年金制度を採用している場合には，勤務費用の計算にあたり，従業員からの拠出額を勤務費用から差し引くことになる。

「利息費用」とは，割引計算により算定された期首時点における退職給付債務について，期末までの時の経過により発生する計算上の利息額であり，期首の退職給付債務に割引率を乗じて計算される（基準26号9項）。時の経過により

第6章　特殊会計論

徐々に割引期間が短くなり，それに応じて退職給付債務そのものが増加する部分を利息費用という。

　勤務費用と利息費用は，経常的性格を有する退職給付費用を構成する。退職給付見込額を各勤務期間に按分する方法に従って算定された金額を割り引いた「勤務費用」に，期首の退職給付債務に割引率を乗じた「利息費用」を加算した金額が期中の「退職給付債務」の増加金額となる。これを毎期繰り返すことにより，最終的に退職時の給付額と一致する。

　「期待運用収益」とは，年金資産の運用により生じると期待される収益であり，年金資産に係る当期の期待運用収益相当額は，期首の年金資産の金額について合理的に予測される収益率（長期期待運用収益率）を乗じて計算する（基準26号10項，23項）。期待運用収益相当額は，退職給付費用の金額を算定する上で，勤務費用と利息費用の合計額から控除される。

　実際運用収益と期待運用収益との差が生じた場合には，数理計算上の差異に含めることになる。この場合，「期待運用収益＞実際運用収益」であれば数理計算上の差損，「期待運用収益＜実際運用収益」であれば数理計算上の差益となる。

　過去勤務債務に係る費用処理額および数理計算上の差異に係る費用処理額は，

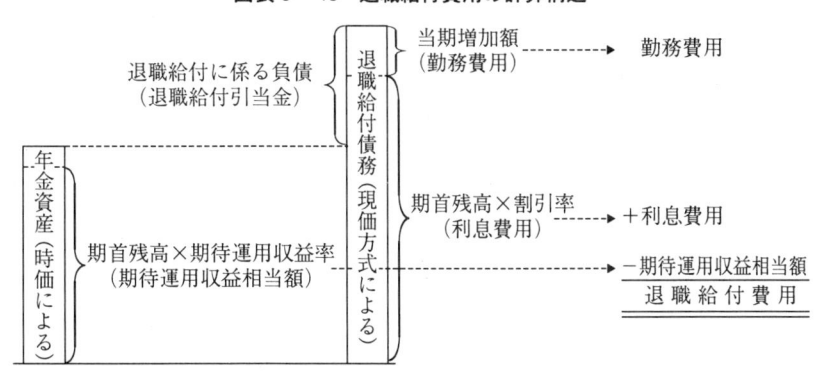

図表6−10　退職給付費用の計算構造

```
                                    当期増加額
                                    （勤務費用）  ──→  勤務費用
   退職給付に係る負債       退職
   （退職給付引当金）       給付
                           債務     期首残高×割引率
                          （現価    （利息費用）   ──→ ＋利息費用
   年金資産（時価による）    方式
                           による）
            期首残高×期待運用収益率              ──→ −期待運用収益相当額
            （期待運用収益相当額）                     ─────────────
                                                    退 職 給 付 費 用
```

出所：菊谷正人＝石山宏著『新会計基準の読み方〔第4版〕』税務経理協会，平成20年，79頁。

原則として，各期の発生額について平均残存勤務期間以内の一定の年数で按分した金額を毎期費用処理する。そのほかに，会計基準変更時差異の費用処理額も退職給付費用に含められる。

退職給付費用＝勤務費用＋利息費用－期待運用収益±過去勤務費用の費用
　　　　　　処理額±数理計算上の差異の費用処理額±会計基準変更時
　　　　　　差異の費用処理額

【設例6－2】

P社（決算日9月30日）は，確定給付型企業年金制度を採用している。次の退職給付に関する資料に基づき，退職給付に係る決算整理仕訳と貸借対照表上の表示について解答しなさい。なお，過去勤務費用と数理計算上の差異は，発生期から平均残存勤務年数内の10年で定額法により費用処理する（単位：千円）。

① 期首退職給付引当金　　　　　　　　　　　　　　75,900
② 期首の退職給付債務　　　　　　　　　　　　　 517,500
③ 期首の年金資産（公正評価額）　　　　　　　　 402,000
④ 勤務費用　　　　　　　　　　　　　　　　　　　48,000
⑤ 割引率　　　　　　　　　　　　　　　　　　　　　3％
⑥ 期待運用収益率（実際運用収益率も同じ）　　　　　4％
⑦ 未認識過去勤務費用（前々期に発生）　　　　　　28,800
⑧ 未認識数理計算上の差異（前期に発生）　　　　　10,800
⑨ 年金制度への掛金支払額（支払時に仮払金勘定で処理）19,500
⑩ 年金給付支払額　　　　　　　　　　　　　　　　37,500

9月30日：(借)退職給付費用 52,245※1　(貸)退職給付引当金 52,245
　　　　　　退職給付引当金 19,500　　　　仮　払　金 19,500

貸借対照表上の表示：

　負債の部　　固定負債　　退職給付引当金　108,645※2

＊1　退職給付費用：④48,000＋(a)15,525－(b)16,080＋(c)3,600＋(d)1,200
　　　　　　　　　＝52,245

       (a) 利息費用：②517,500×⑤3％＝15,525
       (b) 期待運用収益：③402,000×⑥4％＝16,080
       (c) 過去勤務費用の費用処理額：⑦28,800×1÷(10年－2年)＝3,600
       (d) 数理計算上の差異の費用処理額：⑧10,800×1÷(10年－1年)
                                          ＝1,200
*2 期末退職給付引当金：(e)543,525－(f)25,200－(g)9,600－(h)400,080
          ＝108,645
       (e) 期末退職給付債務：②517,500＋④48,000＋(a)15,525－⑩37,500
             ＝543,525
       (f) 期末未認識過去勤務費用：⑦28,800－(c)3,600＝25,200
       (g) 期末未認識数理計算上の差異：⑧10,800－(d)1,200＝9,600
       (h) 期末年金資産：③402,000＋(b)16,080＋⑨19,500－⑩37,500＝400,080

(4) 財務諸表における表示

「退職給付に係る負債」(個別決算では「退職給付引当金」)は，退職給付債務から年金資産を控除した純額としての債務であり，原則として，貸借対照表において固定負債として計上される(基準26号27項)。「基準26号」においては，現価方式により算定した退職給付債務と時価評価した年金資産の存在を認めながら，貸借対照表にはその差額部分である負債しか計上しない。退職給付債務は簿外で計算されるものであり，帳簿上の記録を要しない。

また，「退職給付費用」については，原則として，売上原価または販売費・一般管理費に計上する(基準26号28項)。

5 税効果会計

(1) 税効果会計の意義・目的・必要性

① 税効果会計の意義

企業に課税される「法人税等」(法人税のほか，都道府県民税，市町村区税，利益に関連する金額を課税標準とする事業税を含む)は，基本的には企業会計が算出した利益に対して，一定の税率を乗じて算出される。法人税法上の「課税所得」は，

「別段の定めのある事項」を除き，会社法で確定した「決算利益」に基づいて算定される。企業会計上の収益・費用と課税所得計算上の税法上の益金・損金との認識時点が一致しない部分（益金算入項目，益金不算入項目，損金算入項目，損金不算入項目）を加減・調整すること（税務調整という）により，課税所得が算出される。

しかし，企業会計上と税務会計上との間に会計処理の相違が存在するならば，「税引前当期利益」と「課税所得」は一致しない。納付すべき税額は，税引前当期純利益に対して課税される法人税等の金額を示しているとは言い難い。

このことは，企業会計と税務会計との間で企業会計上の収益・費用と税法上の益金・損金の認識時点の相違，資産または負債の金額に相違がある場合，その相違の存在を起因とする法人税等支払額への影響が潜在していることを意味する。このような差異に係る法人税等支払額を適切に期間配分することにより，法人税を控除する前の当期利益の金額と法人税等の金額を合理的に対応させるための会計処理が「税効果会計」である。

② 税効果会計の目的

「税効果会計」は，企業会計上，貸借対照表上に計上されている資産・負債の金額と課税所得の計算上の結果，算定された資産・負債の金額との間に差異がある場合に，利益を課税標準とする法人税等の金額を適切に期間配分することによって，企業会計上の利益（以下，企業利益）と法人税等を控除する前の当期純利益の金額と法人税等の金額を合理的に対応させることを目的とする手続である（税効果基準，第一）。

従来，わが国で利用されてきた「納税額方式」は，確定申告による要納付税額をもって決算期に法人税等を計上する方法であり，納税義務の確定をもって法人税等を計上する法的要素を重視する方法であるのに対して，「税効果会計」は，企業会計（あるいは会社法会計）と法人税法会計との差異に基づいて生じる税金の影響額を，企業会計上の法人税等の計上に反映させる方法である。

③ 税効果会計の必要性

税効果会計を適用しない場合には，課税所得を基礎とした法人税等の額が費

用として計上され，法人税等を控除する前の企業利益と課税所得とに差異があるときは，法人税等の額が法人税等を控除する前の当期純利益と期間的に対応せず，また，将来の法人税等の支払額に対する影響が表示されないことになる。したがって，財務諸表の作成上，税効果会計を全面的に適用することが必要とされた（「税効果会計に係る会計基準の設定について」二）。

また，わが国において税効果会計が導入される主な理由として，下記のような事情が考えられる。

(a) 確定決算主義の下では，企業会計本来の企業業績を適正に表示することが困難となってきたことから，税法（法人税法・租税特別措置法等）にとらわれず，適正な損益計算と税金の期間配分を明確にする必要性が高まった。

(b) わが国企業の海外進出に伴って，財務会計の国際的調和化やコンバージェンス（収斂）を図る上で，税効果会計の導入は不可避となった。

(2) 税効果会計の対象および方法

① 税効果会計の対象

企業会計・税法の計算目的の相違あるいは租税政策等により，企業会計上の確定決算に基づく損益計算上の「当期純利益」と税法上の「課税所得」の金額とは一致しない。その差額については，「永久差異」と「一時差異」とに分類される。永久差異は税効果会計では対象とならないが，一時差異に係る税金を適切な会計期間に配分し，計上しなければならない（税効果基準，第二・一）。つまり，税効果会計の対象は，「一時差異」に限定される。

1) 永久差異

わが国の法人税法の考え方によれば，法人の本質は株主の集合体にすぎず，法人は独自の担税力を有しないから，法人税は法人を構成する株主に課される税である。この考えに基づいて，法人税は個人所得税の前払分であると考える「法人擬制説」が「シャウプ勧告」以来採用されている。企業会計上，受取配当金は営業外収益として計上されるが，税務会計上は，法人所得に法人税を課し，さらに利益が分配された段階で受け取った法人にも課税を行うと，同じ所

得に対する二重課税を行うことになる。この二重課税を排除するために，受取配当等は「益金不算入項目」として企業利益から控除される。

　他方，企業会計上，交際費は販売費として処理されるが，税法上，冗費節約・財政収入確保等の理由により，原則として，損金の額に算入されない。制裁的な罰科金等も，損金に算入すれば税負担を軽減することになり，制裁的効果が削減するので，損金不算入となる。

　このような項目に係る金額の差異は，企業会計上および課税所得計算上，永久に解消されることはない。この差異を「永久差異」という。つまり，永久差異とは，企業会計上，貸借対照表および連結貸借対照表に計上されている資産・負債の金額と課税所得計算上の資産・負債の金額との差額のうち，将来の期間において課税所得に算入されることのない差額のことである。永久差異は，企業会計上の資産・負債の金額と課税所得上の資産・負債の金額との差額が，将来の法人税等の支払額においていかなる期間においても課税所得の計算に影響を及ぼさない。将来の課税所得計算になんらの影響をもたらさない差異であるので，税効果会計の対象とはならない。

2）一時差異

　「一時差異」とは，企業会計上，貸借対照表および連結貸借対照表に計上されている資産・負債の金額と課税所得計算上の資産・負債の金額との差額をいう（税効果基準，第二・一）。

　一時差異は，将来の期間において課税所得に算入される差額であり，将来の期間の課税所得に含められることによって，解消できる差異である。すなわち，益金があれば課税所得が増え，その結果税金が増えることになる。逆に，損金は税金を減らすことになる。したがって，「一時差異」は税金を増加・減少させる働きがあり，税効果会計の対象となる。法人税法等については，一時差異に係る税金の額を適切に配分し，計上しなければならない。一時差異は，たとえば，次のような場合に生ずる（税効果基準，第二・一・2）。

　(イ)　個別財務諸表上の一時差異

　　①　収益または費用の帰属年度の相違から生じる差額（期間差異）

② 資産の評価替えにより生じた評価差額が直接純資産の部に計上されたものであり，かつ，課税所得の計算に含まれていない評価差額
(ロ) 連結財務諸表固有の一時差異
① 資本連結に際し，子会社の資産・負債の時価評価により生じた評価差額
② 連結会社相互間の取引から生じる未実現損益の消去
③ 連結会社相互間の債権・債務の相殺消去による貸倒引当金の減額修正

「一時差異」は，当該一時差異が解消するときにその期の課税所得を減額する効果を持つ「将来減算一時差異」と当該一時差異が解消するときにその期の課税所得を増額する効果を持つ「将来加算一時差異」に分けることができる（税効果基準，第二・一・3）。

「将来減算一時差異」は，法人税等の支払いが前払いとなることにより，「繰延税金資産」という勘定で処理される。これには，貸倒引当金・退職給付引当金等の損金算入限度超過額，減価償却費の損金算入限度超過額，棚卸資産と有価証券の評価損否認額，未払事業税，連結会社相互間の未実現利益等がある。「将来加算一時差異」は，法人税等の支払いが未払いとなることにより，「繰延税金負債」という勘定で処理される。これは，剰余金の配当による準備金の計上，圧縮記帳，連結相互間の債権・債務の消去による貸倒引当金の減額を行った場合に生ずる。

なお，将来の課税所得と相殺可能な「繰越欠損金等」は，一時差異ではないが，翌期以降の繰越可能期間に生じる課税所得と相殺することができ，将来の課税所得を減額する効果があるので，一時差異と同様に取り扱う（税効果基準，第二・一・4）。なお，一時差異および繰越欠損金等（繰越外国税額控除を含む）を総称して「一時差異等」という。

「一時差異等」および「繰延税金資産」と「繰延税金負債」の関係を示せば，図表6－11のとおりである。

図表6－11　一時差異等と繰延税金資産・負債の関係

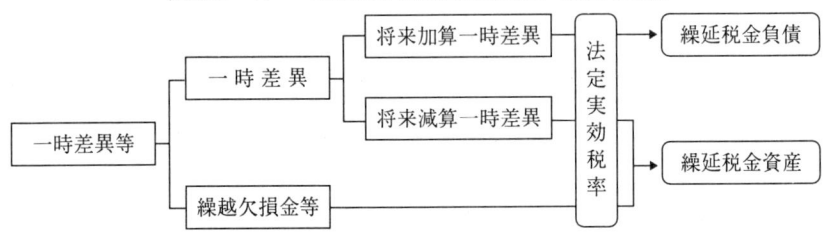

```
                    ┌─ 将来加算一時差異 ─┐  法    ┌─ 繰延税金負債 ─┐
         ┌─ 一時差異 ─┤                    │  定
一時差異等 ┤          └─ 将来減算一時差異 ─┤  実効
         │                                │  税率  ┌─ 繰延税金資産 ─┐
         └─ 繰越欠損金等 ──────────────────┘
```

出所：菊谷正人＝石山宏著『新会計基準の読み方〔第4版〕』税務経理協会，平成20年，101頁。

② 税効果会計の方法

　税効果会計の方法には，「繰延法」と「資産負債法」がある。「繰延法」は，損益法の観点（収益費用アプローチ）に立って企業会計上の収益・費用による利益の金額と税法上の益金の額・損金の額による課税所得の金額に相違がある場合，その相違項目のうち，損益期間帰属の相違に基づく差異（期間差異）に対する当期に発生した税金負担額または税金軽減額を問題とする。これに対して，「資産負債法」は，財産法の観点（資産負債アプローチ）に立って企業会計上の資産・負債の金額と税務上の資産・負債の金額との差額を問題にし，その差異を一時差異とするものである。

　すなわち，「繰延法」は，税効果を解消する年度まで貸借対照表上，繰延税金資産・負債として計上し，これを将来の期間に対応する企業会計上の費用・収益として償却していく方法であり，一時差異が発生した期の法人税の期間対応を主目的とする。他方，「資産負債法」は，税効果を将来支払うべき税金（つまり負債）あるいは将来の税金の前払い（つまり資産）として会計処理する方法であり，翌期以降に支払うか軽減される税額を前払税金または未払税金の形で貸借対照表に計上することを主目的としている。

　「繰延法」では，当期の企業利益に対応しない部分を繰り延べるので，税効果会計に適用される税率としては，差異発生年度の税率が適用され，その後に税率の変更があっても新税率による再計算，新税に対する修正を行わない。他方，「資産負債法」では，税効果額は，前払税金の場合には前払いした期の税

率により，未払税金の場合には，実際に支払いが行われる期の予測税率により計算され，差異解消期間の税率が適用されるので，税効果会計に適用される税率としては，一時差異の解消年度の税率が適用され，その後に税率の変更があったり，新税が賦課されれば修正計算を行う。

わが国の「税効果基準」は，「資産負債法」を採用している（税効果基準，前文三）。

(3) 繰延税金資産・負債の計上方法

一時差異に係る税金の額は，将来の会計期間において回収または支払いが見込まれない税金の額を除き，「繰延税金資産」または「繰延税金負債」として計上しなければならない（税効果基準，第二・二・1）。

「繰延税金資産」の計上は，法人税等を減少させ，当期純利益を増加させるので，その資産計上に十分な回収可能性の保証がなければ，資金の社外流出を招き，将来の企業の継続性に影響を及ぼす。そのため，繰延税金資産については，将来の支払税金を減額する効果（将来の回収見込み）について，毎期見直しを行うこととしている（税効果基準，第二・二・1）。

繰延税金資産または繰延税金負債の金額は，回収または支払いが行われると見込まれる期の税率に基づいて計算される。法人税等について税率の変更があった場合には，過年度に計上された繰延税金資産・負債を新税率に基づいて再計算する（税効果基準，第二・二・2，注解6）。すなわち，「資産負債法」を要求している。

繰延税金資産と繰延税金負債の差額を期首と期末で比較した増減額は，当期の納付すべき「法人税等調整額」として計上される（税効果基準，第二・二・3）。

資産の評価替えにより生じた評価差額が直接的に純資産の部に計上される場合には，当該評価差額に係る繰延税金資産または繰延税金負債を当該評価差額から控除して計上する（税効果基準第二・二・3）。時価が取得原価を上回る場合の評価差額が生じる場合には「繰延税金負債」が計上される。

【設例6－3】

(1) その他有価証券（簿価5,000,000円）を決算期に4,000,000円と時価評価した場合，(イ)全部純資産直入法と(ロ)部分純資産直入法により仕訳処理しなさい。なお，法定実効税率は40％とする。

　(イ)　全部純資産直入法

　　　（借）繰延税金資産　　　400,000　　（貸）投資有価証券　1,000,000
　　　　　　その他有価証券
　　　　　　評価差額金　　　　600,000

　(ハ)　部分純資産直入法

　　　（借）投資有価証券評価損　1,000,000　（貸）投資有価証券　1,000,000
　　　　　　繰延税金資産　　　　400,000　　　　法人税等調整額　　400,000

(2) 「土地再評価法」に基づき，事業用土地（簿価10,000,000円）を30,000,000円に再評価した。法定実効税率は40％とする。

　　　（借）土　　　　地　20,000,000　（貸）繰延税金負債　　8,000,000
　　　　　　　　　　　　　　　　　　　　　土地再評価差額金　12,000,000

　資本連結に際しては，子会社の資産・負債を部分時価評価法または全面時価評価法により時価評価したことにより生じた評価差額がある場合には，当該評価差額に係る時価評価時点の繰越税金資産または繰延税金負債を当該評価差額から控除した額をもって，親会社の投資額と相殺対象となる子会社の資本とする（税効果基準，第二・二・3）。

　法人税等について税率の変更があったこと等により繰延税金資産および繰延税金負債の金額を修正した場合には，修正差額は，「法人税等調整額」に加減して処理する。ただし，純資産の部に計上される評価差額に係る繰延税金資産および繰延税金負債の金額を修正したときは，修正差額を評価差額に加減して処理する（税効果基準，第二・二・3，注解7）。

(4) 財務諸表における表示

　繰延税金資産・負債は，その原因となった一時差異に係る資産・負債の流

動・固定の分類に基づいて,「繰延税金資産」については「流動資産」または「投資その他の資産」,「繰延税金負債」については「流動負債」または「固定負債」として区分表示しなければならない（税効果基準,第三・1）。

ただし,特定の資産・負債に関連しない繰越欠損金等に係る繰延税金資産については,翌期に解消される見込みの一時差異等に係るものは「流動資産」とし,それ以外の一時差異等に係るものについては「投資その他の資産」とする（税効果基準,第三・1）。

なお,①流動資産に属する繰延税金資産と流動負債に属する繰延税金負債とがある場合,②投資その他の資産に属する繰延税金資産と固定負債に属する繰延税金負債とがある場合には,それぞれ相殺して表示するものとする。ただし,異なる納税主体の繰延税金資産と繰延税金負債は,原則として相殺してはならない（税効果基準,第三・2）。

当期の法人税等として納付すべき額および法人税等調整額は,法人税等を控除する前の当期純利益から控除する形式により,それぞれ区分して表示しなければならない（税効果基準,第三・3）。

図表6-12では,個別損益計算書と連結損益計算書における「法人税等調整額」と「当期純利益」の表示方法が示されている。

図表6-12　法人税等調整額および当期純利益の表示

損益計算書			連結損益計算書		
⋮			⋮		
（省　略）			（省　略）		
⋮			⋮		
税引前当期純利益		×××	税金等調整前当期純利益		×××
法人税,住民税および事業税	×××		法人税,住民税および事業税	×××	
法人税等調整額	×××	×××	法人税等調整額	×××	×××
当期純利益		×××	少数株主利益		×××
			当期純利益		×××

6　外貨換算会計

(1)　外貨換算の意義・種類

　企業は，原則として自国通貨によって，簿記・会計上の記録を行う必要がある。そのため，外国通貨によって取引を行う場合，自国通貨に換算しなくてはならない。換算において，国際通貨体制としての変動相場制度が定着したことにより，為替レートの変動の影響を受ける。このような為替レートの変動の影響を扱う会計を「外貨換算会計（もしくは外国為替変動会計）」という。

　外貨換算会計は，①外貨建取引の換算，②在外支店の財務諸表項目の換算，③在外子会社等の財務諸表項目の換算という3つの領域から構成される。

　また，会計上の為替換算には，換算レートとして為替相場を用いるが，その際には，次の3つのレートを区別する。

　(イ)　取引日レート（historical rate，以下HRとする。）

　(ロ)　決算日レート（closing rate，以下CRとする。）

　(ハ)　平均レート（average rate，以下ARとする。）

　HRとは取引日現在の為替相場をいい，CRとは決算日現在の為替相場をいう。また，ARとは，1事業年度，1四半期，1ヶ月など一定期間内における為替相場の加重平均または単純平均をいう。

　つまり，外貨換算の問題は，換算対象をHR，CR，ARのいずれで換算し，換算から生じる換算差額をどのように処理するのかということにある。

(2)　外貨建取引の会計処理
①　外貨建取引の意義

　ある取引が外国通貨で表示されていることを「外貨建(がいかだて)」あるいは「外国通貨建」といい，外貨建で行われる取引のことを「外貨建取引」という。なお，「外貨基準」(注解1)によれば，「外貨建取引」とは，「売買価額その他取引価額が外国通貨で表示されている取引」をいい，次の5つが例示列挙されている。

(イ) 取引価額が外国通貨で表示されている物品の売買または役務の提供
(ロ) 決済金額が外国通貨で表示されている資金の借入または貸付
(ハ) 券面額が外国通貨で表示されている社債の発行
(ニ) 外国通貨による前渡金，仮払金の支払または前受金，仮受金の受入
(ホ) 決済金額が外国通貨で表示されているデリバティブ取引等

　企業が外貨建取引を換算するのは，①日々の外貨建取引発生時における換算と②決算時における換算という2つの局面に分けることができる。さらに，外貨建売掛金・買掛金など契約上の債権額または債務額が外国通貨で表示されている外貨建金銭債権債務については，決済時における換算も問題となる。

②　取引日の会計処理

　外貨建取引は，原則として，取引時点のHRによる円換算額をもって記録する(外貨基準，一・1)。取引発生時の為替相場としては，取引が発生した日における直物為替相場または合理的な基礎に基づいて算定された平均相場（たとえば，取引の行われた月または週の前月または前週の直物為替相場の平均相場，一定期間における直近の直物為替相場）が利用される。

【設例6－4】

(1) 商品250個（@120ドル）を，外国企業から購入（輸入）し，代金は月末払いとした。なお，引取運賃として24,000円を現金で支払った。このときのHRは1ドル＝118円であった。

　　（借）仕　　　　　入　3,564,000　（貸）外貨建買掛金　3,540,000※
　　　　　　　　　　　　　　　　　　　　　　現　　　　金　　　24,000

　　　　※　（@120ドル×250個）×118円＝3,540,000円

(2) 商品150個を@160ドルで，外国企業に売却（輸出）した。代金は掛とし，このときのHRは1ドル＝120円であった。

　　（借）外貨建売掛金　2,880,000　（貸）売　　　　上　2,880,000※

　　　　※　（@160ドル×150個）×120円＝2,880,000円

(3) 銀行からドル建で25,000ドルを借入れ，ただちに外貨預金とした。こ

のときのHRは1ドル＝115円であった。

　　（借）外　貨　預　金 2,875,000　（貸）外貨建借入金 2,875,000

③　決済日の会計処理

　外貨建金銭債権債務の決済日には，原則として，決済時点の「決済日レート」(settlement rate，以下ＳＲとする。)で換算する。したがって，取引発生日と決済日の為替相場が異なる場合，為替レート変動の影響を認識するため，外貨建金銭債権債務に関する為替差額（取引日から決済日までの「為替決済損益」）を計上する。

　外貨建取引の発生日から当該取引に係る外貨建金銭債権債務の決済日に至るまでの間の為替相場の変動による為替差異，すなわち為替換算差額および為替変動損益の処理に関して，(a)一取引基準および(b)二取引基準の２つの考え方がある。

(a)　一取引基準

　「一取引基準」とは，財貨・用役の「売買取引」とその「代金決済取引」とを１つの連続した取引であるとする考え方である。この考え方によれば，外貨建取引が行われたときに，ＨＲで換算・記帳するが，これはＳＲが確定していないための暫定的な換算に過ぎず，決済時における決済金額をもって最終的な取引価額とみなす。したがって，取引発生時における仮換算を決済時のＳＲによって修正する必要がある。このため，一取引基準は「決済日基準」とも呼ばれる。

【設例６－５】

　前記【設例６－４】の(1)の取引における外貨建買掛金について，本日，外貨預金から支払った場合，一取引基準で仕訳する。本日のＳＲは１ドル＝121円であった。

　　（借）外貨建買掛金 3,540,000　（貸）外　貨　預　金 3,630,000※
　　　　　仕　　　　　入　　 90,000
　　　　　※　（＠120ドル×250個）×121円＝3,630,000円

取引発生日のHRで記帳されている買掛金の決済額を，決済時のSRで修正することになるが，一取引基準における修正差額は，商品の仕入額の修正として処理している。

(b) 二取引基準

「二取引基準」とは，「売買取引」と「代金決済取引」とを別個の取引であるとする考え方である。この考え方によれば，外貨建売買取引が行われたときに，HRで売買取引を換算・記帳し，決済日までの為替相場変動による為替差額は金融損益の一種として認識・計上する。取引金額は取引発生日に確定するので，「取引日基準」とも呼ばれる。

【設例6－6】
上記【設例6－5】について，二取引基準で仕訳処理しなさい。
(借) 外貨建買掛金 3,540,000 （貸）外 貨 預 金 3,630,000
　　 為 替 差 損　　 90,000

「二取引基準」の場合，支払金額の増加は，決済という売買取引とは別個の取引によって生じるものと考え，当該差額は金融損益として「為替差損」として処理される。公表財務諸表上で表示する際には，会計期間に生じたすべての為替差損益を相殺消去して「為替差損益」という一つの項目に集約し，損益計算書の営業外収益または営業外費用の部に記載する。ただし，(イ)為替差損益の発生の要因となった取引が経常取引以外の取引であり，かつ金額に重要性があると認められる場合，または(ロ)特殊な要因により1事業年度に異常かつ多額に為替差損益が発生したと認められる場合は，特別損益として表示する。

「外貨基準」（一・3）では，外貨建取引と当該取引から生じる外貨建金銭債権債務等に係る為替差額の処理方法として，「二取引基準」を採っている。これは，一取引基準によると，決済日まで仕入原価を確定できず，為替差額を期中の売上原価と期末の棚卸資産に配分するにしても，その計算が煩雑になり過ぎ，困難であるという，実務上の理由によるものと考えられる（一取引基準の場合，販売取引においても，売掛金の決済が終わるまで，売上高の最終的な金額が確定で

きない)。

④　決算日の会計処理

　外貨建取引の結果として企業内に存在する項目には，決算時に再換算しなければならない項目も存在する (再換算しない項目はおのずと取得時または発生時の為替レートによる換算額が貸借対照表価額となる)。決算時の為替相場としては，原則として決算日の直物為替相場を用いる。ただし，決算日前後の為替相場の変動状況から判断して，決算日の直物為替相場が異常と認められる場合には，決算日の前後一定期間 (決算日を含むおおむね１ヵ月) の直物為替相場に基づいて算出された平均相場を用いることができる (外貨基準，注解８)。

　「外貨基準」(一・２) によれば，①外国通貨，②外貨建金銭債権債務，③外貨建有価証券および④外貨建デリバティブ取引等の金融商品という４つの項目の決算日の残高について，それぞれ次のように換算することを規定している。

1)　外国通貨・外貨建金銭債権債務の換算

　外国通貨および外貨建金銭債権債務 (外貨建預金を含む) については，その金額が為替レートの変動に応じて変化するため，決算に際して，ＣＲによる円換算額を付し，換算差額は当期の「為替差損益」として処理する (外貨建自社発行社債のうち，転換請求期間満了前で，転換請求の可能性がある転換社債は，発行時のＨＲにより換算する。)。

2)　外貨建有価証券の換算

　「外貨建有価証券」とは，海外の証券市場において外貨建取引によって取得した外国株式，社債等をいう。外貨建有価証券は，「基準10号」による保有目的分類に応じて，以下のように換算する。

　(イ)　売買目的有価証券

　　　外国通貨による時価をＣＲにより円換算し，換算差額は当期の評価損益 (または運用損益) に含める。

【設例６－７】

　売買目的保有の外貨建株式2,000ドル (ＨＲ１ドル＝123円) の決算日の時価

が2,100ドルに上昇した。ＣＲは１ドル＝110円である。

　　（借）有価証券評価損　　15,000※　（貸）外貨建有価証券　　15,000
　　　　※　2,100ドル×110円－2,000ドル×123円＝△15,000円

　(ロ)　満期保有目的の外貨建債券
　外貨建の取得原価（もしくは償却原価）をＣＲにより円換算し，換算差額は当期の為替差損益とする。なお，外貨建債券（および外貨建金銭債権債務）に償却原価法を適用する場合における償却額は，外国通貨による償却額を期中ＡＲにより円換算した金額とする（外貨基準，注解９）。

【設例６－８】
　当期首に，満期まで保有する目的で社債券3,000ドル（償還期限：４年，＠96ドル，ＨＲ：１ドル＝116円）を購入したが，決算にあたり償却原価法を適用した上で，換算する。なお償却原価の期間配分は定額法による。期中ＡＲは１ドル＝113円であり，ＣＲは１ドル＝110円である。

　　（借）外貨建投資有価証券　　3,390　（貸）有価証券利息※１　　3,390
　　　　為　替　差　損※２　17,370　　　外貨建投資有価証券　17,370

　　※１　$\{3{,}000\text{ドル} - (3{,}000\text{ドル} \times \frac{96\text{ドル}}{100\text{ドル}})\} \div 4\text{年} \times 113\text{円} = 3{,}390\text{円}$

　　※２　期末換算額：$[3{,}000\text{ドル} \times \frac{96\text{ドル}}{100\text{ドル}} + \{3{,}000\text{ドル} \times (1 - \frac{96\text{ドル}}{100\text{ドル}})\} \div 4\text{年}] \times 110\text{円} = 320{,}100\text{円}$

　　　　期首・期末差額：$320{,}100\text{円} - (3{,}000\text{ドル} \times \frac{96\text{ドル}}{100\text{ドル}} \times 116\text{円})$
　　　　　　　　　　　$= \triangle 13{,}980\text{円}$
　　　　為替差額：$\triangle 13{,}980 - 3{,}390^{(※1)} = \triangle 17{,}370\text{円}$

　(ハ)　子会社株式および関連会社株式
　ＨＲにより円換算する。つまり，決算に際しての再換算は行われない。
　(ニ)　その他有価証券
　外国通貨による時価をＣＲにより円換算するが，換算差額は，税効果会計を

適用した上で，①「全部純資産直入法」または②「部分純資産直入法」のいずれかの方法により処理される。また，その他有価証券に属する債券については，外国通貨による時価の変動に係る為替差額を評価差額とし，それ以外の換算差額については為替差損益として処理することができる（外貨基準，注解10）。

【設例6－9】

(1) その他有価証券に属する外貨建株式1,500ドル（HR1ドル＝114円）の決算日の時価が1,600ドルと値上がりした。その他有価証券の評価差額は全部純資産直入法により処理する。CRは1ドル＝110円であった。実効税率は40％とする。

（借）外貨建投資有価証券　5,000　（貸）その他有価証券
　　　　　　　　　　　　　　　　　　評価差額金　　3,000※
　　　　　　　　　　　　　　　　　　繰延税金負債　2,000
　　　※　(1,600ドル×110円－1,500ドル×114円)×0.6＝3,000円

(2) 上記の株式が，その他有価証券に属する債券であった場合の決算日における代替処理の仕訳を示しなさい。

（借）外貨建投資有価証券　11,000　（貸）その他有価証券
　　　　　　　　　　　　　　　　　　　評価差額金　　6,600※1
　　　　　　　　　　　　　　　　　　　繰延税金負債　4,400
　　　為　替　差　損　　6,000※2　外貨建投資有価証券　6,000
　　　※1　|(1,600ドル－1,500ドル)×110円|×0.6＝6,600円
　　　※2　1,500ドル×(110円－114円)＝△6,000円

なお，決算時の為替相場による換算を行った際，有価証券の時価の著しい下落又は実質価額の著しい低下により生じた換算差額は，当期の評価損（特別損失）として処理する。

3) 外貨建デリバティブ取引等の金融商品の換算

デリバティブ取引等の金融商品（外国通貨・外貨建金銭債権債務・外貨建有価証券を除く）の時価評価においては，外国通貨による時価をCRにより円換算する。前述したように，「基準10号」（4項，25項）によれば，「デリバティブ取引」と

は，先物取引，先渡取引，オプション取引，スワップ取引およびこれらに類似する取引をいい，これらの取引から生じる正味の債権・債務は時価により貸借対照表に計上する。

「外貨基準」は，為替相場の変動が企業会計に与えた確定的な影響（為替決済損益）のみならず，暫定的な影響（為替換算差額・為替換算損益）をも認識する考え方を採っている。近年では，ＣＲにより再換算する項目が増加しつつあるが，ＣＲを適用する場合には，いわば資産の時価評価に類似する効果を生み出すため，換算手続に評価を持ち込むことになる点に注意が必要である。

⑤ 為替予約等による為替リスク・ヘッジ

外貨建金銭債権債務に先物為替予約等が付されており，当該金銭債権債務と為替予約等の関係が「基準10号」における「ヘッジ会計の要件」を充たしている場合には，当該外貨建取引についてヘッジ会計を適用することができる（外貨基準，一・1）。企業は，営業活動の業績とは無関係な為替変動の影響（とくに損失が生じるリスク）をなるべく少なく抑えようとして，為替・金利変動などの危険を回避（つまりヘッジ）しようとする。

為替変動リスクのヘッジ手段として，為替予約，通貨先物，通貨スワップ，通貨オプション等が利用される。なお，「為替予約」とは，特定の為替相場を定めて（特定の為替レートで），将来の一定日または一定期間内に，外国為替を売買することを今現在，予約（契約）することである。

相場変動等による損失の可能性にさらされているヘッジ対象に対して，企業のリスク管理方針に従い，ヘッジ手段から生じる利益によってヘッジ対象の損失を相殺するか，もしくはヘッジ手段によりヘッジ対象のキャッシュ・フローを固定することにより，変動が回避される場合，ヘッジ会計が適用される（基準10号，31項）。外貨建金銭債権債務をヘッジ対象とした場合，為替予約をヘッジ手段として将来の為替レートを確定させ，ヘッジ対象のキャッシュ・フローを固定し，為替変動リスクをヘッジすることができる。

ヘッジ会計を適用する場合，「基準10号」に規定されるヘッジ会計の方法のほかに，為替予約等を外貨建取引に振り当て，一体のものとして処理する「振

当処理」も，当面の間，採用できる（外貨基準，注解6）。「振当処理」とは，為替予約等により確定する決済時における円貨額に基づいて外貨建取引・金銭債権債務等を換算し，直物為替相場との差額を期間配分する方法である。

外貨建金銭債権債務等に係る為替予約等の振当処理（ただし，為替予約等が物品の売買または役務の授受に係る外貨建金銭債権債務に対して，取引発生時以前に締結されたものである場合を除く）では，その金銭債権債務に付すべき円貨額（取引時または決算時の為替相場による円貨額）と為替予約等の円貨額との差額については，(a)為替予約等の締結時までに生じている為替相場の変動による額（直々差額）を予約日の属する期の損益として処理し，(b)残額（直先差額）は，貸借対照表において資産の部または負債の部に記載し，予約日の属する期から決算日の属する期までの期間にわたって合理的な方法により配分し，各期の損益として処理する。ただし，その残額が重要性の乏しいものである場合には，予約日の属する期の損益として処理できる（外貨基準，注解7）。

(3) 外貨表示財務諸表の換算方法
① 基本的な換算方法

外貨換算の目的の1つとして，在外支店や在外子会社といった在外企業体の外貨によって測定・表示された財務諸表を自国通貨（報告通貨）に換算し，本社または親会社の財務諸表に合併・連結することがあげられる。

在外企業体の外貨表示財務諸表の換算方法としては，ⅰ）流動・非流動法，ⅱ）貨幣・非貨幣法，ⅲ）テンポラル法，ⅳ）決算日レート法という4つの方法が考えられている。

ⅰ）流動・非流動法

流動項目はＣＲ，非流動項目はＨＲで換算する。この方法は，貸借対照表項目の分類基準に従って，換算レートを選択適用するものである。

ⅱ）貨幣・非貨幣法

貨幣項目はＣＲ，非貨幣項目はＨＲで換算する。これは，貨幣項目は，回収または決済に係る金額が契約等により法的に確定しているため為替

第6章 特殊会計論

変動の影響を直接受けるのに対し,非貨幣項目は事情が異なるため,そ
れぞれ異なる換算レートを適用するものである。

iii) テンポラル法

　　貨幣・非貨幣法を基本としながらも,財務諸表項目の金額の属性を考
慮して,換算レートを選択する。すなわち,貨幣項目はCRによって換
算し,非貨幣項目は当該項目が測定された時点のHRによって,具体的
には原価で測定されている非貨幣項目はHRで換算し,時価で測定され
ている非貨幣項目はCRで換算する。

iv) 決算日レート法

　　基本的にすべての財務諸表項目(ただし資本項目を除く)を一律にCRに
よって換算する。

これらの換算方法のもとで,貸借対照表の各項目がどの時点の為替レートで
換算されるのかをまとめれば,図表6－13のようになる。なお,決算日レート

図表6－13　基本的な換算方法による換算レートの比較

	流動・非流動法	貨幣・非貨幣法	テンポラル法	決算日レート法
現金・預金	CR	CR	CR	CR
受取手形・売掛金	CR	CR	CR	CR
有価証券	CR	CR	CR	CR
棚卸資産	CR	HR	CR/HR＊	CR
前渡金・前払費用・前受収益	CR	HR	HR	CR
有形・無形固定資産	HR	HR	HR	CR
投資その他の資産	HR	CR	CR/HR＊	CR
支払手形・買掛金	CR	CR	CR	CR
前受金	CR	HR	HR	CR
固定負債	HR	CR	CR	CR
転換社債型新株予約権付社債	HR	HR	HR	CR

＊　原価評価される棚卸資産,子会社株式および関連会社株式は,HRによって換算
される。

213

法が，貸借対照表項目に対してＣＲのみを用いる「単一レート適用法」であるのに対し，残りの３法は「複数レート適用法」である。

② 在外支店の財務諸表の換算方法

在外支店の財務諸表項目は，在外支店が本国の本店の一部にすぎないという考え方（「本国主義」という）に基づき，基本的に，本国にある本店と同じ換算方法で換算する（外貨基準，二）。

まず，貸借対照表項目のうち，通貨・金銭債権債務はＣＲによって換算し，子会社株式・関連会社株式以外の有価証券もＣＲによって換算する。子会社株式・関連会社株式，棚卸資産，有形固定資産のうち取得原価に基づいて記録されている項目等は，ＨＲで換算する。ただし，取得原価以外で記録されている棚卸資産は，その金額が付された時点のＨＲ（期末に時価評価されればＣＲ）で換算する。また，非貨幣性項目の金額に重要性がない場合には，本店勘定を除くすべての貸借対照表項目をＣＲによって換算することが特例として認められている（外貨基準，二・2）。

資本項目（本店勘定，ただし当期純利益は除く）は，それが記録された時のＨＲによって換算する。これは，本店勘定を，本支店合併貸借対照表の作成時に支店勘定と同一額で相殺するため，支店勘定と同じ円貨額に測定する必要があるためである。なお，在外支店の当期純損益は，円換算後の期首・期末貸借対照表上の純資産額の差額によって計算する。

次に，損益計算書に計上された収益・費用の諸項目は，それが発生した時の為替レートすなわちＨＲにより換算する。ただし，収益性負債の収益化額や費用性資産の費用化額は，それぞれ負債が発生した時または資産を取得した時のＨＲによって換算する（資産に取得原価以外の価額が付されているならば，当該価額が付された時点のＨＲによって換算する）。なお，実務上の観点から，収益性負債の収益化額および費用性資産の費用化額を除く収益・費用の換算について，ＡＲを用いることも特例として認められる（外貨基準，二・1）。

上記のように，在外支店の換算方法には「テンポラル法」が採用されている。換算による換算差額は，原則として「為替差損益」として処理する。ただし，

複数レートを用いることから，換算後の財務比率が変わるほか，為替変動が大きい場合，外貨表示支店財務諸表上の純利益（純損失）が円換算後に純損失（純利益）に転じる「換算のパラドックス」が起きる場合もある。

③ 在外子会社等の財務諸表の換算方法

在外子会社または在外関連会社は，親会社から独立した組織であるとみなされ，外貨表示財務諸表こそが在外子会社等の経済的実態を表しているという考え方（「現地主義」という）に基づいて，換算する。したがって，換算の前後で財務諸表によって提供される情報内容が変化しないようにするため，単一レート適用法である「決算日レート法」が採用されている。

貸借対照表項目である資産・負債については，ＣＲによって換算される（外貨基準，三・1）。換算によって生じた換算差額は，「為替換算調整差額」勘定に計上し，貸借対照表の純資産の部の「評価・換算差額等」に記載する。また，親会社による株式取得時における株主資本に属する項目は，株式取得時のＨＲによって換算される。これは，連結貸借対照表作成時に，親会社の投資金額と同一額で相殺するため，投資金額と同じ円貨額にする必要があるからである。また，親会社による株式取得後の株主資本に属する項目は，当該項目の発生時のＨＲによって換算する（外貨基準，三・2）。

一方，損益計算書項目は，原則として，期中ＡＲ（もしくは1ヶ月ＡＲ，半期ＡＲ）によって換算するが，ＣＲによって換算することも認められる。なお，親会社との取引による収益・費用については，親会社が換算に用いるレートで換算し，そこから生じる為替差額は，当期の「為替差損益」として処理する（外貨基準，三・3）。また，在外子会社の当期純損益は，損益計算書において，換算された収益総額と費用総額の差額として計算する。当期純損益が一定期間にわたって生じたものであると考えるか，それとも決算時に確定すると考えるかによって，ＡＲもしくはＣＲによる換算が選択適用される。

このように，在外子会社等の換算方法は，一部の財務諸表項目をＣＲ以外のレートで換算するため，純粋な「決算日レート法」は採用されていない。

7 デリバティブズ会計

(1) デリバティブ取引の概要
① デリバティブズの意義

金融商品は，金融資産，金融負債，デリバティブズに大別される。このうち，「デリバティブズ」(derivatives) とは，元来「派生物」を意味する用語である。しかし，金融実務においてデリバティブズといえば，現物(げんぶつ)の有価証券などの「一次金融商品」に対比する「派生金融商品」を指す。デリバティブズは，現物市場における特定の金利，有価証券価格，現物商品価格，外国為替相場などの原資産(げんしさん)の価格や指数に基づいて決定される金融商品である。

これを取引形態別に捉えると，①「先物取引」，②「先渡取引」，③「オプション取引」，④「スワップ取引」から派生する金融商品に分類される。

「先物取引」とは，将来に取引対象とする金融商品の価格について現時点において前もって契約しておき，将来時点が到来したときに価格がどのように変

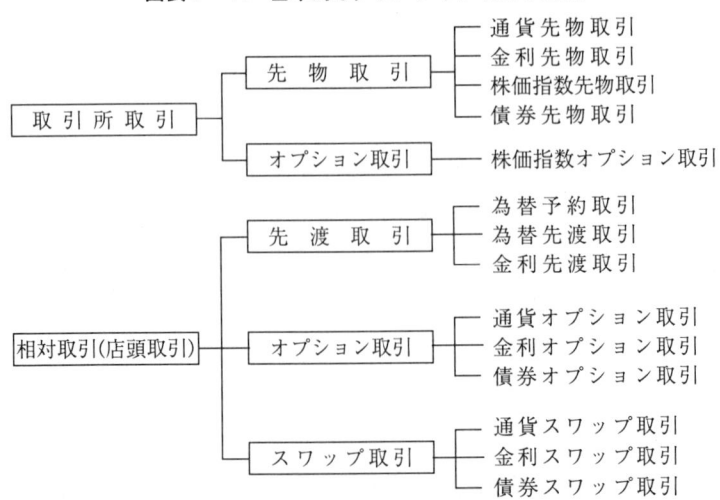

図表6－14 基本的なデリバティブ取引の種類

```
                    ┌─ 先 物 取 引 ─┬─ 通貨先物取引
                    │             ├─ 金利先物取引
取引所取引 ─────────┤             ├─ 株価指数先物取引
                    │             └─ 債券先物取引
                    └─ オプション取引 ── 株価指数オプション取引

                    ┌─ 先 渡 取 引 ─┬─ 為替予約取引
                    │             ├─ 為替先渡取引
                    │             └─ 金利先渡取引
                    │
相対取引(店頭取引) ──┼─ オプション取引 ─┬─ 通貨オプション取引
                    │                ├─ 金利オプション取引
                    │                └─ 債券オプション取引
                    │
                    └─ スワップ取引 ─┬─ 通貨スワップ取引
                                    ├─ 金利スワップ取引
                                    └─ 債券スワップ取引
```

出所：菊谷正人『多国籍企業会計論（三訂版）』創成社，2002年，69頁。

第6章 特殊会計論

化していようとも契約価格で決済を行う取引である。したがって，将来時点において価格が自分の予想どおり有利な方向に動けば利益を得ることができるが，予想に反し不利な方向に動いても損失を逃れることはできない。

　先物取引は，証券取引所などの取引所において行われるが，同様の仕組みではあるものの，取引当事者間の合意により相対で行われる「店頭取引」（相対取引ともいう）が「先渡取引」となる。

　「オプション取引」とは，将来において金融商品を特定価格で取引する権利（オプション）を売買する取引をいう。オプションの買手は対価としてオプション料を支払い，将来時点において価格が有利な方向に動けば，その権利を行使して取引を実行すればよい。予想に反し不利な方向に動いたときには，権利を放棄し取引を実行しなくてもよい。したがって先物取引と異なり，損失の額は支払ったオプション料にとどめることが可能となる。

　「スワップ取引」とは，当事者がそれぞれの保有する債権から将来において受け取る利息（もしくは債務について支払う利息）を将来時点で交換することを現時点において契約する取引をいう。たとえば，固定利付の負債で調達した資金を変動利付の貸付で運用しようとする場合，その運用の成果は金利水準の変動の影響を受け，不確実なものとなってしまう。そこで，固定利付の債権を有する他者と利息収入につきスワップ（交換）する契約を取り交わすことで，金利水準の変動の影響を受けることなく運用成果を確定することが可能となる。このような取引を「金利スワップ」というが，スワップ取引の基礎となる債権（債務）が異なる通貨建てであるときには，利息のみならず元本も交換の対象となる。このような取引を「通貨スワップ」という。

　② デリバティブ取引の利用目的

　デリバティブ取引の主な利用目的は，①リスク・ヘッジ，②投機（スペキュレーション）および③裁定（アービトラージ）である。

　「リスク・ヘッジ」は企業が保有している資産・負債について潜在しているリスクを軽減したり解消したりする目的，「投機」は利益を得ようとする目的，「裁定」は現物取引とデリバティブ取引との市場間やデリバティブ取引の各種

商品の市場間で生じる時間差や地域差から生じる相場のズレを利用して差額の利益を得ようとする目的のために利用されている。

　これらのうち，一般事業会社のほとんどは，「リスク・ヘッジ」を目的としてデリバティブ取引を行っている。たとえば，保有する現物の有価証券に係る市場価格の変動から生じる損失を回避するため，同じ銘柄の先物有価証券について売契約を行えば，現物の価格が下落（あるいは上昇）しても先物の価格が上昇（あるいは下落）するため，現物の有価証券における価格変動リスクを排除することが可能となる。あるいは，前述の金利スワップのように，将来キャッシュ・フローを確定することによるリスクのヘッジの方法も考えられる。

③　デリバティブ取引の特徴

　現物の有価証券，たとえば現物の国債は「現受け決済」（決済に際し，債券の現物が受け渡しされること）が行われるため，それを取得するために一定の資金が必要となる。これに対し，デリバティブズ，たとえば先物国債では，「差金決済」（決済に際し，債券の現物が受け渡しされず，約定価格と決済時の価格の差額のみが決済されること）によるため，取引当初における「委託証拠金」とその後の市場価格の変動による「追加証拠金」だけで取引が開始でき，元本部分の資金を必要とせず，同量の資金でより大きな取引が可能となる。このように，デリバティブ取引は少ない資金で大きな取引を行うことができる。これを「レバレッジ効果」（テコの原理）という。

　このような取引上の特徴は，会計上も大きな意味をもつ。すなわち，現物の有価証券はそれを取得した段階から取得価額に基づきオンバランスされるが，デリバティブズにおいては当初の契約段階ではゼロの価値しかなく，したがってオフバランス項目とされる（ただし，後述するように，取得時以降においては，正味の債権および債務は時価をもってオンバランスされることになる）。

　さらに，「現受け決済」が行われる現物の有価証券においては，売却益や金利などの利ざやのみならず，元本自体が回収不能となるリスクがあるが，「差金決済」が行われるデリバティブ取引では元本の受払がないため，元本自体が回収不能となるリスクはない。

(2) デリバティブ取引の会計処理

デリバティブ取引については，取引慣行として契約の決済日まで原価のまま据え置く「決済基準」と呼ばれる方法が採られていた。決済基準を採用する場合，当該デリバティブ取引は決済しない限り，財務諸表本体上において，投資意思決定に有用な情報は得られない。しかし，デリバティブズのような金融商品は，金融資産であれば時価の上昇そのものが投資の成果であるが，「決済基準」ではそれが財務諸表に全く反映されない。

そこで，「基準10号」(25項)においては，デリバティブ取引により生じる正味の債権・債務は時価をもって貸借対照表価額とし，評価差額を当期の損益とする「値洗基準(ねあらいきじゅん)」が採用された（ただし，後述するヘッジ会計の適用（繰延ヘッジ）に係る評価差額は繰り延べられ，将来の損益とされる）。

【設例6-10】

×1年2月1日に先物国債1億円（1,000千口）を単価102円で買建て，300万円の証拠金を差し入れた。×1年3月31日決算を迎えた際，先物国債の時価は104円であった。その後，×1年5月1日に先物国債の時価が107円の段階で，反対売買による差金決済を行った。(a)決済基準，(b)値洗基準のそれぞれにより，仕訳を行いなさい。

(a) 決済基準

×1.2.1（委託証拠金の差入時）：

（借）先物取引差入証拠金　3,000,000　（貸）現　金　預　金　3,000,000

×1.3.31（決算時）：

仕訳なし

×1.5.1（差金決済時）：

（借）現　金　預　金　8,000,000　（貸）先　物　利　益　5,000,000※

　　　　　　　　　　　　　　　　　　　先物取引差入証拠金　3,000,000

※　$(107円-102円) \times \dfrac{100,000,000円}{100円} = 5,000,000円$

(b) 値洗基準

×1.2.1（委託証拠金の差入時）：
　（借）先物取引差入証拠金　3,000,000　（貸）現　金　預　金　3,000,000
×1.3.31（決算時）：
　（借）先 物 取 引 差 金　2,000,000　（貸）先　物　利　益　2,000,000※
　　　　※　$(104円-102円)\times\dfrac{100,000,000円}{100円}=2,000,000円$
×1.5.1（差金決済時）：
　（借）先 物 取 引 差 金　3,000,000　（貸）先　物　利　益　3,000,000※
　　　　現　金　預　金　8,000,000　　　　先 物 取 引 差 金　5,000,000
　　　　　　　　　　　　　　　　　　　　　先物取引差入証拠金　3,000,000
　　　　※　$(107円-104円)\times\dfrac{100,000,000円}{100円}=3,000,000円$

(3)　ヘッジ会計

①　ヘッジ会計の必要性

　企業はその事業活動の遂行において，価格リスク，金利リスク，為替リスクなどのリスクにさらされている。これらのリスクにより，将来生じるかもしれない損失を回避するために，企業は何らかの方法によりその損失の防御措置（ヘッジ）が迫られることになる。デリバティブズは，このようなヘッジのために最も有効に活用される。

　たとえばヘッジ対象（相場変動等による損失の可能性を回避しようとする対象）が時価評価されるものであり，かつ，そこでの評価差額が損益として認識されるのであれば，ヘッジの効果は自動的に財務諸表に反映される。すなわち，ヘッジ手段たるデリバティブ取引の原則的な処理方法によれば，そこでの正味の債権・債務は時価評価され，損益が認識されることとなるため，ヘッジ対象およびヘッジ手段に係る損益を同一会計期間に認識することができる。

　ところが，ヘッジ対象が原価評価され，そこでの評価差額が損益に反映されない場合には，ヘッジ対象およびヘッジ手段に係る損益が期間的に合理的に対

第6章　特殊会計論

応しなくなり，ヘッジ対象の相場変動等による損失の可能性がヘッジ手段たるデリバティブズによってカバーされているという経済的実態が財務諸表に反映されない。そこで，ヘッジ対象およびヘッジ手段に係る損益を同一の会計期間に認識し，ヘッジの効果を財務諸表に反映させる特別な会計処理が必要となる。つまり，「ヘッジ会計」を適用すれば，ヘッジ取引のうち一定の要件を満たすものについて，「ヘッジ対象に係る損益」と「ヘッジ手段に係る損益」を同一の会計期間に認識し，ヘッジの効果を会計に反映させることが可能となる（基準10号29項）。具体的には，ヘッジ対象から損失を生じた場合でも，それと反対ポジション（たとえば，「現物買い」と「先物売り」のような組合せ）のデリバティブズを用いることにより損益を減殺することが可能となる。

　ヘッジ対象の種類としては，①相場変動等による損失の可能性がある資産または負債のうち，相場等の変動が評価に反映されていないもの（満期保有目的の債券など），②相場等の変動が評価に反映されていてもその評価差額が損益として処理されないもの（その他有価証券など），③相場等の変動を損益として処理することができるものであっても，当該資産または負債に係るキャッシュ・フローが固定されその変動が回避されるもの（金利スワップなど）がある（基準10号30項）。なお，予定取引により発生が見込まれる資産または負債も，ヘッジ対象に含まれる（基準10号（注12））。

②　ヘッジ会計の方法

　ヘッジ会計の方法には，「繰延ヘッジ」と「時価ヘッジ」とがある。「基準10号」（32項）においては，「繰延ヘッジ」が原則的方法とされているが，国際的には「時価ヘッジ」が原則とされる。

　「繰延ヘッジ」とは，ヘッジ対象には時価評価を行わず，ヘッジ手段には時価評価を行い，そこで生じる評価差額を純資産の部に計上して翌期以降に繰り延べる方法である。繰り延べられた評価差額は，ヘッジ対象に係る損益を計上した期，あるいはヘッジ対象取引を決済した期に取り崩し，損益計算書に損益計上する。単純にいえば，「繰延ヘッジ」とは，ヘッジ対象に係る損益の認識時点に，ヘッジ手段に係る損益の認識時点を合わせる方法といえる。ヘッジの

仕訳を示せば，次のとおりとなる（ヘッジ対象の仕訳は行われない）。

　　（借）ヘッジ手段　　×××　　（貸）繰延ヘッジ利益　×××
　　　　　　　　　　　　　　　　　　　└貸借対照表（純資産の部（正））

　　　　　　　　または

　　（借）繰延ヘッジ損失　×××　　（貸）ヘッジ手段　　×××
　　　　　└貸借貸借対照表（純資産の部（負））

　これに対し，例外的方法として認められている「時価ヘッジ」とは，ヘッジ対象およびヘッジ手段ともに時価評価を行い，いずれの評価差額もその期の損益計算書に損益計上するものである。単純にいえば，「時価ヘッジ」とは，ヘッジ手段に係る損益の認識時点に，ヘッジ対象に係る損益の認識時点を合わせる方法である。ヘッジの仕訳を示せば，次のとおりになる。

　　（借）評　価　損　×××　　（貸）ヘッジ対象　　×××
　　　　　└損益計算書
　　（借）ヘッジ手段　　×××　　（貸）ヘッジ利益　×××
　　　　　　　　　　　　　　　　　　　└損益計算書

　　　　　　　　または

　　（借）ヘッジ対象　　×××　　（貸）評　価　益　×××
　　　　　　　　　　　　　　　　　　　└損益計算書
　　（借）ヘッジ損失　×××　　（貸）ヘッジ手段　　×××
　　　　　└損益計算書

　「繰延ヘッジ」が「基準10号」により原則的方法として採用された理由には，ヘッジ会計が適用される本体取引はあくまでもヘッジ対象であり，そのヘッジ対象から生ずる損益の認識につき原則的な方法から離脱することは好ましくない点，「時価ヘッジ」によると未実現損益が純利益の計算に含まれてしまう点が挙げられる。また，金融商品が原則として時価評価され，価格変動が損益に反映されるものの範囲が広がったため，多くの金融商品についてヘッジ対象とヘッジ手段の損益は自動的に期間的対応することになり，ヘッジ会計は主として予定取引等のキャッシュ・フローを固定して，その変動を回避するために

第6章　特殊会計論

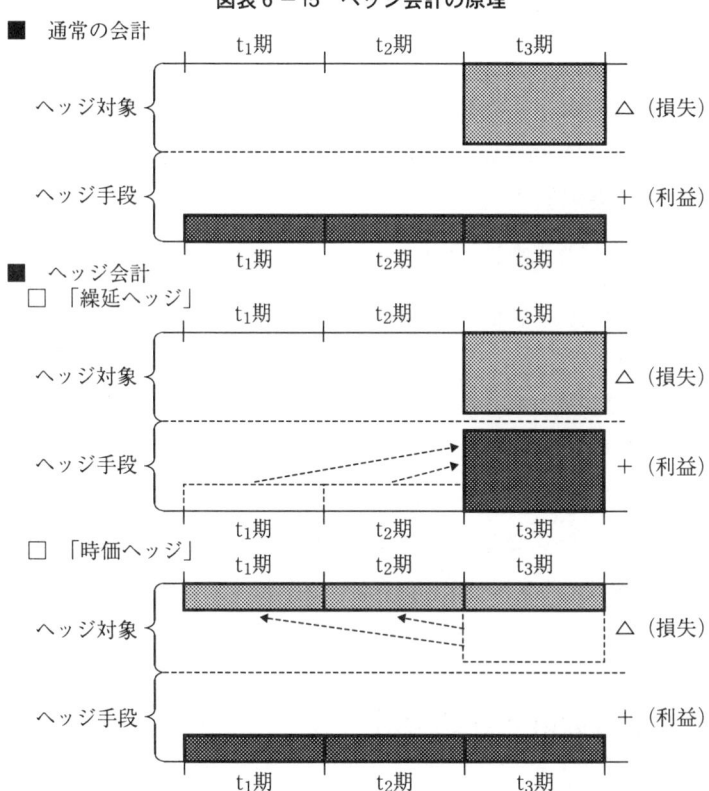

図表6－15　ヘッジ会計の原理

■ 通常の会計
- ヘッジ対象　△（損失）
- ヘッジ手段　＋（利益）
（t₁期／t₂期／t₃期）

■ ヘッジ会計
□「繰延ヘッジ」
- ヘッジ対象　△（損失）
- ヘッジ手段　＋（利益）

□「時価ヘッジ」
- ヘッジ対象　△（損失）
- ヘッジ手段　＋（利益）

ヘッジ手段の損益または評価差額を繰り延べるものがその中心となると考えられたからでもある。

【設例6－11】

「その他有価証券」に分類される国債を2億8,000万円で取得・保有しているが，当該国債の値下がりに備え，×2年2月1日に先物国債3億円を単価98円（額面100円）で売建て，委託証拠金300万円を差し入れた。×2年3月31日決算を迎えた際，国債の時価が2億7,300万円に下落したが，先物国債も単価が96円に下がった。なお，「その他有価証券評価差額金」は全部純資産直入する（税効果会計は考慮しない）。(a)繰延ヘッジおよび(b)時価

ヘッジにより，仕訳を行いなさい。

(a) 繰延ヘッジ

×2.2.1（委託証拠金の差入時）：

（借）先物取引差入証拠金　3,000,000　（貸）現　金　預　金　3,000,000

×2.3.31（決算時）：

（借）その他有価証券評価差額金　7,000,000　（貸）その他有価証券　7,000,000

　　　先物取引差金　6,000,000　　　　繰延先物利益　6,000,000

(b) 時価ヘッジ

×2.2.1（委託証拠金の差入時）：

（借）先物取引差入証拠金　3,000,000　（貸）現　金　預　金　3,000,000

×2.3.31（決算時）：

（借）その他有価証券評価損　7,000,000　（貸）その他有価証券　7,000,000

　　　先物取引差金　6,000,000　　　　先　物　利　益　6,000,000

8　企業結合会計・連結会計

(1)　企業結合会計の意義・種類

「企業結合」とは，ある企業またはある企業を構成する事業と他の企業を構成する事業が一つの報告単位に統合されることをいう（基準21号5項）。企業結合に該当する取引には，共同支配企業の形成および共通支配下の取引も含まれる（基準21号3項）。

ここに「共同支配企業」とは，複数の独立した企業により共同で支配される企業をいう（基準21号10項）。また，「共通支配下の取引」とは，結合当事企業（または事業）のすべてが，企業結合の前後で同一の企業により最終的に支配され，かつ，その支配が一時的でない場合の企業結合をいう。親会社と子会社の合併および子会社同士の合併は，「共通支配下の取引」に含まれる（基準21号

16項)。

　なお,「支配」とは, ある企業または企業を構成する事業の活動から便益を享受するために, その企業または事業の財務・経営方針を左右する能力を有することをいう (基準21号7項)。「共同支配」とは, 複数の独立した企業が契約等に基づき, ある企業を共同で支配することをいう (基準21号8項)。

　企業結合 (企業分割を除く) としては, (a)合併 (吸収合併と新設合併), (b)企業買収 (第三者割当増資等), (c)株式交換, (d)株式移転, (e)事業譲渡等がある。

(a)　合併 (吸収合併・新設合併)

　「合併」とは, 2つ以上の会社が契約により1つの会社に合体することをいい,「吸収合併」とは, 当事会社の1つが存続して他の消滅する会社を吸収する合併であり (会法2・二七),「新設合併」とは, 合併の当事会社のすべてが消滅して新しい会社を設立する場合をいう (会法2・二八)。

(b)　企業買収 (第三者割当増資)

　「第三者割当増資」による企業買収は, 当該他の会社の株主以外の特定の第三者に対して発行された新株を取得することをいう (会法199①)。

(c)　株式交換

　「株式交換」とは, 既存の会社 (完全親会社となる会社) が他の会社 (完全子会社となる会社) の株主からその株式を取得し, その対価として自社の株式を交付することをいう (会法2・三一)。

(d)　株式移転

　「株式移転」とは, 既存の会社 (完全子会社となる会社) が自らを完全に所有する持株会社 (完全親会社となる会社) を設立することをいう。この場合, 既存会社の株式を持株会社に移転し, 当該既存会社は当該持株会社が発行する株式の割当を受けて, 当該持株会社の株主になることをいう (会法2・三二)。

(e)　事業譲渡

　「事業譲渡」とは, 一定の営業目的のため組織化され有機的一体としての財産を譲渡する債権契約をいう (会法467①)。

(2) **企業合併・取得の会計**
① **取得と持分の結合**

わが国では，企業結合は「取得」と「持分の結合」に区分されていた。「取得」には「パーチェス法」，「持分の結合」には「持分プーリング法」が適用される(企業結合基準，三・2，3)。ここに「取得」とは，ある企業（取得企業）が他の企業（被取得企業）または企業を構成する事業に対する支配を獲得して一つの報告単位となることをいう（企業結合基準，二・4，基準21号9項)。また，「持分の結合」とは，いずれの企業（または事業）の株主（または持分保有者）も，他の企業（または事業）を支配したとは認められず，結合後企業のリスクや便益を引続き相互に共有することを達成するため，それぞれの事業のすべてまたは事実上のすべてを統合して一つの報告単位となることをいう（企業結合基準，二・5）。

「取得」と「持分の結合」の識別に関しては，次の要件のすべてを満たす企業結合は「持分の結合」と判断し，「持分の結合」と判断されなかった企業結合は「取得」と判定する（企業結合基準，三・1・(1))。

(イ) 企業結合に際して支払われた対価のすべてが，原則として，議決権のある株式である。

(ロ) 結合後企業に対して各結合当事企業の株主が総体として有することになった議決権比率が等しい。

(ハ) 議決権比率以外の支配関係を示す一定の事実が存在しない。

② **パーチェス法**

「取得」には，「パーチェス法」が適用される。「パーチェス法」の目的は，通常の資産購入に適用する原則と同様に，被取得企業を会計処理することにある。つまり，被取得企業を公正価値（時価）で購入することになるので，被取得企業の資産・負債は，取得時の公正価値で評価される。したがって，被取得企業から受け入れる資産・負債の取得原価（買収対価）は，対価として交付する現金および株式等の時価（公正価値）である（企業結合基準，三・2・(2))。

被取得企業の取得原価が，取得資産・引受負債に配分された純額を上回る場

合，その超過額は「のれん」として資産に計上し，下回る場合，その不足額は「負ののれん」として負債に計上する (企業結合基準，三・2・(3))。

【設例 6 －12】

P社は，Q社を吸収合併することになった。下記の資料を参考にして，「パーチェス法」による合併受入仕訳を示しなさい（単位：千円）。

〔資料1〕 ×1年3月31日のQ社の個別貸借対照表

貸 借 対 照 表

諸 資 産	780,000	諸 負 債	610,000
		資 本 金	170,000
	780,000		780,000

〔資料2〕
1．合併直前のQ社の諸資産の時価は800,000千円である。
2．この合併は「取得」と判定される。
3．P社の株式の時価（公正価値）は1株70千円である。なお，P社は発行価額全額を資本金とする。
4．P社は，Q社の株主に対しP社の株式を3,000株交付した。

(借) 諸 資 産 800,000,000　　(貸) 諸 負 債 610,000,000
　　 の れ ん 20,000,000　　　　 資 本 金 210,000,000*

　＊ ＠70千円×3,000株＝210,000千円

「のれん」は，取得後20年以内のその効果のおよぶ期間にわたって，定額法その他の合理的な方法により規則的に償却する。ただし，「のれん」の金額に重要性が乏しい場合には，当該「のれん」が生じた事業年度の費用として処理することができる（基準21号32項）。また，「負ののれん」は，当該「負ののれん」が生じた事業年度の利益として処理する（基準21号35項）。

③ 持分プーリング法

「持分の結合」と判定された企業結合の会計処理としては，「持分プーリング法」が適用される。持分プーリング法は，企業結合当事者の持分の継続を前提

とするので，資産・負債・純資産等は旧簿価のまま結合後の企業に引き継がれる。つまり，「持分プーリング法」とは，結合当事企業の資産・負債および純資産を，それぞれ適正な帳簿価額で引き継ぐ方法である（企業結合基準，三・3・(1)）。帳簿価額がそのまま結合後の企業に引き継がれるため，「のれん」は計上されない。

【設例6－13】

R社は，S社を吸収合併することになった。下記の資料を参考にして，持分プーリング法による合併受入仕訳を示しなさい（単位：千円）。

〔資料1〕 ×1年3月31日のS社の個別貸借対照表

貸借対照表

諸　資　産	540,000	諸　負　債	370,000
		資　本　金	170,000
	540,000		540,000

〔資料2〕

1．合併直前のS社の諸資産の時価は600,000千円である。
2．この合併は「持分の結合」と判定される。
3．R社は，S社の株主に対しR社の株式を3,000株交付したが，R社の株式の時価（公正価値）は1株60千円である。

（借）諸　資　産　540,000,000　　（貸）諸　負　債　370,000,000
　　　　　　　　　　　　　　　　　　　　資　本　金　170,000,000

結合当事企業の会計処理方法に違いがある場合には，同一の環境下で行われた同一の性質の取引等については，会計処理方法の変更に準じて適切と考えられる方法に統一する（企業結合基準，三・3・(3)）。

企業結合年度の連結財務諸表の作成に当たり，結合当事企業間の企業結合前の取引およびそれらから生じた損益は消去する。ただし，それらの金額に重要性が乏しい場合には，消去しないことができる（企業結合基準，三・3・(4)）。

企業結合に要した支出額は，「パーチェス法」とは異なり，企業結合の対価を構成しないという理由により，発生時の事業年度の費用として処理する（企

業結合基準，三・3・(5))。

なお，平成20年12月26日に公表された「基準21号」(58項，70項)により，平成22年4月1日以後実施される企業結合には「持分プーリング法」は廃止された。

(3) 連 結 会 計
① 連結財務諸表の意義

「連結財務諸表」は，支配従属関係にある2以上の会社（会社に準ずる被支配事業体を含む）から成る「企業集団」を単一の経済組織体とみなし，親会社が当該企業集団の財政状態，経営成績およびキャッシュ・フロー等の財務状況を総合的に報告するために作成される。

1960年代に入り，わが国企業の多角化・国際化が急速に発展し，子会社等を通じての経済活動の拡大や海外における資金調達活動の活発化，わが国証券市場への海外投資家の参入が増加したこともあり，企業に対する投資判断を的確に行うために，企業集団に係る情報が一層重視され，連結財務諸表の作成が要請された。「連結財務諸表」は，経済的に支配・従属関係にある親会社・子会社の個別財務諸表を統合し，個別財務諸表では反映されない企業集団の財政状態および経営成績を総合的に報告する目的を持っている。

② 連結の範囲

連結財務諸表を作成する場合，親会社は，原則として，すべての子会社を連結の範囲に含めなければならない(基準22号13項)。「親会社」とは他の会社を支配している会社をいい，「子会社」とは当該他の会社をいう。「他の会社を支配している」とは，他の会社の意思決定機関を実質的に支配していることをいい，次のような場合がある(基準22号7項)。

(a) 他の企業の議決権の過半数(50％超)を実質的に所有している場合
(b) 他の企業に対する議決権の所有割合が40％以上50％以下を所有している企業であり，かつ，当該会社の意思決定機関を支配している一定の事実が認められる場合

上記(a)の「持株比率基準」は，議決権による数量的（形式的）判定基準であり，(b)の「支配力基準」は，実質的な支配関係の有無に基づく判定基準である。

　なお，連結財務諸表の作成に関する会計期間は1年であり，親会社の会計期間に基づき，年1回一定の日をもって「連結決算日」とする（基準22号15項）。親会社と子会社の会計処理は，必ずしも同一の会計処理の原則および手続を採用しているとは限らないため，会計処理の原則および手続は，原則として統一しなければならない（基準22号17項）。また，連結財務諸表を補完する情報として「セグメント情報」も提供されている。

③ 連結貸借対照表の作成基準

　連結貸借対照表の作成は，親会社が他の会社を支配した「支配獲得日」と「連結決算日」に行われる。連結貸借対照表は，親会社・子会社の個別貸借対照表における資産・負債・資本（純資産）の金額に基づいて作成される（基準22号18項）。

　連結貸借対照表の作成手順を示すと，次のようになる。

1）　子会社の資産・負債の評価（部分時価評価法・全面時価評価法）
2）　投資勘定と資本勘定の相殺消去（のれんの算定）
3）　少数株主持分と連結剰余金の算出
4）　連結会社間の債権・債務の相殺消去
5）　非連結子会社・関連会社に対する「持分法」の適用

1）　子会社の資産・負債の評価

　「基準22号」公表前では，連結貸借対照表の作成に当たり，子会社の資産・負債の評価は，「部分時価評価法」または「全面時価評価法」により再評価しなければならなかった（連結原則，第四・二・(1)～(2)）。

　「部分時価評価法」とは，子会社の資産・負債のうち，親会社の持分に相当する部分について，株式の取得日ごとに当該日における公正な評価額である「時価」により評価する方法である。一方，「全面時価評価法」とは，子会社の資産・負債のすべてを，支配獲得日の「時価」により評価する方法である。

　なお，親会社による子会社の支配獲得が，2回以上の株式取得によって行わ

れた場合の資本連結は，次のように行われる（連結原則注解10）。「部分時価評価法」を適用する場合は，株式の取得日ごとに算定した子会社の資本のうち，取得した株式に対応する部分を「段階法」により投資と相殺消去する。「全面時価評価法」を適用する場合は，支配獲得日において算定した子会社の資本のうち，親会社に帰属する部分を「一括法」により投資と相殺消去する。

　ちなみに，「部分時価評価法」は，平成22年4月1日以後開始する連結会計年度の期首から廃止される（基準22号，44項，61項）。

2） 投資勘定と資本勘定の相殺消去（のれんの算定）

　連結貸借対照表を作成する場合，親会社の子会社に対する投資とこれに対応する子会社の資本（株主資本）は，相殺消去しなければならない（基準22号23項）。これは，そのまま連結（単純合算）してしまうと，親会社の子会社への投資と子会社の資本が二重に計上されてしまうためである。

　相殺消去に当たり差額が生じる場合には，当該差額を「のれん」または「負ののれん」として処理する。のれんは，原則としてその計上後「20年以内」に，定額法その他合理的な方法により償却しなければならない。ただし，のれんの金額の重要性が乏しい場合には，当該勘定が生じた期の損益としてそれを処理することができる（基準22号32項，47項）。

　「負ののれん」は，「負ののれん発生益」として，当該「負ののれん」が生じた年度の利益に計上しなければならない（基準22号64項）。

3） 少数株主持分と連結剰余金の算出

　子会社の資本のうち親会社に帰属しない部分は，「少数株主持分」とする（基準22号26項）。また，株式の取得後または支配獲得日後に生じた子会社の連結剰余金のうち少数株主に帰属する部分は，少数株主の持分として処理する（基準22号注7）。「少数株主持分」は，連結貸借対照表上，純資産の部に計上される（基準5号22項(2)）。

【設例6-14】

P社（親会社）は，×1年3月31日にS社の発行済株式の60%を300,000千円で取得し，S社を支配した。次の資料に基づき，(1)部分時価評価法，(2)全面時価評価法により×1年3月31日における連結修正仕訳および連結貸借対照表を作成しなさい（単位：千円）。

〔資料1〕　×1年3月31日の子会社（S社）の個別貸借対照表

貸　借　対　照　表

諸　資　産	780,000	諸　負　債	350,000
土　　　地	30,000	資　本　金	300,000
		利 益 剰 余 金	160,000
	810,000		810,000

＊　×1年3月31日の土地の時価は50,000千円であり，諸資産および諸負債の時価は帳簿価額と等しい。

〔資料2〕　×1年3月31日の親会社（P社）の個別貸借対照表

貸　借　対　照　表

諸　資　産	900,000	諸　負　債	550,000
土　　　地	100,000	資　本　金	500,000
S　社　株　式	300,000	利 益 剰 余 金	250,000
	1,300,000		1,300,000

(1) 部分時価評価法

　① ×1年3月31日（評価替のための仕訳）：

　　（借）土　　　　　地　12,000　（貸）評　価　差　額　12,000＊1

　　　＊1　(50,000千円－30,000千円)×60%＝12,000千円

　② ×1年3月31日（連結修正仕訳）：

　　（借）資　　本　　金　300,000　（貸）S　社　株　式　300,000
　　　　　利 益 剰 余 金　160,000　　　　　少数株主持分　184,000＊2
　　　　　評　価　差　額　12,000
　　　　　の　れ　ん　12,000

＊2　(300,000千円＋160,000千円)×40％＝184,000千円

③ ×1年3月31日（連結貸借対照表の作成）：

連　結　貸　借　対　照　表

諸　資　産	1,680,000	諸　　負　　債	900,000
土　　　地	142,000	資　　本　　金	500,000
の　れ　ん	12,000	連結利益剰余金	250,000
		少数株主持分	184,000
	1,834,000		1,834,000

(2) 全面時価評価法

① ×1年3月31日（評価替のための仕訳）：

　（借）土　　　　地　20,000　　（貸）評　価　差　額　20,000 ＊1
　　　＊1　(50,000千円－30,000千円)＝20,000千円

② ×1年3月31日（連結修正仕訳）：

　（借）資　　本　　金　300,000　　（貸）S　社　株　式　300,000
　　　　利　益　剰　余　金　160,000　　　　　少数株主持分　192,000 ＊2
　　　　評　価　差　額　20,000
　　　　の　　れ　　ん　12,000
　　　＊2　(300,000千円＋160,000千円＋20,000千円)×40％＝192,000千円

③ ×1年3月31日（連結貸借対照表の作成）：

連　結　貸　借　対　照　表

諸　資　産	1,680,000	諸　　負　　債	900,000
土　　　地	150,000	資　　本　　金	500,000
の　れ　ん	12,000	連結利益剰余金	250,000
		少数株主持分	192,000
	1,842,000		1,842,000

4）債権・債務の相殺消去

連結会社相互間で生じた債権・債務は，連結決算上，相殺消去しなければならない（基準22号34項）。

5) 非連結子会社および関連会社に対する「持分法」の適用

　非連結子会社および関連会社に対する投資については，原則として「持分法」が適用される（基準16号6項）。「持分法」とは，投資会社が被投資会社の純資産および損益のうち投資会社に帰属する部分の変動に応じて，その投資の額を連結決算日ごとに修正する方法である（基準16号4，6項）。

　「非連結子会社」とは，(イ)支配が一時的であると認められる会社，または(ロ)(イ)以外の会社であって，連結することにより利害関係者の判断を著しく誤らせるおそれのある会社をいう（基準22号14項）。

　「関連会社」とは，親会社および子会社が，子会社以外の他の会社の財務および営業の方針決定に対して，重要な影響を与えることができる場合における当該他の会社をいう（基準16号5項）。

　「持分法」を適用した場合，投資会社の投資日における投資と，被投資会社の資本との間に投資差額があるときは，当該差額は投資に含め，のれん（または負ののれん）と同様に処理する。投資会社は，投資の日以降における被投資会社の利益または損失のうち，投資会社の持分に相当する額を算定して，投資の額を増額または減額し，当該増減額を当期純利益の計算に含める。また，のれんに相当する部分の償却額は当該増減額に含める（基準16号11～12項）。

【設例6－15】

　×1年3月31日に，T社（決算日：3月31日）は，S社の発行済議決権株式の30％を300,000千円で取得し，持分法を適用することにした。×1年3月31日のT社の資本勘定の内訳は，資本金600,000千円，資本剰余金100,000千円，利益剰余金200,000千円であり，当期×2年3月31日には100,000千円の純利益を計上した。投資差額は発生年度の翌期から10年間で均等償却する。(1)×1年3月31日決算日の仕訳，(2)×2年3月31日決算日の仕訳を示しなさい（単位：千円）。

(1)　×1年3月31日

　　仕訳なし（投資差額は発生年度の翌期から均等償却する）

(2) ×2年3月31日

(借) S 社 株 式 30,000 (貸) 持分法による投資損益 30,000 *1

*1 100,000千円×30％＝30,000千円

(借) 持分法による投資損益 3,000 (貸) S 社 株 式 3,000 *2

*2 {300,000千円－(600,000千円＋100,000千円＋200,000千円)}×30％÷10年＝3,000千円

連結貸借対照表には,「資産の部」,「負債の部」および「純資産の部」を設けなければならない（基準5号22項(2)）。純資産の部は,株主資本,その他の包括利益累計額,新株予約権および少数株主持分に区分する（基準5号7項(2),基準22号32項(3)）。

④ 連結損益計算書の作成

連結損益計算書は,親会社および子会社の個別損益計算書における収益・費用等の金額を基礎にして,連結会社相互間の取引高の相殺消去および未実現損益の消去等の処理を行い作成する（基準22号34～35項）。

連結会社相互間における商品の売買その他の取引に係る項目は,相殺消去する。また,連結会社相互間の取引によって取得した資産（棚卸資産,固定資産等）に含まれる未実現損益は,その全額を消去する。未実現損益の消去は,次の(1)または(2)の場合に分けて行う（基準22号36～38項）。

(1) ダウンストリーム（親会社が子会社に資産等を売却した場合）

未実現損益の消去額は,親会社が全額負担する。これを「全額消去・親会社負担方式」という。

(2) アップストリーム（子会社が親会社に資産等を売却した場合）

未実現損益の消去額は,親会社と少数株主が持分比率に応じて負担する。これを「全額消去・持分比率負担方式」という。

【設例6－16】

親子会社間で当期首に備品（取得原価500,000円）を700,000円で売買した。決算日現在，この備品は外部に販売していない。備品の減価償却は定額法（残存価額0円）により5年間で行う。なお，親会社は，子会社株式を70%所有し支配している。(a)ダウンストリームの場合，(b)アップストリームの場合の連結修正仕訳を示しなさい。

(a) ダウンストリーム

　（借）　固定資産売却益　200,000　　（貸）備　　　　品　200,000
　　　　　備品減価償却累計額　40,000*　　　　減 価 償 却 費　40,000
　　　　　　* （700,000円－500,000円）÷5年＝40,000円

(b) アップストリーム

　（借）　固定資産売却益　200,000　　（貸）備　　　　品　200,000
　　　　　少数株主持分　60,000　　　　　　少数株主損益　60,000*1
　　　　　備品減価償却累計額　40,000　　　減 価 償 却 費　40,000
　　　　　少数株主損益　12,000　　　　　　少数株主持分　12,000*2
　　　　　　*1　200,000円×30％＝60,000円
　　　　　　*2　40,000円×30％＝12,000円

　連結損益計算書は，営業損益計算，経常損益計算および純損益計算に区分しなければならない（基準22号39項）。ここに，純損益計算の区分では，税金等調整前当期純利益を表示し，これに法人税額等および「少数株主損益」を加減して当期純利益を表示しなければならない。

　なお，「のれん」の当期償却額は，「販売費及び一般管理費」の区分に表示する。また，「持分法による投資損益」勘定は，営業外収益または営業外費用の区分に一括して表示する（基準16号12項）。

⑤　連結株主資本等変動計算書の作成基準

　連結株主資本等変動計算書は，連結貸借対照表の「純資産の部」の一会計期間における変動額のうち，主として株主に帰属する部分である株主資本の各項目の変動事由を報告するために作成するものである（基準6号1項）。

連結貸借対照表の「純資産の部」における株主資本の各項目は，「前期末残高」，「当期変動額」および「当期末残高」に区分し，「当期変動額」は変動事由ごとにその金額を表示する。連結損益計算書の当期純利益（又は当期純損失）は，連結株主資本等変動計算書において利益剰余金の変動事由として表示する（基準6号7項）。その様式は，第7章において説明する。

⑥ 連結キャッシュ・フロー計算書の作成基準

連結キャッシュ・フロー計算書は，企業集団の一会計期間におけるキャッシュ・フローの状況を報告するために作成するものである（キャッシュ基準，第一）。連結キャッシュ・フロー計算書の作成方法は，個別キャッシュ・フロー計算書と基本的には同一であるが，連結会社相互間のキャッシュ・フローを相殺消去しなければならない。また，在外子会社における外貨によるキャッシュ・フローは，「外貨基準」における収益・費用の換算方法に準じて換算する（キャッシュ基準，第二・四）。キャッシュ・フロー計算書の様式は，第7章で取り上げる。

(4) セグメント情報等の開示基準

① セグメント情報等の意義・範囲

「基準17号」（1項）によれば，(a)セグメント情報，(b)セグメント情報の関連情報，(c)固定資産の減損損失に関する報告セグメント別情報および(d)のれんに関する報告セグメント別情報を「セグメント情報等」という。

すべての企業の連結財務諸表または個別財務諸表において，「セグメント情報等」が開示される。ただし，連結財務諸表でセグメント情報等の開示を行っている場合は，個別財務諸表での開示を要しない（基準17号3項）。

セグメント情報等の開示は，財務諸表利用者が企業の過去の業績を理解し，将来のキャッシュ・フローの予測を適切に評価できるように，企業が行う様々な事業活動の内容およびこれを行う経営環境に関して適切な情報を提供するものでなければならない（基準17号4項）。

なお，企業またはその特定の事業分野について，その事業活動の内容および

これを行う経営環境を財務諸表利用者が理解する上で有用な情報を加えて，開示することを妨げない（基準17号5項）。

② セグメント情報等の開示

1) セグメント情報の開示

セグメント情報として，(a)報告セグメントの概要，(b)報告セグメントの利益（または損失），資産，負債およびその他の重要な項目の額ならびにその測定方法に関する事項，(c)上記(b)の定めにより開示する項目の合計額とこれに対応する財務諸表計上額との間の差異調整に関する事項を開示しなければならない（基準17号17項）。

2) セグメント情報の関連情報の開示

セグメント情報の中で同様の情報が開示されている場合を除き，セグメント情報の関連情報として，(a)製品およびサービスに関する情報，(b)地域に関する情報，(c)主要な顧客に関する情報を開示しなければならない。当該関連情報に開示される金額は，当該企業が財務諸表を作成するために採用した会計処理に基づく数値によるものとする。なお，報告すべきセグメントが1つしかなく，セグメント情報を開示しない企業であっても，当該関連情報を開示しなければならない（基準17号29項）。

3) 固定資産の減損損失に関する報告セグメント別情報の開示

損益計算書に固定資産の減損損失を計上している場合には，当該企業が財務諸表を作成するために採用した会計処理に基づく数値によって，その報告セグメント別の内訳を開示しなければならない。なお，報告セグメントに配分されていない減損損失がある場合には，その額およびその内容を記載しなければならない。ただし，セグメント情報の中で同様の情報が開示されている場合には，当該情報の開示を要しない（基準17号33項）。

4) のれんに関する報告セグメント別情報の開示

損益計算書に「のれん」の償却額または「負ののれん」の償却額を計上している場合には，当該企業が財務諸表を作成するために採用した会計処理に基づく数値によって，その償却額および未償却残高に関する報告セグメント別の内

訳をそれぞれ開示しなければならない。なお，報告セグメントに配分されていない「のれん」または「負ののれん」がある場合には，その償却額および未償却残高ならびにその内容を記載しなければならない。ただし，セグメント情報の中で同様の情報が開示されている場合には，当該情報の開示を要しない（基準17号34項）。

第 7 章

決算報告書の作成

1 財務諸表作成・報告の一般原則

(1) 一般原則の構成

　財務諸表を作成・報告するという「会計行為」が細分化されるとすれば，認識・測定・記録・報告行為に分けることができる。
　「認識行為」とは，企業の経済的取引・事象のうち，どれを会計的に測定対象とするのかを識別する会計行為であり，「測定行為」とは，会計的に認識された経済的取引・事象に金額を割り当てる会計行為である。認識・測定行為は，認識対象に金額を付すので，最終的には利益金額に実質的に影響をおよぼす。これに対して，「記録行為」は認識・測定された結果を会計帳簿にどのように記録するのかという会計行為であり，「報告行為」とは記録された結果を財務諸表にどのように表示するのかという会計行為である。記録・報告行為は，実質的に利益に影響を与えず，記録方法・表示方法等の形式面に関する会計行為である。
　「企業会計原則」でいう財務諸表作成・報告の「一般原則」は，損益計算書・貸借対照表などの財務諸表を作成・報告するに際して，その会計処理・表示を適用するときに判断指針となる包括的原則であり，(1)真実性の原則，(2)正規の

簿記の原則，(3)資本取引・損益取引区分の原則，(4)明瞭性の原則，(5)継続性の原則，(6)保守主義の原則，(7)単一性の原則から成る。このほかに，(8)重要性の原則が「企業会計原則」の注解に規定されている。「一般原則」を会計行為の観点から分析すれば，(3)・(5)・(6)・(8)は主として認識・測定行為に関する包括的な原則であり，(2)・(4)・(7)は主に記録・報告行為に関する包括的な原則である。前者を「実質的一般原則」，後者は「形式的一般原則」と呼ぶことにする。

なお，(1)「真実性の原則」は，これら実質的・形式的一般原則を統括的に支配する最上位の「最高規範原則」として特徴づけられる。

(2) 真実性の原則

「企業会計原則」(第一・一)は，「企業会計は，企業の財政状態および経営成績に関して，真実な報告を提供するものでなければならない」と規定している。これが「真実性の原則」といわれ，他の一般原則，さらに損益計算書原則，貸借対照表原則を支配する包括的な基本原則である。

「真実性の原則」は，財務諸表に対して「真実な報告」を要求しているが，真実な報告の提供は報告の前提となる認識・測定・記録行為が真実であったか否かに依存する。つまり，「真実性の原則」は，認識・測定・記録・報告の一連の会計行為全般に係る真実性を求める「最高規範原則」である。

この場合，一般原則でいう「真実性」は，資産・負債の計上にはその実在性と完全網羅性を要求し，その評価には客観的な市場価値で統一することによって，同一会計事実に対しては単一の会計処理に基づく唯一の絶対的な会計数値しか存在しないとする「絶対的真実性」ではない。ここでいう「真実性」とは，ある条件のもとでの「相対的真実性」を意味する。真実性が相対的にならざるをえない理由としては，次のようなことが考えられる。

(イ) 会計期間の公準により，人為的に期間を区画して期間損益計算を行わなければならないが，期間的・暫定的な計算には見積りや個人の主観的判断あるいは慣習が介入する。

(ロ) 一つの会計事実に対して複数の会計処理方法が容認されている場合，多

様な処理方法を選択適用することになり，唯一絶対的な会計数値を得ることはできない。

「相対的真実性」は，経営者の個人的判断・見積りの介入や会計処理適用の選択幅の容認を前提とした上での真実性である。そこから作成される財務諸表は，「記録された事実と会計上の慣習と個人的判断との総合的表現」にほかならない。

(3) 実質的一般原則
① 資本取引・損益取引区分の原則

「企業会計原則」(第一・三) は，「資本取引と損益取引とを明瞭に区別し，特に資本剰余金と利益剰余金とを混同してはならない」と規定している。この一般原則は，「資本取引・損益取引区分の原則」といわれ，「資本・利益区分の原則」，「剰余金区分の原則」とも呼ばれている。

資本の増加または減少をもたらす「資本取引」，資本の運用によって生じる収益または費用をもたらす「損益取引」，つまり資本剰余金と利益剰余金を区別せずに混同すると，利益隠蔽や資本侵食を招き，適正な資本の維持計算や運用計算を把握することができない。この原則は，純資産内部の源泉別区分であり，維持拘束性と処分可能性の峻別に係わる一般原則である。

② 継続性の原則

「企業会計原則」(第一・五) は，「企業会計は，その処理の原則及び手続を毎期継続して適用し，みだりにこれを変更してはならない」と規定している。この一般原則が「継続性の原則」と呼ばれ，この原則のもとでは，いったん採用した会計処理の原則および手続は，毎期，できるだけ継続的に適用されなければならない。複数の会計処理の中から選択適用した1つの方法を継続的に利用することは，恣意的な利益操作を防止することになる。その結果，企業の財務状況に関する「真実な報告」が保証され，財務諸表の期間比較可能性も確保される。「継続性の原則」は，「利益操作の防止」と「財務諸表の比較可能性」を実現することにより「相対的真実性」を実質的に支持している。

ただし,「正当な理由」が存在する場合には,継続性からの離脱は認められている。その継続性変更が認められる場合の具体例としては,一般的に次のような場合が考えられる。

(1) 企業外部的要因
　(イ) 法令等の改正により変更が必要となった場合
　(ロ) 著しいインフレーション等,企業外部的に大きな経済変動が生じた場合

(2) 企業内部的要因
　(イ) 経営組織の改変,経営規模の縮小,企業合併等,企業内部的に大きな変化が生じた場合
　(ロ) 従来適用してきた会計処理方法を継続して適用することは,かえって適正な財務状況を表示できない場合

正当な理由によって,会計処理の原則または手続に変更を加えたときは,これを当該財務諸表に注記することになっている(注解3)。

③ 保守主義の原則

「企業会計原則」(第一・六)は,「企業の財政に不利な影響を及ぼす可能性がある場合には,これに備えて適当に健全な会計処理をしなければならない」と規定している。これは「保守主義の原則」といわれ,「慎重性の原則」,「安全性の原則」とも呼ばれている。

「保守主義の原則」は,企業の将来の不確実性に対する財務的配慮から,利益をなるべく控え目に計上し,将来の企業危険に備える会計処理を要求する原則である。ある会計処理を行うに当たって,認められた会計処理方法が複数あるときは,利益が過大表示にならないように会計処理を選択適用しなければならないとする測定行為に係わる原則である。具体的には,費用計上の促進・収益計上の抑制ひいては資産の過少評価・負債の過大評価をもたらすことになる。保守主義の原則の適用例としては,引当金設定・減価償却の定率法(費用の早期計上),工事完成基準(収益計上の遅延)等がある。

しかし,保守主義が過度に悪用されると,会計数値の信憑性がうすれ,「真

実な報告」を歪める。超保守主義的な会計処理は，真実性の原則に抵触することになる（注解4）。

④ **重要性の原則**

「企業会計原則」の注解において，「企業会計は，定められた会計処理の方法に従つて正確な計算を行うべきものであるが，企業会計が目的とするところは，企業の財務内容を明らかにし，企業の状況に関する利害関係者の判断を誤らせないようにすることにあるから，重要性の乏しいものについては，本来の厳密な会計処理によらないで他の簡便な方法によることも正規の簿記の原則に従つた処理として認められる」と規定されている。これが「重要性の原則」である。

「重要性の原則」とは，重要性の乏しいものについては本来の厳密な会計処理に代えて簡便な方法を容認する原則である。その結果，簿外資産・負債が生じても，それが企業の状況に関する利害関係者の判断を誤らせない程度の僅少な額である場合には，その簡便な方法によることも「正規の簿記の原則」に従った処理として認められている。

なお，「重要性の原則」は，財務諸表の表示に関しても適用されている。したがって，「重要性の原則」は，認識・測定行為だけではなく，報告行為にも関連しているので，実質的一般原則であるとともに，形式的一般原則でもある。ちなみに，「重要性の原則」の適用例として，次の五つが掲げられている（注解1）。

① 消耗品，消耗工具器具備品その他の貯蔵品等のうち，重要性の乏しいものは，これを資産とせず，買入時または払出時にただちに費用として処理することができる。

② 前払費用，未収収益，未払費用および前受収益のうち，重要性の乏しいものは経過勘定（資産・負債）として処理しないことができる。

③ 引当金のうち，重要性の乏しいものは計上しないことができる。

④ 棚卸資産の取得原価に算入される付随費用のうち，重要性の乏しいものは取得原価に含めないことができる。

⑤ 分割返済の定めのある長期債権・債務のうち，期限が1年以内に到来す

るもので重要性の乏しいものは，固定資産・負債として表示することができる。

(4) 形式的一般原則
① 正規の簿記の原則
「企業会計原則」(第一・二)は，「企業会計は，すべての取引につき，正規の簿記の原則に従つて，正確な会計帳簿を作成しなければならない」と規定し，この一般原則が「正規の簿記の原則」である。これは，企業の財務状況に関する「真実な報告」を支えるための基礎資料として，正規の帳簿記録を要求する記録原則である。「正規の簿記の原則」は，「真実性の原則」を具体的に保証する原則である。「正規の簿記」であるために，一般に，次の要件を満たさなければならない。

(1) 記録の網羅性

　　記録の対象範囲を規定する要件として，すべての経済的取引・事象は，完全・網羅的に記録されなければならない。

(2) 記録の立証性

　　記録の検証性を規定する要件として，帳簿記録は，内・外的証拠資料によって立証されなければならない。

(3) 記録の秩序性

　　記録の方法を規定する要件として，帳簿記録は，一定の体系のもとに相互に関連性を有し，組織的・秩序的に行わなければならない。

前述したように，「正規の簿記の原則」は，「重要性の原則」と密接に関係している。「重要性の原則」とは，金額または表示項目について重要性の乏しいものは本来の厳密な会計処理に代えて簡便な方法を容認する原則であるので，簿外資産・簿外負債が生じても，それが利害関係者の判断を誤らせない限り，「正規の簿記の原則」に従った処理として認められている。

したがって，「正規の簿記の原則」は単に記録原則にとどまるのではなく，記録の前提となる認識・測定を含む原則となっている。

② 明瞭性の原則

「企業会計原則」(第一・四) は,「企業会計は,財務諸表によって,利害関係者に対し必要な会計事実を明瞭に表示し,企業の状況に関する判断を誤らせないようにしなければならない」と規定している。この一般原則は「明瞭性の原則」といわれ,利害関係者の適切な判断を可能ならしめるように,必要な会計事実を財務諸表によって開示することを要請する。

「明瞭性の原則」は,報告形式面を規律する原則であるが,会計事実を細大漏らさず表示する完全性・詳細性を要求する反面,詳細すぎてもかえって適切な判断を阻害しかねないので,重要性の原則を適用することにより概観性を保持することも要求している。明瞭性の原則は,「詳細性」と「概観性」という二律背反する性質を内包する原則である。明瞭性の具体的手段としては,たとえば,次のようなものがあげられる。

(1) 総額主義の原則

　資産と負債,費用と収益は相互に相殺することなく,総額で表示しなければならない。

(2) 区分表示の基準

　損益計算書は損益源泉別に対応表示し,貸借対照表は資産・負債および純資産に大別表示する。

(3) 科目分類・配列の基準

　資産・負債は,正常営業循環基準や一年基準によって流動資産・負債および固定資産・負債に分類し,貸借対照表項目は,原則として流動性配列法によって配列する。

(4) 脚注・付記による追加情報の開示

　重要な会計方針,重要な後発事象等の重要な科目については注記する。

(5) 附属明細表の作成

　特定の項目・科目については,損益計算書および貸借対照表の概観性を補完するために,その内訳明細や期中増減等を記載した附属明細表を作成する。

③ 単一性の原則

「企業会計原則」(第一・七) は,「株主総会提出のため, 信用目的のため, 租税目的のため等種々の目的のために異なる形式の財務諸表を作成する必要がある場合, それらの内容は, 信頼しうる会計記録に基づいて作成されたものであって, 政策の考慮のために事実の真実な表示をゆがめてはならない」と規定している。これを「単一性の原則」という。

ここでいう「単一性」は, 財務諸表の内容, 形式ともに唯一でなければならないとして, 形式の単一までも強制する「絶対的単一性」ではない。企業をとりまく多様な利害関係者に対して, 財務諸表の利用目的に応じ利用者が理解に便利なように, 財務諸表の多様な形式を容認するが, その内容は実質的に単一でなければならないとする「相対的単一性」である。

「企業会計原則」でいう「単一性の原則」によれば, 財務諸表の記載方法・形式は財務報告目的ごとに相違してもよいが, その内容は「正規の簿記の原則」に従って記録された単一の会計帳簿に基づかなければならない。つまり, 財務諸表の様式には「形式的多様性」を認める一方, 記載内容に関しては「実質的単一性」を要求している。

前述したように, 企業会計基準委員会から公表された「討議資料」が「有用性」を第一義とする投資家本位であったのに対し, 企業会計審議会が作成・公表した「企業会計原則」は「真実性」を第一義とする多様な利害関係者本位である。

2　年次決算報告書の作成

(1) 貸借対照表

① 貸借対照表の意義

貸借対照表は, 企業の一定時点の「財政状態」を明らかにする財務表である。すなわち, 貸借対照表は, 企業の経営活動に必要な資金の調達源泉である負債および純資産と, その資金の具体的な運用形態である資産を表示する。した

がって，貸借対照表は，企業の一定時点における資産，負債および純資産の残高を示す財務表である。

貸借対照表の作成方法には，「棚卸法」または「誘導法」がある。「棚卸法」とは，実地棚卸の結果から「財産目録」を作成し，その財産目録から貸借対照表を作成する方法である。一方，「誘導法」とは，貸借対照表を帳簿記録から作成する方法である。現代の企業会計では，貸借対照表の作成には，誘導法が適用されているが，誘導法を採用した場合でも，実地棚卸等に基づく帳簿記録の修正が行われる。

貸借対照表は，その作成時期により，開業の際に作成される「開業貸借対照表（開始貸借対照表ともいう）」，会計期間の四半期で作成される「四半期貸借対照表」，決算の際に作成される「決算貸借対照表」に分けられる。また，清算時に作成される貸借対照表は，「清算貸借対照表」と呼ばれている。一般に「貸借対照表」という場合，「決算貸借対照表」を意味する。

貸借対照表の作成目的により，その性格は異なる。すなわち，財産計算を主目的にする場合には，すべての資産と負債を貸借対照表に計上し，資産を売却時価で評価し，換金能力を表示することになる。このような貸借対照表は，決算日における財産状態を示す「平均表」として把握される。一方，損益計算を主目的にする場合には，貸借対照表は期間損益計算の補助的手段とみなされ，期間損益計算の未解決項目を収容する財務表として把握される。このような貸借対照表は，帳簿記録に基づいた勘定残高のうち，期間損益計算に関連する損益項目を損益勘定に振り替えた後の「残高表」として位置付けられる。

図表 7 − 1　勘定式と報告式の貸借対照表

【勘定式】

貸 借 対 照 表

資産項目	×××	負債項目	×××
		純資産項目	×××
	×××		×××

【報告式】

貸 借 対 照 表

資　産　項　目	×××	
資　産　合　計		×××
負　債　項　目	×××	
負　債　合　計		×××
純 資 産 項 目	×××	
純 資 産 合 計		×××
負債純資産合計		×××

貸借対照表の様式には,「勘定式」と「報告式」がある。勘定式では,勘定口座の形式で借方に資産項目,貸方に負債項目および純資産項目を報告する。また,報告式では,上から順に,資産項目,負債項目および純資産項目を表示する。勘定式と報告式の貸借対照表の一例は,図表7－1のとおりである。

貸借対照表を作成する場合には,「総額主義の原則」,「完全性の原則」および「区分表示の原則」が適用される。「総額主義の原則」とは,資産項目と負債項目とを相殺せずに,総額で表示することを要求する原則である(企原,第三・一・B)。「完全性の原則」とは,貸借対照表日におけるすべての資産項目,負債項目および純資産項目を貸借対照表に記載することを要求する原則である(企原,第三・一)。ただし,「正規の簿記の原則」の適用により生じた簿外資産または簿外負債については,記載外とすることができる。また,「区分表示の原則」とは,貸借対照表を資産,負債および純資産に区分し,それらをさらに適切に区分することを要求する原則である(企原,第三・二)。

資産と負債を流動項目と固定項目に分類する場合に,その貸借対照表での配列方法には「流動性配列法」と「固定性配列法」という2つの方法がある。「流動性配列法」では,まず流動項目が記載され,次に固定項目が記載される。これに対して,「固定性配列法」では,まず固定項目が記載され,次に流動項目が記載される。一般企業では,流動性配列法が適用されている(企原,第三・三)。また,電力会社等の多額の固定資産を有する企業では,固定性配列法が適用される。

② 会社法および金融商品取引法における貸借対照表

会社法上の貸借対照表は,「資産の部」,「負債の部」および「純資産の部」に区分して表示される(会規105)。資産の部は,「流動資産」,「固定資産」および「繰延資産」に区分される。固定資産は,「有形固定資産」,「無形固定資産」および「投資その他の資産」に区分される(会規106)。負債の部は,「流動負債」と「固定負債」に区分される(会規107)。また,純資産の部は,「株主資本」,「評価・換算差額等」(連結貸借対照表では「その他の包括利益累計額」)および「新株予約権」(連結貸借対照表では,さらに「少数株主持分」)に区分される(会規108)。

第7章 決算報告書の作成

　金融商品取引法上の貸借対照表においても，会社法上の貸借対照表と同様に，「資産の部」，「負債の部」および「純資産の部」に区分される（財規12）。ただし，「財務諸表等規則」（13条）は，金融商品取引法上の貸借対照表に流動性配列法を適用することを要求している。「財務諸表等規則」（様式第2号）の貸借対照表（ただし単年度）は，図表7－2のとおりである。

図表7－2　「財務諸表等規則」が要求する個別貸借対照表

```
（資産の部）
  I   流動資産
          現金及び預金                                    ×××
          受取手形                        ×××
              貸倒引当金                  －×××         ×××
          売掛金                          ×××
              貸倒引当金                  －×××         ×××
          リース債権                      ×××
              貸倒引当金                  －×××         ×××
          リース投資資産                  ×××
              貸倒引当金                  －×××         ×××
          有価証券                                        ×××
          商品及び製品                                    ×××
          仕掛品                                          ×××
          原材料及び貯蔵品                                ×××
          前渡金                                          ×××
          前払費用                                        ×××
          繰延税金資産                                    ×××
          未収収益                                        ×××
          株主，役員又は従業員に対する短期債権  ×××
              貸倒引当金                  －×××         ×××
          短期貸付金                      ×××
              貸倒引当金                  －×××         ×××
          未収入金                                        ×××
          …………                                          ×××
                  流動資産合計                            ×××
  II  固定資産
      1  有形固定資産
              建　物                      ×××
                減価償却累計額            －×××
              構築物                      ×××           ×××
```

251

		減価償却累計額	-×××	×××
		機械及び装置	×××	
		減価償却累計額	-×××	×××
		…………	×××	
		…………	-×××	×××
		土　地		×××
		リース資産	×××	
		減価償却累計額	-×××	×××
		建設仮勘定		×××
		…………		×××
		有形固定資産合計		×××
	2	無形固定資産		
		のれん		×××
		借地権		×××
		鉱業権		×××
		…………		×××
		無形固定資産合計		×××
	3	投資その他の資産		
		投資有価証券		×××
		関係会社株式		×××
		関係会社社債		×××
		出資金		×××
		関係会社出資金		×××
		長期貸付金	×××	
		貸倒引当金	-×××	×××
		株主，役員又は従業員に対する長期貸付金	×××	
		貸倒引当金	-×××	×××
		関係会社長期貸付金	×××	
		貸倒引当金	-×××	×××
		破産債権，更正債権等	×××	
		貸倒引当金	-×××	×××
		長期前払費用		×××
		繰延税金資産		×××
		投資不動産	×××	
		減価償却累計額	-×××	×××
		…………		×××
		投資その他の資産合計		×××
		固定資産合計		×××

第7章　決算報告書の作成

Ⅲ　繰延資産
　　　創立費　　　　　　　　　　　　　　　　　　×××
　　　開業費　　　　　　　　　　　　　　　　　　×××
　　　株式交付費　　　　　　　　　　　　　　　　×××
　　　社債発行費　　　　　　　　　　　　　　　　×××
　　　開発費　　　　　　　　　　　　　　　　　　×××
　　　　　繰延資産合計　　　　　　　　　　　　　×××
　　　　　資産合計　　　　　　　　　　　　　　　×××
（負債の部）
Ⅰ　流動負債
　　　支払手形　　　　　　　　　　　　　　　　　×××
　　　買掛金　　　　　　　　　　　　　　　　　　×××
　　　短期借入金　　　　　　　　　　　　　　　　×××
　　　リース債務　　　　　　　　　　　　　　　　×××
　　　未払金　　　　　　　　　　　　　　　　　　×××
　　　未払費用　　　　　　　　　　　　　　　　　×××
　　　未払法人税等　　　　　　　　　　　　　　　×××
　　　繰延税金負債　　　　　　　　　　　　　　　×××
　　　前受金　　　　　　　　　　　　　　　　　　×××
　　　預り金　　　　　　　　　　　　　　　　　　×××
　　　前受収益　　　　　　　　　　　　　　　　　×××
　　　修繕引当金　　　　　　　　　　　×××
　　　…………　　　　　　　　　　　　×××　　×××
　　　株主，役員又は従業員からの短期借入金　　　×××
　　　従業員預り金　　　　　　　　　　　　　　　×××
　　　…………　　　　　　　　　　　　　　　　　×××
　　　　　流動負債合計　　　　　　　　　　　　　×××
Ⅱ　固定負債
　　　社　債　　　　　　　　　　　　　　　　　　×××
　　　長期借入金　　　　　　　　　　　　　　　　×××
　　　関係会社長期借入金　　　　　　　　　　　　×××
　　　株主，役員又は従業員からの長期借入金　　　×××
　　　リース債務　　　　　　　　　　　　　　　　×××
　　　長期未払金　　　　　　　　　　　　　　　　×××
　　　繰延税金負債　　　　　　　　　　　　　　　×××
　　　退職給付引当金　　　　　　　　　　×××
　　　…………　　　　　　　　　　　　×××　　×××
　　　資産除去債務　　　　　　　　　　　　　　　×××

固定負債合計	×××
負債合計	×××

（純資産の部）
Ⅰ　株主資本
　1　資本金　　　　　　　　　　　　　　　　　　　　　×××
　2　資本剰余金
　　(1)　資本準備金　　　　　　　　　×××
　　(2)　その他資本剰余金　　　　　　×××
　　　　資本剰余金合計　　　　　　　　　　　　　　　×××
　3　利益剰余金
　　(1)　利益準備金　　　　　　　　　×××
　　(2)　その他利益剰余金
　　　　××積立金　　　　　　　　　　×××
　　　　…………　　　　　　　　　　　×××
　　　　繰越利益剰余金　　　　　　　　×××
　　　　利益剰余金合計　　　　　　　　　　　　　　　×××
　4　自己株式　　　　　　　　　　　　　　　　　　　－×××
　　　　株主資本合計　　　　　　　　　　　　　　　　×××
Ⅱ　評価・換算差額等
　1　その他有価証券評価差額金　　　　　　　　　　　×××
　2　繰延ヘッジ損益　　　　　　　　　　　　　　　　×××
　3　土地再評価差額金　　　　　　　　　　　　　　　×××
　　　…………　　　　　　　　　　　　　　　　　　　×××
　　　　評価・換算差額等合計　　　　　　　　　　　　×××
Ⅲ　新株予約権　　　　　　　　　　　　　　　　　　　×××
　　　　純資産合計　　　　　　　　　　　　　　　　　×××
　　　　負債純資産合計　　　　　　　　　　　　　　　×××

(2)　損益計算書

①　損益計算書の意義

　損益計算書は，一定期間の収益と費用を記載し，その差額を純利益（純損失）として一定期間の「経営成績」を明らかにする計算書である。前述したように，正常収益力の表示を目的とする損益計算書は，「当期業績主義損益計算書」と呼ばれている。当期業績主義の損益計算書には，経常的な活動による損益項目だけが記載される。すなわち，企業活動の業績評価の指標を提供するために，

臨時損益項目や前期損益修正項目は当期業績主義の損益計算書には記載されない。これに対して，処分可能利益の表示を目的にする損益計算書は，「包括主義損益計算書」と呼ばれる。包括主義の損益計算書には，経常的な活動による損益項目以外に，臨時損益項目や前期損益修正項目も含めたすべての損益項目が記載される。会社法と金融商品取引法の損益計算書は，包括主義の損益計算書であるが，段階的な損益計算の途中で当期業績主義の損益も表示している。

損益計算書を作成する場合には，「総額主義の原則」，「費用収益対応の原則」および「区分表示の原則」が適用される。「総額主義の原則」とは，収益項目と費用項目を相殺せずに，総額で表示することを要求する原則である（企原，第二・一・B）。「費用収益対応の原則」とは，収益項目と費用項目を発生源泉により分類し，関連する収益項目と費用項目を対応表示することを要求する原則である（企原，第二・一・C）。また，「区分表示の原則」とは，営業損益計算，経常損益計算および純損益計算の区分により損益を段階的に計算することを要求する原則である（企原，第二・二）。収益項目と費用項目が区分表示されている損益計算書は，「区分式損益計算書」と呼ばれている。一方，収益項目と費用項目を区分表示しない損益計算書は，「無区分式損益計算書」と呼ばれている。

損益計算書の様式には，「勘定式」と「報告式」がある。勘定式では，勘定口座の形式で貸方に収益，借方に費用および純利益（純損失）を報告する。また，報告式では，上から下に，収益と費用を記載し，最後に純利益（純損失）を表示する。勘定式と報告式の損益計算書の一例は，図表7－3のとおりである。

図表7－3　勘定式と報告式の損益計算書

【勘定式】

損 益 計 算 書

費 用 項 目	×××	収 益 項 目	×××
当期純利益	×××		
	×××		×××

【報告式】

損 益 計 算 書

Ⅰ　収 益 項 目	×××	
収 益 合 計		×××
Ⅱ　費 用 項 目	×××	
費 用 合 計		×××
当 期 純 利 益		×××

② 会社法および金融商品取引法における損益計算書

　会社法上の損益計算書では，区分表示が要求される。すなわち，会社法上の損益計算書では，「売上高」，「売上原価」，「販売費及び一般管理費」，「営業外収益」，「営業外費用」，「特別利益」および「特別損失」の項目に区分して表示する必要がある。また，特別利益は，固定資産売却益または前期損益修正益等に細分され，特別損失は，固定資産売却損，減損損失，災害による損失または前期損益修正損等に細分される（会規119）。さらに，「売上総損益」，「営業損益」，「経常損益」，「税引前当期純損益」および「当期純損益」の額を表示する必要がある（会規120-125）。金融商品取引法上の損益計算書と異なり，会社法上の損益計算書では，売上原価の内訳計算は要求されない。それ以外に関しては，会社法上の損益計算書は，金融商品取引法上の損益計算書とほぼ同じである。

　金融商品取引法上の損益計算書でも，会社法上の損益計算書と同様の区分表示が要求される。ただし，金融商品取引法上の損益計算書では，売上原価の内訳計算が要求される（財規75）。

　「財務諸表等規則」（様式第3号）の損益計算書（ただし単年度）は，図表7－4に示すとおりである。

図表7－4　「財務諸表等規則」が要求する個別損益計算書

損　益　計　算　書

Ⅰ　売上高			×××
Ⅱ　売上原価			
1　商品（又は製品）期首たな卸高	×××		
2　当期商品仕入高（又は当期製品製造原価）	×××		
合　　計	×××		
3　商品（又は製品）期末たな卸高	×××	×××	
売上総利益（又は売上総損失）		×××	
Ⅲ　販売費及び一般管理費			
…………	×××		
…………	×××		
販売費及び一般管理費合計		×××	
営業利益（又は営業損失）		×××	
Ⅳ　営業外収益			
受取利息	×××		

　　　　　有価証券利息　　　　　　×××
　　　　　受取配当金　　　　　　　×××
　　　　　仕入割引　　　　　　　　×××
　　　　　投資不動産賃貸料　　　　×××
　　　　　…………　　　　　　　　×××
　　　　　営業外収益合計　　　　　　　　　　×××
　Ⅴ　営業外費用
　　　　　支払利息　　　　　　　　×××
　　　　　社債利息　　　　　　　　×××
　　　　　社債発行費償却　　　　　×××
　　　　　売上割引　　　　　　　　×××
　　　　　…………　　　　　　　　×××
　　　　　営業外費用合計　　　　　　　　　　×××
　　　　　　　経常利益（又は経常損失）　　　×××
　Ⅵ　特別利益
　　　　　前期損益修正益　　　　　×××
　　　　　固定資産売却益　　　　　×××
　　　　　…………　　　　　　　　×××
　　　　　特別利益合計　　　　　　　　　　　×××
　Ⅶ　特別損失
　　　　　減損損失　　　　　　　　×××
　　　　　災害による損失　　　　　×××
　　　　　…………　　　　　　　　×××
　　　　　特別損失合計　　　　　　　　　　　×××
　税引前当期純利益（又は税引前当期純損失）　×××
　法人税，住民税及び事業税　　　　×××
　法人税等調整額　　　　　　　　　×××　　×××
　　　　　当期純利益（又は当期純損失）　　　×××

(3) キャッシュ・フロー計算書

① キャッシュ・フロー計算書の意義・目的・表示

　収益と費用は発生主義会計で認識されるため，その差額である期間損益の額と一定期間の資金の増減額とは一致しない。すなわち，期間損益の額は，一定期間に利用可能な資金の額と密接な関係を有していない。このため，利益を計上しても，債務を返済できない状況が生じる可能性がある。したがって，期間損益以外に，資金フローに関する情報が必要になる。このような必要性を充足

するのが，キャッシュ・フロー計算書である。

「キャッシュ・フロー計算書」は，企業の一定期間におけるキャッシュ・フローの状況を明らかにすることを目的として，営業活動，投資活動および財務活動のキャッシュ・フローを表示し，期中の現金および現金同等物の変動に関する情報を提供する（キャッシュ基準，第一，第二・二）。つまり，キャッシュ・フロー計算書は，企業の現金および現金同等物の創出能力等を明らかにするために，一定期間の資金の流入と流出を明らかにする計算書である。ここに「資金」とは，現金および現金同等物であり，現金には手許現金と要求払預金が含まれ，「現金同等物」は，容易に換金することができ，かつ価値変動について僅少なリスクしか負わない短期投資で構成される（キャッシュ基準，第二・一）。

キャッシュ・フロー計算書において「キャッシュ・フロー」は，「営業活動によるキャッシュ・フロー」，「投資活動によるキャッシュ・フロー」および「財務活動によるキャッシュ・フロー」に分類される（キャッシュ基準，第二・二・1）。営業活動によるキャッシュ・フローの区分には，利益を算定する際に考慮した項目が含まれる（キャッシュ基準，第二・二・1①）。また，法人税等支払額などの投資活動と財務活動に含まれない項目も，営業活動によるキャッシュ・フローの区分に記載される。投資活動によるキャッシュ・フローの区分には，有形固定資産や有価証券等への投資が含まれる（キャッシュ基準，第二・二・1②）。また，財務活動によるキャッシュ・フローの区分には，資金の調達と返済に関連する活動が含まれる（キャッシュ基準，第二・二・1③）。

② キャッシュ・フロー計算書の作成方法（直接法と間接法）

キャッシュ・フロー計算書を作成する場合，「営業活動によるキャッシュ・フロー」の表示方法には，「直接法」と「間接法」という方法がある。

「直接法」は，営業活動によるキャッシュ・フローを直接的に把握する方法であり，営業活動に伴う資金の総収入と総支出を示し，その差額を営業活動によるキャッシュ・フローとして表示する（キャッシュ基準，第三・一・1）。

直接法は，営業活動によるキャッシュ・フローを総額で表示することにより，将来のキャッシュ・フローの予測に有用な情報を提供する。

一方,「間接法」は,営業活動によるキャッシュ・フローを間接的に把握する方法であり,税引前当期純損益を営業活動によるキャッシュ・フローの数値に調整する(キャッシュ基準,第三・一・2)。すなわち,間接法では,税引前当期純損益に,資金に影響を与えない収益や費用,営業活動で生じる資産や負債の増減額,投資活動や財務活動に関連する収益と費用項目を加減して,営業活動によるキャッシュ・フローを算定する。このため,間接法は,キャッシュ・フローの中でも特に重要な営業活動によるキャッシュ・フローを総額で表示できないという欠点を有している。すなわち,間接法を採用した場合には,キャッシュ・フロー計算書において,投資活動と財務活動によるキャッシュ・フローは総額で報告されるが,営業活動によるキャッシュ・フローは総額で表示されないことになる。

「財務諸表等規則」(113条)は,直接法または間接法の選択適用を容認している。このため,コストを要せず,作成が容易である等の理由から,大部分の企業は「間接法」で営業活動によるキャッシュ・フローを報告している。

「財務諸表等規則」(様式第5号および6号)のキャッシュ・フロー計算書(直接法および間接法)の様式(ただし単年度)は,図表7-5のとおりである。

図表7-5　「財務諸表等規則」が要求する個別キャッシュ・フロー計算書

キャッシュ・フロー計算書(直接法)

Ⅰ　営業活動によるキャッシュ・フロー	
営業収入	×× ×
原材料又は商品の仕入れによる支出	－×× ×
人件費の支出	－×× ×
その他の営業支出	－×× ×
小　　計	×× ×
利息および配当金の受取額	×× ×
利息の支払額	－×× ×
損害賠償金の支払額	－×× ×
…………	×× ×
法人税等の支払額	－×× ×
営業活動によるキャッシュ・フロー	×× ×
Ⅱ　投資活動によるキャッシュ・フロー	
有価証券の取得による支出	－×× ×

	有価証券の売却による収入	×××
	有形固定資産の取得による支出	－×××
	有形固定資産の売却による収入	×××
	投資有価証券の取得による支出	－×××
	投資有価証券の売却による収入	×××
	貸付けによる支出	－×××
	貸付金の回収による収入	×××
	…………	×××
	投資活動によるキャッシュ・フロー	×××
Ⅲ	財務活動によるキャッシュ・フロー	
	短期借入れによる収入	×××
	短期借入金の返済による支出	－×××
	長期借入れによる収入	×××
	長期借入金の返済による支出	－×××
	社債の発行による収入	×××
	社債の償還による支出	－×××
	株式の発行による収入	×××
	自己株式の取得による支出	－×××
	配当金の支払額	－×××
	…………	×××
	財務活動によるキャッシュ・フロー	×××
Ⅳ	現金及び現金同等物に係る換算差額	×××
Ⅴ	現金及び現金同等物の増加額(又は減少額)	×××
Ⅵ	現金及び現金同等物の期首残高	×××
Ⅶ	現金及び現金同等物の期末残高	×××

キャッシュ・フロー計算書(間接法)

Ⅰ	営業活動によるキャッシュ・フロー	
	税引前当期純利益(又は税引前当期純損失)	×××
	減価償却費	×××
	減損損失	×××
	貸倒引当金の増加額(又は減少額)	×××
	受取利息及び受取配当金	－×××
	支払利息	×××
	為替差損(又は為替差益)	×××
	有形固定資産売却益(又は有形固定資産売却損)	－×××
	損害賠償損失	×××
	売上債権の増加額(又は減少額)	－×××
	たな卸資産の減少額(又は増加額)	×××
	仕入債務の減少額(又は増加額)	－×××

第7章　決算報告書の作成

…………	×××
小　計	×××
利息及び配当金の受取額	×××
利息の支払額	－×××
損害賠償金の支払額	－×××
…………	×××
法人税等の支払額	－×××
営業活動によるキャッシュ・フロー	×××
Ⅱ　投資活動によるキャッシュ・フロー	
⋮	
以下省略	
⋮	

　図表7-5のキャッシュ・フロー計算書は，現金及び現金同等物の増加額に現金及び現金同等物の期首残高を加算し，現金及び現金同等物の期末残高を算定しているので，「照合様式」と呼ばれている。この照合様式を適用すると，キャッシュ・フロー計算書と貸借対照表の関係が明確になる。

　営業活動によるキャッシュ・フローから投資活動によるキャッシュ・フロー（マイナスの場合はその絶対額）を控除した額は，一般に，「フリー・キャッシュ・フロー」と呼ばれている。フリー・キャッシュ・フローは，企業評価等で利用されている。

(4)　株主資本等変動計算書

　現行の企業会計では，「その他有価証券の評価差額金」や「為替換算調整勘定」等の純資産の部に直接計上される項目が増加し，自己株式の取得や処分等の純資産の部の変動要因が増加している。また，会社法の規定により，「剰余金の配当」をいつでも行うことが可能になり，株主資本の計数をいつでも変動させることが可能になった。このため，貸借対照表と損益計算書だけでは，資本金，準備金および剰余金の額の連続性を把握することが困難になっている。

　貸借対照表の「純資産の部」の1会計期間中の変動のうち，主として，株主資本の各項目の変動の事由を明らかにする計算書として「株主資本等変動計算

書」が作成される（基準6号1項）。株主資本等変動計算書では、「株主資本」の各項目について、当期首残高、当期変動額および当期末残高に区分し、当期変動額は変動事由ごとにその金額を表示する必要がある（基準6号6項）。また、「評価・換算差額等」と「新株予約権」に関しては、当期首残高、当期変動額および当期末残高に区分し、当期変動額は純額で表示する（基準6号8項）。「株主資本等変動計算書」の様式は、図表7-6のとおりである（適用指針9号3項）。

図表7-6　株主資本等変動計算書の様式
株主資本等変動計算書

	株主資本							評価・換算差額等			新株予約権	純資産合計
	資本金	資本剰余金		利益剰余金		自己株式	株主資本合計	その他有価証券評価差額金	繰延ヘッジ損益	評価・換算差額等合計		
		資本準備金	その他資本剰余金	利益準備金	その他利益剰余金							
					×積立×金	繰越剰余利益金							
当期首残高	××	××	××	××	××	××	△×	××	××	××	××	××	××
当期変動額													
新株の発行	××	××						××					××
剰余金の配当				××		△×		△×					△×
当期純利益						××		××					××
自己株式の処分							××	××					××
…………													
株主資本以外の項目の当期変動額（純額）									××	××	××	××	××
当期変動額合計	××	××	−	××	−	××	××	××	××	××	××	××	××
当期末残高	××	××	××	××	××	××	△×	××	××	××	××	××	××

(5) 附属明細表

「附属明細表」は、財務諸表本体に記載された重要な項目の詳細を示す財務表である。「財務諸表等規則」（第121条）によれば、提出会社が個別財務諸表を作成する場合には、有価証券明細表、有形固定資産等明細表、社債明細表、借入金等明細表、引当金明細表および資産除去債務明細表を作成する必要がある。なお、提出会社が連結財務諸表を作成する場合には、社債明細表、借入金等明

細表，資産除去債務明細表は作成する必要がない（財規121）。たとえば，「財務諸表等規則」（様式第7号）の有価証券明細表の様式は，図表7－7のとおりである。

図表7－7　「財務諸表等規則」の有価証券明細表

【株　式】
有価証券明細表

銘　　柄	株　式　数　(株)	貸借対照表計上額 (円)
計		

(6) 注記事項

「注記」とは，財務諸表の重要な項目を補足的に説明するための事項である。注記事項には，次のようなものがある。

1) 会計方針

代替的な会計方法が容認されている場合には，企業は採用した会計方針を注記する必要がある。重要な会計方針には，次の項目が含まれる（財規8の2）。

① 有価証券の評価基準及び評価方法
② 棚卸資産の評価基準及び評価方法
③ 固定資産の減価償却方法
④ 繰延資産の処理方法
⑤ 外貨建資産・負債の本邦通貨への換算基準
⑥ 引当金の計上基準
⑦ 収益・費用の計上基準
⑧ ヘッジ会計の方法
⑨ キャッシュ・フロー計算書における資金の範囲
⑩ その他財務諸表作成のための基本となる重要事項

2) 後発事象

決算日後，財務諸表の作成日までに発生した事象で，次期以降の経営成績や財政状態に影響を与えるものは，「後発事象」と呼ばれる。重要な後発事象は，

注記する必要がある。重要な後発事象には，次のものが含まれる（注解1－3，財規ガイド8の4）。

① 火災・出水等による重大な損害の発生
② 多額の増資または減資，および多額の社債の発行または繰上償還
③ 会社の合併，重要な営業の譲渡または譲受け
④ 重要な係争事件の発生または解決
⑤ 主要な取引先の倒産
⑥ 株式併合及び株式分割

3） 偶発事象

「偶発事象」とは，利益または損失が発生する可能性が不確実な状況が，貸借対照表日現在に存在し，その不確実な状況は将来において事象が発生または発生しないことにより解消される事象である。主要な偶発事象には，次の項目が含まれる（財規58，58の2）。

① 割引手形，裏書手形
② 債務保証
③ 係争事件の損害賠償義務

4） 時価情報

時価情報の注記において，金融商品の時価情報が開示される。すなわち，その注記において，重要性の乏しいものを除くすべての金融商品について，時価情報が開示されている（財規8の6）。

5） 継続企業情報

継続企業としての存続能力について重大な疑問を生じさせる事象や状況が存在する場合には，経営者はその内容を注記する必要がある（会規131，財規8の27）。

6） 1株当たり情報

1株当たり情報として，「1株当たり純資産額」，「1株当たり当期純利益」および「潜在株式調整後1株当たり当期純利益」を注記する必要がある（財規68の4，95の5の2）。「1株当たり当期純利益」の算定は，「基準2号」（12項，21

項）で規定されている。1株当たり純資産額，1株当たり当期純利益および潜在株式調整後1株当たり当期純利益は，下記算式により算定される。

$$1株当たり純資産額 = \frac{純資産額}{期末発行済普通株式数}$$

$$1株当たり当期純利益 = \frac{普通株式に係る当期純利益}{普通株式の期中平均株式数}$$

$$潜在株式調整後1株当たり当期純利益 = \frac{損益計算上の当期純利益 + 当期純利益調整額}{普通株式の期中平均株式数 + 普通株式増加数}$$

【設例7－1】

次の資料から，(a)1株当たり純資産額，(b)1株当たり当期純利益および(c)潜在株式調整後1株当たり当期純利益を算定しなさい。なお，円未満の端数および1株未満の端数は，小数点以下第3位を四捨五入しなさい。会計期間は×1年4月1日から×2年3月31日までの1年間である。

① 貸借対照表の純資産額は，21,750百万円である。
② 損益計算書の純利益額は，1,450百万円である。
③ 期首現在の発行済株式総数は，普通株式7,500,000株である。
④ 新株予約権付社債（転換社債型）を，×1年10月31日に額面で発行した。その額面額は，3,960百万円である。そのすべての権利が行使されると，普通株式が2,640,000株発行される。当期中に支払った利息は，45百万円であった。なお，この新株予約権付社債は，一括法で処理している。
⑤ ×2年2月1日に，新株予約権が行使された。それに伴って，普通株式が600,000株発行された。
⑥ 法人税の実効税率は，40％である。

(a) 1株当たりの純資産額：

$$\frac{21,750百万円}{8,100,000株^*} = 2,685円19銭$$

　　＊　7,500,000株＋600,000株＝8,100,000株

265

(b) 1株当たり当期純利益：

$$\frac{1,450百万円}{7,596,986株*}=190円87銭$$

* $7,500,000株\times\dfrac{306日}{365日}+(7,500,000株+600,000株)\times\dfrac{59株}{365日}$
  $=7,596,986株$

(c) 潜在株式調整後1株当たり当期純利益：

$$\frac{1,450百万円+27百万円*^1}{7,596,986株+995,178株*^2}=171円90銭$$

* 1　45百万円×（1−40%）＝27百万円
* 2　$2,640,000株\times\dfrac{92日*^{\mathrm{i}}}{365日}+(2,640,000株-600,000株)\times\dfrac{59日*^{\mathrm{ii}}}{365日}$
  $=995,178株$
  * i　発行の翌日（01年11月1日）から権利行使の前日（02年1月31日）までの日数
  * ii　権利行使日（02年1月31日）から決算日（02年3月31日）までの日数

3　四半期財務諸表の作成

(1)　四半期財務諸表の意義・種類

　第1章で述べたように，「金融商品取引法」（第24条の4の7）に基づき，平成20年4月1日以後に開始する事業年度からは，上場会社は「四半期報告書」を四半期末から45日以内に内閣総理大臣に提出しなければならない。四半期報告書とは，「四半期財務諸表」を含んだ報告書をいい，四半期財務諸表とは四半期会計期間ごとに決算した財務諸表をいう。なお，「四半期会計期間」とは，1連結会計年度または1事業年度が3ヶ月を越える場合に，当該年度の期間を3ヶ月ごとに区分した期間をいう（基準12号4項）。

　「四半期財務諸表」は，投資家に対する迅速な企業情報の開示のために，この3ヶ月間の企業の財務状況を投資家に報告することを目的としている。上場

第7章　決算報告書の作成

　会社が3ヶ月ごとに「四半期報告書」を作成する「四半期決算」は，従来は証券取引所の自主ルールで行われていたが，金融商品取引法に基づく正式な決算となった結果，上場会社においては「中間決算」が原則的に廃止され，年1回の本決算と年3回の四半期決算に再編された。また，東京証券取引所は30日以内に「四半期決算短信」を発表することを要請している。さらに，四半期財務諸表の保証手続として「レビュー」の導入が義務付けられ，レビュー手続きに係る保証基準が整備されている。

　四半期財務諸表には，「四半期連結財務諸表」と「四半期個別財務諸表」の2種類がある。四半期連結財務諸表は，「四半期連結貸借対照表」，「四半期連結損益計算書」，「四半期連結包括利益計算書」，「四半期連結キャッシュ・フロー計算書」から成る。四半期個別財務諸表は，「四半期個別貸借対照表」，「四半期個別損益計算書」，「四半期個別キャッシュ・フロー計算書」から成る。ただし，「四半期連結財務諸表」を開示する場合，「四半期個別財務諸表」の開示を必要としない（基準12号5項-6項）。

　なお，年次財務諸表との整合性の観点から，「四半期株主資本等変動計算書」を含めるべきという考えもあったが，株主資本の金額に著しい変動があった場合のみ，その変動要因等を注記すれば足りるという考え方が採られた。その理由は，(1)日本よりも導入がかなり早かった米国においてもその開示を求めておらず，財政状態に重大な変動がある場合に限り注記が求められていること，(2)この開示は従来の連結剰余金計算書よりも作成日数がかかり，決算後45日以内での開示は企業側の負担になるからである（基準12号36項）。

(2)　四半期財務諸表の開示対象期間

　四半期貸借対照表，四半期損益計算書および四半期キャッシュ・フロー計算書の開示対象期間に関しては，以下のとおりである。

　「四半期貸借対照表」の開示対象期間は，四半期会計期間の末日の四半期貸借対照表に加えて，前年度の末日（1年前の同日）の要約貸借対照表が作成・開示される（基準12号7項(1)）。四半期損益計算書の開示対象期間には，次の3つ

の考え方がある（基準12号37項）。
　(a)　「期首からの累計期間」の情報のみの開示
　　　　この考えは，四半期損益計算書は年間の業績見通しの進捗度を示す情報を開示するということに基づく。
　(b)　「四半期会計期間」の情報のみの開示
　　　　この考えは，収益動向の変化点を開示するということに基づく。
　(c)　「期首からの累計期間」および「四半期会計期間」の情報開示
　　　　この考えは，上記の2つをともに開示するものである。

　これまでのわが国の上場企業の四半期損益計算書の開示状況は，(a)の「期首からの累計期間」の情報のみを開示している場合が多い。しかし，今日の証券市場のグローバル化，証券アナリストの開示ニーズを踏まえ，国際的な会計基準と同様に，四半期損益計算書の情報に関しては，(c)の「期首からの累計期間」および「四半期会計期間」の情報開示が求められることになった（基準12号37項）。

　上記の開示のほかに，前年度におけるそれぞれ対応する期間の「四半期損益計算書」や「四半期包括利益計算書」を開示しなければならない（基準12号7項(2)）。

　「四半期キャッシュ・フロー計算書」の開示対象期間は，開示ニーズと情報の適時性とを比較検討し，国際的な基準と同様，「期首からの累計期間」の情報のみを開示する（基準12号38項）。したがって，「期首からの累計期間」の四半期キャッシュ・フロー計算書および前年度における対応する期間の四半期キャッシュ・フロー計算書が作成・開示されることになる。

(3)　四半期財務諸表の基本的な作成基準

①　四半期財務諸表の性格

　作成基準を具体的に説明する前に，四半期財務諸表の性格について，「実績主義」と「予測主義」の2つについて説明しよう。これは，中間財務諸表の作成の際と全く同じ問題である。

第7章　決算報告書の作成

「実績主義」は，年度決算と同じ会計処理を用いることである。この考えは，四半期会計期間を年度と並ぶ一会計期間と見ている。これに対して，「予測主義」は，年度決算と同じ会計処理を用いず，部分的に異なる会計処理を適用することである。この考え方は，四半期会計期間を年度の一構成部分と見る。

今日では，予測主義に伴う恣意的判断の介入や計算手続の明確化，さらに中間財務諸表の作成基準も予測主義から実績主義に変更となったことを受け，「実績主義」が四半期財務諸表作成の基本的な考え方となった（基準12号39項）。

② 四半期決算手続

「四半期決算手続」には，具体的に下記の3つの考え方がある（基準12号41項）。

(a) 四半期単位積上げ方式

　これは，四半期会計期間を1会計期間として3ヶ月情報を作成し，各四半期会計期間の3ヶ月情報を積み上げていく方式である。

(b) 累計差額方式

　これは，年度の財務諸表との整合性を重視して，四半期ごとに過去の四半期財務諸表を洗い替えて再計算することにより累計情報を作成する。そして，3ヶ月情報は当該四半期の累計情報から直前の四半期の累計情報を差し引いて計算する方法である。

(c) 折衷方式

　これは，第3四半期の決算手続きにおいて，第2四半期までは「累計差額方式」で作成し，それに「四半期単位積上げ方式」で作成した第3四半期の3ヶ月情報を合算する方法である。それゆえ，上記2つの方法の折衷方式と呼ばれている。

企業は，財務諸表利用者の投資意思決定を誤らせないように，上記の3つの方法の1つを選択適用することができる（基準12号41項）。

(4) 四半期連結財務諸表の作成基準

① 会計処理の原則および手続

「四半期連結財務諸表」は，当然ながら「一般に公正妥当な会計原則」に基

づいて作成されなければならない。四半期連結財務諸表の作成にあたっては，四半期特有の会計処理（後述される）を除いて，前述のように，原則として年度決算と同じ会計処理，すなわち「実績主義」で計算される（基準12号8－9項）。ただし，四半期連結財務諸表を作成する際には，財務諸表利用者の投資意思決定を誤らせない限り，「簡便的な会計処理」が認められている（基準12号47項）。たとえば，一般債権の貸倒見積高の算定（適用指針14号3項），棚卸資産の実地棚卸の省略（適用指針14号6項），棚卸資産の収益性の低下による簿価の切下げ（適用指針14号8項），原価差異の配賦方法（適用指針14号9項），減価償却費の算定における定率法の採用時の期間按分計算（適用指針14号13項），重要性が乏しい連結会社における税金費用の計算（適用指針14号18項）などについて，「簡便的会計処理」が容認されている。

　いずれにせよ，四半期連結財務諸表を作成する際に採用した会計処理の原則や手続には，「継続性の原則」が適用され，みだりに変更してはならない（基準12号10項）。「四半期連結財務諸表」を作成する際に，子会社の「四半期決算日」が四半期連結決算と異なる場合には，子会社は「四半期連結決算日」に本会計基準に準ずる合理的な手続で四半期決算を行わなければならない。なお，この差異の期間が3ヶ月を超えない場合には，子会社の四半期決算を基礎として，「四半期連結決算」を行うことができる。ただし，連結会社間の取引に係る会計記録の重要な不一致に関しては，必要な整理を行わなければならない（基準12号15項）。

② 四半期特有の会計処理方法

　四半期財務諸表は，「実績主義」に基づいて，年度決算と同様な会計処理を行われるが，これを四半期財務諸表に貫徹すると，売上原価や営業利益に関して繰延処理や繰上計上が認められないことになる。そこで，1）原価差異の繰延処理，2）税金費用の計算についても，四半期特有の会計処理が認められている（基準12号11－12，14項）。

第7章　決算報告書の作成

1) 原価差異の繰延処理

　標準原価計算等を採用している場合において，原価差異が操業度等の季節的な変動に起因して発生したものであり，かつ，原価計算期間末までにほぼ解消が見込まれるときには，継続適用を条件として，当該原価差異を流動資産または流動負債として繰り延べることができる（基準12号12項）。この原価差異の繰延処理が四半期特有の会計処理として認められた理由は，操業度が季節的に大きく変動することにより，売上高と売上原価の対応関係が適切に表示されない可能性を考慮したことによる（基準12号50項）。

【設例7－2】

　A社（3月期決算）は製造メーカーであり，標準原価計算制度を採用している。当年度では，第2四半期に2ヶ月程稼動を停止し，製造機械の修繕を行う予定である。そのため，修繕に伴う操業度の変動に起因して原価差異（操業度差異）が発生する。原価標準の設定の際に使用された予想操業度は，［第1表］のとおりである。

［第1表］

予想操業度＼期	第1四半期	第2四半期	第3四半期	第4四半期	合　　計
個　　数	600,000	200,000	600,000	600,000	2,000,000

　原価差異（操業度差異）は，原価計算期末（当該年度末）までにほぼ解消することが見込まれている。実際の操業度，標準原価，原価の実際発生額および原価差異（これはすべて操業度差異である）は，［第2表］のとおりである。

［第2表］

（単位：百万円）

内　訳＼期	第1四半期	第2四半期	第3四半期	第4四半期
標　準　原　価	60,000	20,200	59,400	60,200
実　際　発　生　額	53,000	41,060	52,820	53,060
原価差異（3ヶ月）	7,000	△ 20,860	6,580	7,140
原価差異（累計期間）	7,000	△ 13,860	△ 7,280	△ 140

271

上記の資料をもとに，第1・第2・第3四半期末における原価差異の繰延処理の仕訳を示しなさい（適用指針14号［設例1］一部修正）。

(1) 第1四半期末（単位：百万円）：

　（借）売　上　原　価　　7,000※1　（貸）その他の流動負債　　7,000

　　　※1　標準原価と実際発生額との相違から，［第2表］のように原価差異（累計期間）が貸方残高として7,000百万円生じている。これは操業度の季節的な変動に起因して発生したものであるので，原価計算期間末までにほぼ解消することが見込まれることから，当該原価差異の売上原価・棚卸資産への配賦等は行わず，流動負債として繰り延べる。

(2) 第2四半期末（単位：百万円）：

　（借）その他の流動負債　　7,000　　（貸）売　上　原　価　　7,000※2
　　　その他の流動負債　　13,860　　　　　売　上　原　価　　13,860※3

　　　※2　第1四半期末での仕訳を戻し入れている。
　　　※3　第2四半期末における期首からの累計の原価差異（［第2表］参照）

(3) 第3四半期末（単位：百万円）：

　（借）売　上　原　価　　13,860※4　（貸）その他の流動負債　　13,860
　　　その他の流動負債　　7,280　　　　　売　上　原　価　　7,280※5

　　　※4　第2四半期末での仕訳を戻し入れている。
　　　※5　第3四半期末における期首からの累計の原価差異（［第2表］参照）

2） 後入先出法における売上原価修正

　棚卸資産の評価方法に「後入先出法」を採用している場合，棚卸資産の四半期会計期間の末日における数量が年度の期首の数量より少ないが，年度の末日までに不足分を補充することが合理的に見込まれるときには，継続適用を条件として以下のような処理を行う。すなわち，その再調達価額に基づいて売上原価を加減し，当該加減した金額を流動資産または流動負債として繰り延べる（基準12号13項）。これは，前述の1）原価差異の繰延処理と同様，売上高と売上原価との適切な対応を図るために売上原価に修正を施す必要があるからである。

　なお，後入先出法は「基準9号」により廃棄されたので，後入先出法における売上原価修正を行う必要はない。

第7章　決算報告書の作成

---【設例7－3】---

　A社は，商品Xの評価方法に後入先出法を採用している。期首の商品Xの数量は500千個であり，単価はすべて2,000円であった。第3四半期末までの払出数量が同期間の仕入数量を100千個上回っているが，年度の末日までにその不足分を補充することが合理的に見込まれている。第3四半期末における商品Xの再調達価額が3,000円である場合，第3四半期末の売上原価の修正を行いなさい（適用指針14号［設例2］一部修正）。

　第3四半期末（単位：百万円）：
　　（借）売　上　原　価　　　100※　　（貸）その他の流動負債　　　100
　　　　　※　期首残高から払い出された商品100千個の簿価：200
　　　　　　　上記商品の再調達価額：300
　　　　　　　売上原価に加減すべき金額：300－200＝100

3）　税金費用の計算

　親会社ならびに連結子会社に対する法人税等については，四半期会計期間を含む年度の法人税等の計算に適用される税率に基づき，原則として年度決算と同様な方法により計算する。なお，この際の繰延税金資産・負債は，回収可能性を検討した上で，四半期貸借対照表に計上する。ただし，税金費用に関しては，四半期会計期間を含む年度の税引前当期純利益に対する税効果会計適用後の実効税率を合理的に見積り，税引前四半期純利益に当該見積実効税率を乗じて計算することができる（基準12号14項）。

---【設例7－4】---

　親会社A社の連結財務諸表において，連結子会社B社は重要性が乏しいと判定されている。前年度のB社の損益計算書（抜粋）は以下のとおりである。

　　税引前当期純利益　　　　　2,000百万円
　　法人税，住民税及び事業税　　 880百万円
　　法人税等調整額　　　　　　△80百万円
　　当期純利益　　　　　　　　1,200百万円

273

なお，当第3四半期におけるB社の期首からの累計期間にかかる税引前四半期純利益は1,000百万円である。また，B社の四半期財務諸表上の一時差異等の発生状況については，前年度末から大幅な変動はない。第3四半期末の仕訳を示しなさい（適用指針14号［設例3］一部修正）。

第3四半期末（期首からの累計期間）（単位：百万円）：

（借）法人税，住民税および事業税　400※　（貸）未払法人税等　400

※　B社の法人税，住民税および事業税は以下のように計算される。
① 前年度の税効果会計適用後の法人税等の負担計算：
$(880-80) \div 2,000 = 40\%$
② 期首からの累計期間の税金費用の計算：
第3四半期におけるB社税引前四半期純利益$1,000 \times ①(40\%) = 400$

(5) 四半期個別財務諸表の作成基準

「四半期個別財務諸表」の作成のための会計処理の原則および手続は，前述した「四半期特有の会計処理」を除き，原則として「年次個別財務諸表」の作成にあたって採用する会計処理の原則および手続に準拠しなければならない。四半期連結財務諸表と同様に，四半期個別財務諸表を作成する際には，財務諸表利用者の投資意思決定を誤らせない限り，「簡便的な会計処理」が認められている（基準12号20項）。

また，四半期個別財務諸表を作成するための会計処理の原則および手続は，これを継続して適用し，みだりに変更してはならない（基準12号21項）。四半期個別財務諸表作成のための特有な会計処理は，四半期連結財務諸表で説明した①原価差異の繰延処理，②後入先出法における売上原価修正，③税金費用の計算の取り扱いに準ずる（基準12号22項）。

このように，「四半期個別財務諸表」の作成のための会計処理の原則および手続は，基本的に「四半期連結財務諸表」の作成のそれと同じである。

(6) 四半期財務諸表における表示

　四半期連結財務諸表の表示方法は，年度の連結財務諸表に準ずる。ただし，四半期連結財務諸表における個々の表示科目は，財務諸表利用者の判断を誤らせない限りにおいて，集約して記載することができる（基準12号17項）。また，四半期連結財務諸表における資産，負債，純資産，収益，費用等の各表示科目及び表示区分は，年度の連結財務諸表における表示との整合性を勘案しなければならない（基準12号18項）。

　四半期個別財務諸表の表示方法は，年度の個別財務諸表に準じる。ただし，四半期連結財務諸表同様，四半期個別財務諸表における個々の表示科目は，財務諸表利用者の判断を誤らせない限りにおいて，集約して記載することができる（基準12号23項）。また，四半期個別連結財務諸表における資産，負債，純資産，収益，費用等の各表示科目及び表示区分は，年度の個別財務諸表における表示との整合性を勘案しなければならない（基準12号24項）。

第8章 財務諸表分析

1 財務諸表分析の意義・種類

　これまでの各章では，主として会計情報の作成されるプロセスに焦点が当てられてきた。本章では，作成・公表された会計情報がどのように利用されるかについて説明する。主な会計情報は，貸借対照表，損益計算書，キャッシュ・フロー計算書であり，これらの会計情報は，一般に次の伝達メディアにより入手できる。

(a) 有価証券報告書

　上場企業（未上場でも提出の対象企業はある）は決算日から3か月以内に有価証券報告書を提出する。インターネットでは，EDINETという金融庁のサイト，あるいは各企業のHPで有価証券報告書が閲覧・ダウンロードできる。

(b) 決算短信

　東京証券取引所が開示を要求する会計情報で，決算日から45日以内の開示が適当とされている。インターネットでは東京証券取引所のサイトで，東証上場会社情報サービスとして過去約5年分が閲覧できるほか，各企業のHPで閲覧・ダウンロードできる。東京証券取引所の記者クラブで行われる決算発表はテレビや新聞でも取り上げられている。有価証券報告書とは異なり，会計監査

人の監査を経ていないので注意が必要であるが，有価証券報告書より早く入手できるため即時性に優れている。

(c) **決算公告**

これは株主総会の開催後に遅滞なく日刊新聞に公告される貸借対照表と損益計算書のダイジェストであるが，現在では電子情報開示すなわち会社のＨＰ上での開示も認められているため，コスト削減のため日刊新聞での公告を取りやめ，ＨＰでの開示に切り替える企業が多い。ＨＰでは有価証券報告書と同等の内容が開示される場合が多い。

(d) **アニュアル・レポート**

会社によっては，有価証券報告書とは別に，アニュアル・レポート（和文・英文）を作成することがある。写真や図表を多用して，中身に工夫をこらしている。これも企業のＨＰで閲覧・ダウンロードできる。

会計情報を利用した財務諸表分析は，さまざまな利用者により，それぞれの目的に従って行われている。利用者として，企業の発行する株式等に投資する投資家，企業に資金を融資する債権者のほか，その会社で働く従業員，取引先，就職を控えた学生などが挙げられる。利用者によって目的は異なるが，その企業の将来性を予測することが重要であることは共通している。

財務諸表を利用して企業分析を行う場合，「収益性」，「効率性」，「安全性」などについて分析することが重要である。収益性の分析では，どれだけの資本をもとにどれだけの利益を生み出したか，どれだけの売上からどれだけの利益を生み出したかが検討される。

図表８－１で示されるように，資本と利益の関係は「資本利益率」で示される。資本が同じなら利益は大きいほうが効率的であり，逆に，利益が同じなら資本は少ないほうが効率的である。売上と利益の関係は「売上利益率」であらわされる。売上が同じなら利益は大きいほうが効率的であり，逆に，利益が同じなら売上は少ないほうが効率的である。資本と売上の関係は「資本回転率」で示される。資本が同じなら売上は大きいほうが効率的であり，逆に，売上が同じなら資本は少ないほうが効率的である。この三者の関係は「収益性」を分

第8章　財務諸表分析

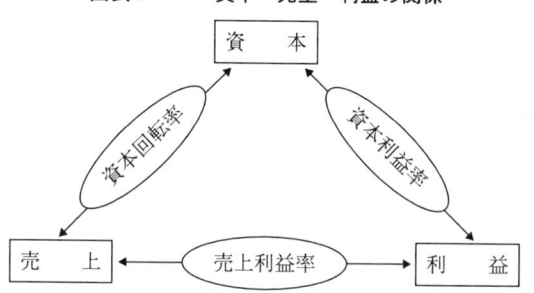

図表8-1　資本・売上・利益の関係

```
           資　本
          ↗     ↖
    資本回転率   資本利益率
       ↙          ↘
   売　上 ── 売上利益率 ── 利　益
```

析する上での基本といってよい。

　貸借対照表の各資産・負債と損益計算書の売上高の関係をみるのが「効率性」の分析である。したがって、より少ない資産でより多くの売上高をあげれば効率性は高いといえる。

　「安全性」とは企業の財政状態が健全であり、債務不履行などにより倒産することがないことをいう。

　会計情報は公表された時点での事実と過去の事実を示しているにすぎないといわれることもあるが、将来を予測する上で、過去の業績の推移を分析することはきわめて重要である。財務諸表分析の方法として、次の3つが挙げられる。

① 対象企業の過年度の数値について、そのトレンドを分析する「時系列比較」

② 対象企業のある年度の数値を同一業界の他社の数値と比較する「企業間比較」

③ 対象企業のある年度の数値を目標値や業界の平均値と比較する「ベンチマークとの比較」

　これらのうちいずれかを選択して分析することもありうるが、組み合わせて分析するのが一般的であろう。

2 収益性の分析

(1) 自己資本利益率

自己資本利益率（Return On Equity：以下，ＲＯＥと略す）は，下記算式で示される。

$$ROE = \frac{当期純利益}{自己資本} \times 100(\%)$$

ＲＯＥの分子の当期純利益は株主に帰属する利益であり，分母の自己資本は株主の拠出した資金であるから，ＲＯＥは株主の立場から見た利益率であるといえる。なお，資本の部は会社法導入により純資産の部と呼ばれるようになったが，連結財務諸表を利用してＲＯＥを計算する場合，分母については純資産から少数株主持分と新株予約権を差し引く必要がある。また，分母の自己資本については期首自己資本と期末自己資本の期中平均が用いられる。

(2) 総資本利益率

総資本利益率（Return On Assets：以下，ＲＯＡと略す）は，下記算式で示される。

$$ROA = \frac{事業利益}{総資本} \times 100(\%)$$

ＲＯＡにおける分子の事業利益は営業利益と受取利息・配当金の合計であり，本業（営業活動）と投資活動からの利益を合算したものである。総資本を利用することで得られた利益といえる。分母の総資本は誰が拠出したかによらず，提供された資金の合計を指している。分母の総資本については，期首総資本と期末総資本の期中平均が用いられる。

(3) 自己資本利益率と総資本利益率の比較

下記のケース１，ケース２において，当期純利益を75として，ＲＯＥとＲＯ

Aを比較してみる。計算の便宜上，ROAの分子にも当期純利益を使用し，自己資本および総資本として期末の値を用いる。

（ケース1）
貸借対照表

資　産 1,000	負　債 250
	自己資本 750

（ケース2）
貸借対照表

資　産 1,000	負　債 750
	自己資本 250

利益率	ケース1	ケース2
ROE	10%	30%
ROA	7.5%	7.5%

　総資本はケース1，ケース2のいずれも同じであり，負債と自己資本の割合が異なっても，利益額が同じである限り，ROAは同じになる。それに対して，ROEは利益額が同じであっても，自己資本の額が小さいケース2の方が大きくなる。ROEとROAのいずれか一方だけを計算したとすると，ROAだけ計算した場合は，2つのケースに違いはないと判断するであろうし，ROEだけ計算した場合はケース1よりケース2の方が業績が良いと判断するであろう。これらは誤りであり，ROEとROAを合わせてみることが重要である。

(4) 自己資本利益率の3分解（デュポン・システム）

　ROEを「売上純利益率」，「総資本回転率」，「財務レバレッジ」の3つの要素に分解して，ROEがどの要素の影響を受けているか分析する。これは，アメリカの化学会社デュポンが開発したことから「デュポン・システム」とも呼ばれる。売上純利益率は収益性，総資本回転率は効率性，財務レバレッジは安全性の指標である。この3分解により時系列比較ないし企業間比較を行えば，ROEの変化が3要素のどこから生じているか，さらにその要素の変化の原因

を探ることもできる。

$$ROE = \frac{当期純利益}{売上高} \times 100(\%) \times \frac{売上高}{総資本} \times \frac{総資本}{自己資本}$$

　　　　　　　　↓　　　　　　　　　　↓　　　　　　　　↓
　　　　　　売上純利益率(%)　　　総資本回転率(回)　　財務レバレッジ(倍)
　　　　　　　（収益性）　　　　　　（効率性）　　　　　（安全性）

(5) 売上利益率

まず，損益計算書の仕組みを復習しておく。図表8－2は損益計算書と売上利益率の関連を示している。

図表8－2　損益計算書（報告式）と売上利益率

損益計算書（報告式）
　　　売　上　高
　　－売 上 原 価
　　　売上総利益……(a)売上総利益/売上高×100＝売上総利益率
　　－販　管　費
　　　営 業 利 益……(b)営業利益/売上高×100＝売上高営業利益率
　　＋営業外収益
　　－営業外費用
　　　経 常 利 益……(c)経常利益/売上高×100＝売上高経常利益率
　　＋特 別 利 益
　　－特 別 損 失
　　　税引前当期純利益
　　－法人税・住民税・事業税
　　±法人税等調整額
　　　当期純利益……(d)当期純利益/売上高×100＝売上純利益率

(a)〜(d)は各段階の利益と売上高の関係をみる比率である。売上高を100％としたとき，売上総利益，営業利益，経常利益，当期純利益がそれぞれ何％になるかを示したものである。

(a) 売上総利益率

売上総利益率は次の計算式で示される。

第8章　財務諸表分析

$$売上総利益率 = \frac{売上総利益}{売上高} \times 100(\%)$$

　売上総利益（あら利，粗利，荒利などと呼ばれる）は売上高マイナス売上原価で計算されるから，売上高を増やすか，売上原価を下げれば（あるいは両方），売上総利益の金額は増加する。

　ただし，「売上総利益率」は売上高と売上総利益それぞれの増減変動の組み合わせで決まるので，その変化割合を比較する必要がある。たとえば，売上総利益が増加しても，売上高の増加割合の方が高ければ売上総利益率は減少する。

(b)　**売上高営業利益率**

　売上総利益から「販売費及び一般管理費」（以下，販管費と略す）を差し引いた差額が営業利益であり，本業から生じた利益を意味している。メーカーの本業は製品の製造・販売であり，小売業の本業は商品の仕入・販売である。「売上高営業利益率」は，下記算式で示される。

$$売上高営業利益率 = \frac{営業利益}{売上高} \times 100(\%)$$

　「売上総利益率」の変化がないにもかかわらず「売上高営業利益率」が変化しているとすれば，販管費の支出額に増減があったことになるから，その内訳を分析すれば，どの項目からその変化が生じたか把握できる。たとえば，販管費を削減すれば，営業利益は増加し，売上高営業利益率は上昇する。逆に販管費への支出を増やせば営業利益は減少し，売上高営業利益率は下落する。

　販管費には，さまざまな勘定科目が含まれる。とりわけ，広告宣伝費，人件費，研究開発費，減価償却費は重要である。

(c)　**売上高経常利益率**

　「経常利益」は本業の成果と財務活動（財テク）の成果を合わせた結果をあらわしている。本業があまり儲からなくても，財テクで儲けている会社もある。日本では経常利益が重視されてきたが，これだけみていると判断を誤ることがあり，営業利益と経常利益を合わせてみる必要がある。たとえば，任天堂は海外売り上げが大半を占めている上に多額の外貨預金を保有しているため，為替

レートの変動から大きな影響を受けている。多額の為替差益が発生した年度には，営業利益より経常利益が大きくなる。

「売上高経常利益率」は，次の計算式で示される。

$$売上高経常利益率 = \frac{経常利益}{売上高} \times 100 (\%)$$

経常利益は営業利益に営業外収益を加算し，営業外費用を差し引いたものである。営業外損益は，財務活動から生じた損益をあらわしている。成長途上の会社では営業外費用が多いことがある。これは成長に必要な資金を借り入れるため，その利息費用が生じるからである。

(d) **売上純利益率**

「売上純利益率」は，次の計算式で示される。

$$売上純利益率 = \frac{当期純利益}{売上高} \times 100 (\%)$$

「売上純利益率」は，株主に帰属する当期純利益の売上高に対する割合を示している。

3 効率性の分析

(1) 総資本回転率（総資産回転率）

「総資本回転率」は，総資本ないし総資産を利用して，どれだけ売上をあげたかを示している。総資本と同額の売上高が計上された場合，投下された資本がちょうど売上を通じて回収されたことを意味し，資本が1回転したとみる。売上による総資本の回収のスピードをあらわすといってもよい。

$$総資本回転率 = \frac{売上高}{総資本} (回)$$

(2) 資産回転率

総資本（総資産）と売上高の関係だけでなく，個々の資産と売上高の関係を

第8章　財務諸表分析

みることもできる。ここでは，棚卸資産回転率と売上債権回転率を紹介する。

① **棚卸資産回転率**

「棚卸資産回転率」は，1年の売上が棚卸資産の何倍に相当するかを示す比率である。

$$棚卸資産回転率 = \frac{売上高}{棚卸資産}（回）$$

② **売上債権回転率**

1年の売上が売上債権（売掛金と受取手形の合計額）の何倍に相当するかを示す比率が，「売上債権回転率」である。

$$売上債権回転率 = \frac{売上高}{売上債権}（回）$$

4　安全性の分析

(1)　流 動 比 率

「流動比率」は短期的（1年以内ないし営業循環内）に現金化できる流動資産で短期的に返済期限の到来する流動負債が返済できるかどうかをみる比率である。流動比率は高いほど望ましいが，一般に200％が目標数値とされる。流動負債の2倍の流動資産を保有していれば，流動負債をすべて返済したとしても，それと同額の流動資産が確保できるからである。なお，日本企業の平均値は，年度によって違いはあるが，製造業平均で140％程度である。

$$流動比率 = \frac{流動資産}{流動負債} \times 100（\%） = \frac{①}{③} \times 100（\%）$$

貸 借 対 照 表

① 流 動 資 産	③ 流 動 負 債
② 固 定 資 産	④ 固 定 負 債
	⑤ 自 己 資 本

この比率をみる際には，流動資産の内訳をチェックする必要がある。売掛金・受取手形などが多い場合には販売代金の回収が進んでいないことも考えられ，棚卸資産が多い場合には在庫が滞留していることも考えられる。そこで，「売上債権回転率」や「棚卸資産回転率」などの指標をあわせて分析した方がよい。

「流動比率」を理解するにあたって，①流動資産と③流動負債の大小関係から，次の3つのケースに分けて考えるとよいよいであろう。

（ケース1）　流動資産＝流動負債のとき　（①＝③のとき）

このとき，流動比率は100(％)となる。流動資産で流動負債が返済すると流動資産も流動負債もゼロになる。流動資産がないと仕入代金の支払いや社員の給料の支払いなどができず，企業活動に支障をきたすことがある。

（ケース2）　流動資産＜流動負債のとき　（①＜③のとき）

このとき，流動比率＜100(％)となる。流動資産で流動負債を返済することができない。返済するためには，あらたに，借り入れる（流動負債は増加する）か，固定資産を売却して流動資産を増やすしかない。

（ケース3）　流動資産＞流動負債のとき　（①＞③のとき）

このとき，流動比率＞100(％)となる。流動負債を返済しても，流動資産は残る。

(2) 固 定 比 率

「固定比率」は，固定資産の資金調達が自己資本の範囲内で行われているかをみる比率である。自己資本は返済する必要がないので，固定資産の資金調達が自己資本の範囲内であれば安全であるとされる。目標値は一般に100％以下といわれている。

$$固定比率 = \frac{固定資産}{自己資本} \times 100(\%) = \frac{②}{⑤} \times 100(\%)$$

固定資産についても，3つのケースに分けられる。固定比率が100(％)を超える場合，固定資産が自己資本の範囲を超えている状態である。ほとんどの日

本企業はこのケースにあてはまり,安全とはいえないが,これだけで危険ともいえない。次の固定長期適合率と合わせてみることが重要である。

(3) 固定長期適合率

「固定長期適合率」は,固定資産の資金調達が自己資本と固定負債の合計の範囲内で行われているかをみる比率である。自己資本は返済不要であり,固定負債は返済期限が1年を超えるので,固定資産の資金調達が両者の合計額の範囲内であれば比較的安全である。目標値は一般に100%以下といわれる。

$$固定長期適合率 = \frac{固定資産}{自己資本+固定負債} \times 100(\%) = \frac{②}{⑤+④} \times 100(\%)$$

固定長期適合率についても,3つのケースに分けられる。

ここで,流動比率と固定長期適合率の関係をみてみよう。上図において,①=③のときには,②=④+⑤となる。これは,流動比率=100%ということであり,それはまた固定長期適合率=100%ということでもある。このように,「流動比率」と「固定長期適合率」は表裏一体の関係にある。

(a) 流動比率=100%であれば,固定長期適合率=100%
(b) 流動比率<100%であれば,固定長期適合率>100%
(c) 流動比率>100%であれば,固定長期適合率<100%

したがって,「流動比率」をみれば,「固定長期適合率」の状態も直感的に判断できる。

(4) 自己資本比率

「自己資本比率」は,総資本(負債+自己資本)のうちの自己資本の割合を示す比率である。自己資本比率が高いと,利子を支払う負債もそれだけ少なくなり,経営の安定性も高まる。目標値は一般に40%以上といわれるが,業種によって異なる。鉄道業,鉄鋼業,化学工業などの事業を行う上で多額の設備を用意する必要がある業界では低くなり,逆に,サービス業など設備にお金のかからない業界では高くなる傾向がある。

前述した「財務レバレッジ」は，パーセント表示をしない「自己資本比率」の逆数である。

$$自己資本比率 = \frac{自己資本}{総資本} \times 100(\%) = \frac{⑤}{③+④+⑤} \times 100(\%)$$

5　ケース・スタディ——ヤマダ電機とコジマの財務諸表分析——

家電量販業界のヤマダ電機とコジマを事例として，これまで学習した収益性，効率性，安全性の諸比率を比較してみよう。

(1)　環境の変化

環境の変化は企業の経営にとって有利に働く場合もあれば不利に働く場合もある。たとえば，規制緩和は企業にとっては有利に働くことが多い。規制緩和が行われたとき，それを追い風にして業績を伸ばす企業もあれば，何らかの事情によりうまくそれを利用できず，業績を伸ばすことができない企業もある。逆に，新たな規制がかけられることで，事業の展開が制限されることもある。

近年，家電量販業界を含む小売業界に関係の深い新たな法律が適用されることになった。2000年6月，従来の「大規模小売店法」（大店法）に代わり，「大規模小売店舗立地法」（大店立地法）が施行されたのである。この新しい法律では，交通・環境面での調整をはかれば，出店にあたって営業面積の縛りがなくなり，大規模小売店の出店が可能になった。そのため，この大店立地法は大型店の立地に関する規制緩和の法律であるといわれている。

(2)　家電量販業界の対応

ヤマダ電機はこの規制緩和を受けて，大型店（2,000㎡〜3,000㎡）を年20〜30店のハイペースで出店し続けた。その結果，店舗数は2000年3月期の109店から2007年3月期には338店へと増加している。

それに対して，コジマは大店法の時代に小規模店舗を多数出店していたこと

が裏目に出て，それらの統廃合，地主との交渉に手間取り，大型店の出店で出遅れた。その結果，店舗数は2000年3月期の198店から2007年3月期には226店へと増加しているものの，小規模店の割合が高い。

(3) 出店戦略の相違の結果

ヤマダ電機とコジマの売上高（図表8－3）を比べてみると，2001年3月期を境に両者の売上高は逆転し，急速にその格差が広がっている。コジマは2001年3月期以降，店舗統廃合の影響もあり，売上高はほとんど伸びていない。

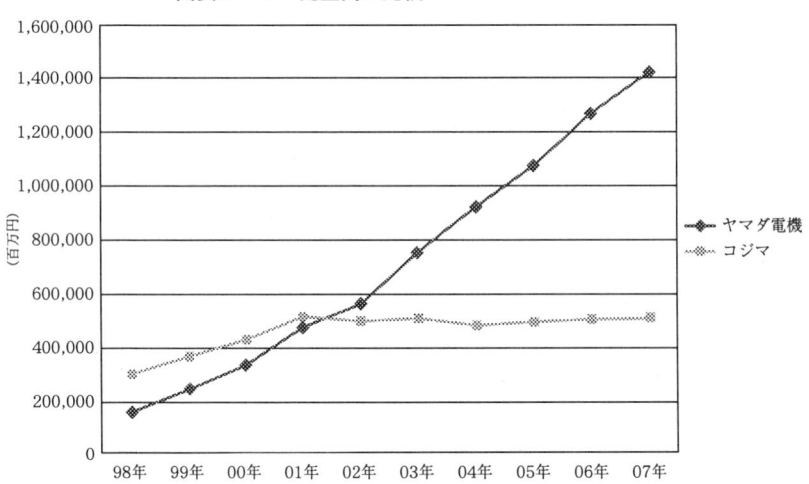

図表8－3　売上高の比較

経常利益（図表8－4）は売上高より1年早く逆転している。ヤマダ電機の経常利益は年々増加しているのに対して，コジマの経常利益は伸び悩んでいることがわかる。

売上高や経常利益の違いは明白であるが，こうした実数の差異だけでなく，各種の比率も含めることにより詳細に分析してみよう。なお，両者の比較にあたって個別決算データを使用している。両社の財務データの概要については図表8－12を参照されたい。

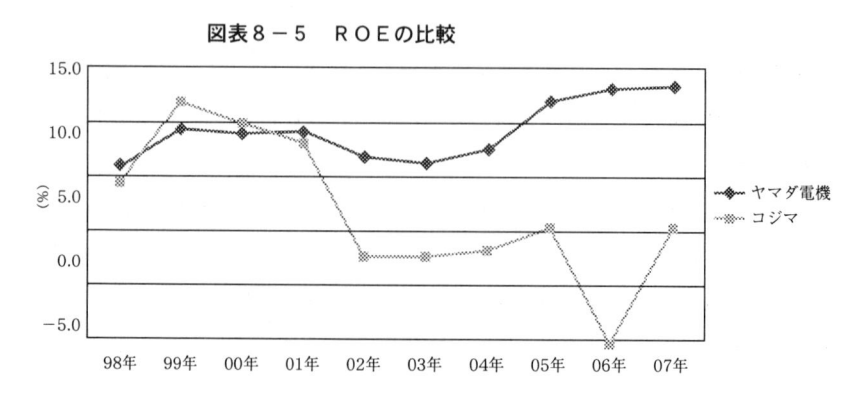

図表8－4　経常利益の比較

(4) 収益性・効率性

まず，ROEとそれを3分解した結果についてみてみる。コジマのROE（図表8－5）については，2001年3月期の9.3％が2007年3月期には3.0％まで下落している。新法施行後の2001年3月期を境にROEが落ち込んでいることがわかる。ROEの3要素（図表8－6）についてみると，2001年3月期以降，総資本回転率，財務レバレッジの変化がほとんどないのに対して，売上純利益率が下落している。これは，総資本と売上高が伸び悩む一方，商品販売の利益率が悪化していることを意味している。

図表8－5　ROEの比較

第8章　財務諸表分析

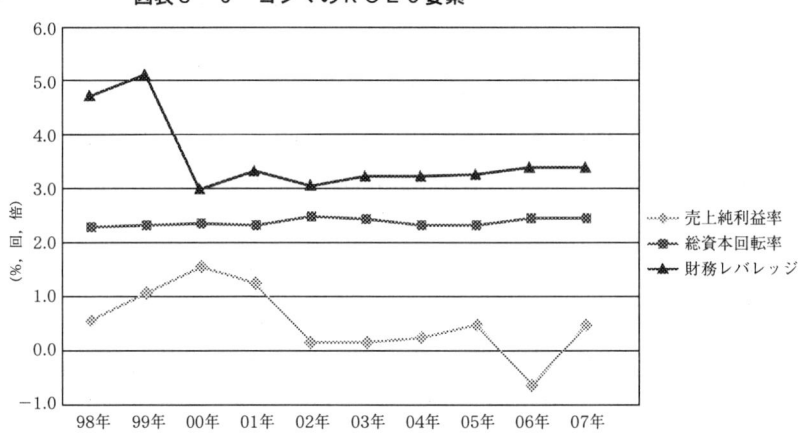

図表8-6　コジマのROE3要素

ヤマダ電機のROE（図表8-5）は2001年3月期から2003年3月期までいったん下落した後，2004年3月期以降は上昇に転じている。ROEの3要素（図表8-7）についてみると，上昇も下落もあり，一貫した傾向はないが，2001年3月期と2007年3月期を比べると，総資本回転率と財務レバレッジに変化はないが，売上純利益率は上昇している。この間，売上高は471,246（百万円）から1,419,629（百万円）へと3.01倍に増加し，総資本は167,509（百万円）から

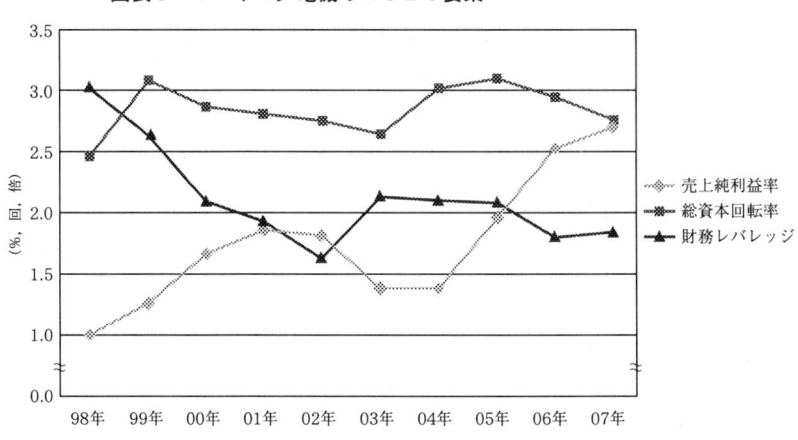

図表8-7　ヤマダ電機のROE3要素

513,068（百万円）へと3.06倍に増加している。総資本回転率に変化がないといっても，総資本を約3倍に増やしながら，売上高も約3倍に増やしており，資本の規模の拡大につれて売上も増加している状況であるから，順調に成長しているといってよいであろう。そして，売上純利益率の上昇は，分母の売上高が3.01倍に増加する一方，分子の当期純利益は8,790（百万円）から38,410（百万円）へと4.37倍に増加したことが理由である。

売上総利益率（図表8－8）について2001年3月期と2007年3月期をみると，ヤマダ電機は14.6％から20.9％に上昇，コジマは15.8％から17.0％に上昇している。上昇幅はヤマダ電機の方が大きい。ヤマダ電機は急速に売上を増加させており，その分，年々の仕入れも急増していることから，大量仕入れによる売上原価の削減により売上総利益率が上昇したと考えられる。

売上高営業利益率（図表8－8），売上高経常利益率（図表8－9），売上当期純利益率（図表8－9）をみると，2001年3月期以降，両社の差は拡大傾向にあることがわかる。売上総利益率のグラフに比べてこれら3つのグラフの格差が大きい。売上総利益と営業利益について，2001年3月期と2007年3月期を比べてみる。ヤマダ電機は売上総利益が14.6％から20.9％へと6.3％上昇する一方，販管費は12.6％から17.2％へと4.6％上昇しており，差し引き1.7％が営業利益の2.0％から3.7％への上昇分になっている。コジマは売上総利益が15.8％から17.0％へと1.2％上昇する一方，販管費は14.9％から18.1％へと3.2％上昇して

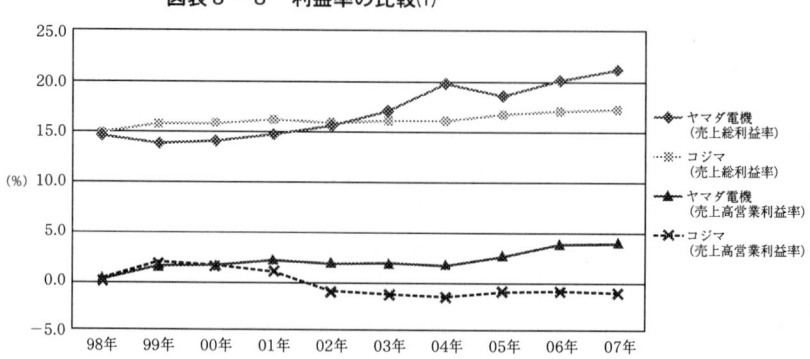

図表8－8　利益率の比較(1)

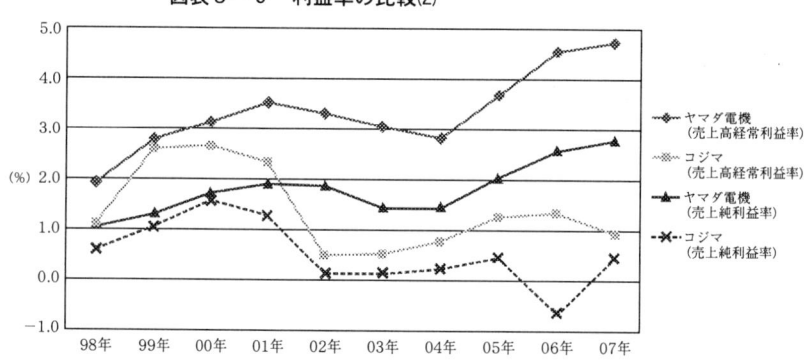

図表8-9　利益率の比較(2)

凡例:
- ヤマダ電機（売上高経常利益率）
- コジマ（売上高経常利益率）
- ヤマダ電機（売上純利益率）
- コジマ（売上純利益率）

おり，差し引き－2.0％が営業利益の0.9％から－1.1％への下落分になっている。そのため，両社の売上高営業利益率は2007年3月期に3.7％の差がついてしまったのである。

(5) 安　全　性

　流動比率（図表8-10）は2007年3月期にヤマダ電機が150.4％，コジマが141％となっており，2006年度の全産業平均が113.1％であることから平均値より高いが，目標値である200％には及ばない。ただし，家電量販業界のような小売業界では，消費者への販売が中心であり，販売代金は現金で回収されることが多いため，150％程度あれば十分とも考えられる。

　固定比率（図表8-10）では，2007年3月期にヤマダ電機が100％，コジマが141.5％であり，2006年度の全産業平均が170.7％であることから，平均値より低い。ヤマダ電機は目標値をほぼ達成し，コジマは達成できていない。

　固定長期適合率（図表8-11）では，2007年3月期にヤマダ電機が77.8％，コジマが71.9％であり，2006年度の全産業平均が94.5％であることから，平均値より低く，目標値の100％以下を達成している。

　自己資本比率（図表8-11）では，2007年3月期にヤマダ電機が54％，コジマが30.2％となっており，2006年度の全産業平均が39％であることから，ヤマダ電機は平均値より高く，コジマは低い。ヤマダ電機は目標値の40％を超えてい

図表8-10　流動比率・固定比率の比較

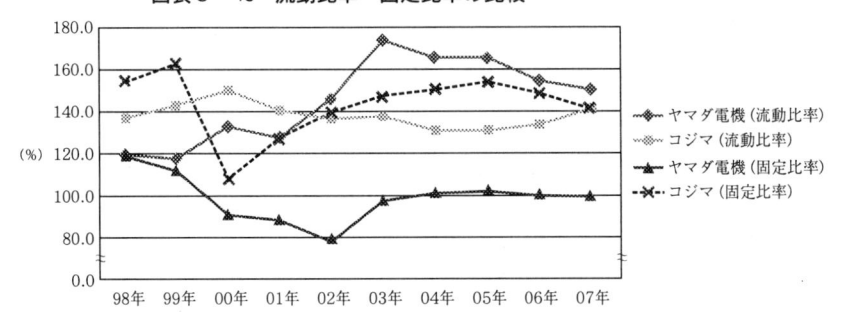

凡例：ヤマダ電機（流動比率）、コジマ（流動比率）、ヤマダ電機（固定比率）、コジマ（固定比率）

図表8-11　固定長期適合率・自己資本比率の比較

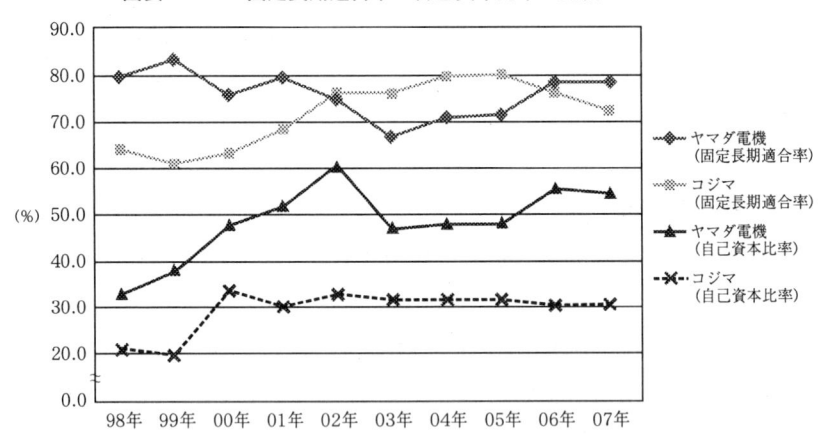

凡例：ヤマダ電機（固定長期適合率）、コジマ（固定長期適合率）、ヤマダ電機（自己資本比率）、コジマ（自己資本比率）

るが，コジマは目標値に及ばない。

(6) まとめ

　家電量販業界では，規制緩和によって大規模店舗の開店が容易になった。そのチャンスを捉えたかどうかが，その後の成果の違いとなって現れた。ヤマダ電機は次々に大規模店舗を出店し，大量仕入れと売上高の増加が好循環をもたらし，収益性が向上した。効率性は，総資本の増加が売上高の増加に結びついていることから，数値的には変化がないものの，順調に成長している。出店に必要な資金を増資したり，外部調達したことにより，安全性指標はそれほど向

第8章 財務諸表分析

図表8－12 財務データの概要

	ヤマダ電機		コジマ	
	2001年3月期	2007年3月期	2001年3月期	2007年3月期
売　上　高	471,246	1,419,629	506,722	500,656
当 期 純 利 益	8,790	38,410	6,136	1,903
自　己　資　本	86,245	277,124	65,938	63,573
総　資　本	167,509	513,068	219,328	210,731
Ｒ　Ｏ　Ｅ	10.2	13.9	9.3	3.0
売 上 純 利 益 率	1.9	2.7	1.2	0.4
総 資 本 回 転 率	2.8	2.8	2.3	2.4
財務レバレッジ	1.9	1.9	3.3	3.3
売 上 総 利 益 率	14.6	20.9	15.8	17.0
売上高販管費比率	12.6	17.2	14.9	18.1
売上高営業利益率	2.0	3.7	0.9	−1.1
流　動　比　率	128.0	150.4	140.6	141.0
固　定　比　率	88.6	100.0	127.1	141.5
固定長期適合率	79.3	77.8	68.2	71.9
自 己 資 本 比 率	51.5	54.0	30.1	30.2

上しているわけではないが，固定比率も目標値を達成しており，問題はない。他方，コジマは大規模店舗の出店に出遅れ，業績を伸ばせなかった。収益性指標は下落し，効率性指標，安全性指標は停滞している。

　コジマが大規模店舗の出店に出遅れたのは，それまでの規制にうまく適応して中小店舗を出店していたことが裏目に出たといわれている。規制緩和が実施されても，中小店舗の整理統合に時間がかかり，なかなか大規模店舗を出店することができなかったのである。

索 引

〔あ〕

アカウンタビリティ……………………2
圧縮記帳……………………………44
アップストリーム…………………235
後入先出法……………………60, 272
アニュアル・レポート……………278
洗替え法……………………………64
洗替え方式…………………………78
安全性………………………………279

〔い〕

意思決定との関連性………………8
意思決定有用性……………………7
委託販売…………………………150
1年基準………………………34, 94
一時差異…………………………198
一取引基準………………………206
一括法……………………111, 115
一般原則……………………22, 241
一般債権…………………………72
移動平均法………………………61

〔う〕

受取リース料……………………170
受渡日基準………………………70
打歩発行…………………………99
売上債権回転率…………………285
売上純利益率……………284, 291
売上総利益率……………282, 292
売上高営業利益率………………283
売上高経常利益率………………284
売上利益率………………………278
売上割戻引当金…………………119

〔え〕

永久差異…………………………197
営業外債務………………………96
営業活動によるキャッシュ・フロー…258
営業権……………………………80
営業債務…………………………96
営業損益計算……………………160
営業能力維持……………………37

〔お〕

オプション取引…………………217
オペレーティング・リース取引…164, 170
親会社……………………………230
親会社説…………………………139

〔か〕

買入償還……………………104, 106
外貨換算会計……………………204
買掛金……………………………96
外貨建金銭債権債務……………208
外貨建取引………………………204
外貨建有価証券…………………208
開業費……………………………88
会計………………………………1
　－期間の公準…………………4, 145
　－公準…………………………3
　－主体論………………………4
　－情報の質的特徴……………7
　－的負債………………………94
　－方針…………………………263
外国通貨…………………………208
会社法……………………………13
　－上の損益計算書……………256
　－上の貸借対照表……………250
回収可能価額……………………182

回収期限到来基準 …………………152	間接法 …………………………………259
回収基準 ………………………………152	完全性の原則 …………………………250
概念フレームワーク …………………6	関連会社 ………………………………234
開発費……………………………………90	関連会社株式……………………76, 209
確定決算主義……………………………19	〔き〕
確定債務…………………………………93	
確認書……………………………………19	機械・装置………………………………40
過去勤務債務 …………………………191	期間差異 ………………………………199
貸倒懸念債権……………………………72	期間損益計算………………31, 146, 156
貸倒実績率………………………………72	期間的対応 ……………………………157
課税所得 ………………………………196	企業会計 …………………………………1
課税所得金額……………………………19	―基準…………………………………24
合算間接控除方式 ……………………186	―基準委員会…………………………23
割賦販売 ………………………………152	―原則…………………………………21
合併 ……………………………………225	―審議会………………………………21
株券………………………………………15	企業間比較 ……………………………279
株式………………………………………15	企業結合 ………………………………224
―移転………………………………225	企業実体の公準 …………………………3
―会社…………………………………15	企業実体理論 ……………………………5
―交換………………………………225	企業体理論 ………………………………5
―交付費………………………………89	企業買収 ………………………………225
株主資本…………………………9, 124	器具………………………………………41
―以外の各項目 ……………………124	基準棚卸法………………………………67
―等変動計算書 ……………………262	期待運用収益 …………………………193
貨幣・非貨幣法 ………………………212	機能的減価………………………………46
貨幣性資産…………………………32, 33	基本財務諸表……………………………18
貨幣的測定の公準 ………………………4	期末評価…………………………………35
借入金……………………………………97	キャッシュ・フロー計算書 …………258
為替換算調整差額 ……………………215	キャッシュ・フロー見積法……………72
為替決済損益 …………………………206	級数法……………………………………47
為替差損益 ……………………………207	強制評価減………………………………79
為替予約 ………………………………211	共通支配下の取引 ……………………224
換算差額 ………208, 209, 210, 214, 215	共同支配 ………………………………225
換算のパラドックス …………………215	―企業………………………………224
勘定式 ……………………………250, 255	切放し法…………………………………64
間接開示方式……………………………16	記録行為 ………………………………241
間接控除法………………………………52	金銭債権…………………………………69
間接控除方式 …………………………186	金銭債務…………………………………96
間接的対応 ……………………………157	勤務費用 ………………………………192

索　引

金融資産	33, 67
金融商品取引法	13, 14
金融商品取引法上の損益計算書	256
金融商品取引法上の貸借対照表	251
金融負債	95

〔く〕

偶発債務	120
偶発事象	264
区分表示の原則	250, 255
区分法	111, 114
組別償却	51
繰越欠損金等	199
繰越利益剰余金	131
繰延資産	35, 85
繰延税金資産	199, 201
繰延税金負債	199, 201
繰延ヘッジ	221
繰延法	200
繰延リース利益	167

〔け〕

経済的減価	46
経済的事象	2
経済的耐用年数基準	162
経済的取引	1
計算書類	15
形式的減資	128
形式的増資	127
経常損益計算	160
継続企業情報	265
継続企業の公準	4
継続記録法	57
継続性の原則	243
決済基準	219
決済日基準	206
決算公告	278
決算貸借対照表	249
決算短信	277

決算日レート	204
決算日レート法	213, 215
減価償却	45
原価差異の繰延処理	271
減価償却	184
原価配分の原則	158
原価比例法	153
現金	69
－受入額	12
－基準	147
－生成単位	180
－同等物	258
現在価値基準	162
建設仮勘定	41
減損	178
－会計	178
－損失の測定	182, 183
－損失の認識	181
－損失の配分	184
－損失の戻入れ	185
－兆候	180
現物出資による取得	43, 81
減耗資産	40

〔こ〕

交換による取得	43, 82
工具	40
公告	17
合資会社	15
工事完成基準	153
工事契約	153
工事進行基準	153
構築物	40
合同会社	15
購入による取得	42, 55, 81
購買力資本維持会計	37
後発事象	263
合名会社	15
小売棚卸法	65

299

効率性	279
子会社	230
－株式	76, 209
枯渇資産	40
国際会計	26
－基準審議会	25
国際課税	27
国際監査	27
国際財務会計	28
国際比較会計	28
国際振替価格	27
固定資産	34
－除去損益	52
－の流動化	46
－廃棄損	52
－売却損益	52
固定性配列法	250
固定長期適合率	287, 293
固定比率	286, 293
固定負債	94
個別償却	51
個別的対応	157
個別法	59
混合測定基準	38

〔さ〕

在外子会社等の財務諸表の換算方法	215
在外支店の財務諸表の換算方法	214
財産説	31
財産法	146
最終取得原価法	66
再測定	35
再調達原価	11, 37
裁定	217
財務会計	1
財務活動によるキャッシュ・フロー	258
財務諸表における測定	10
財務諸表における認識	10
財務諸表分析	278
財務内容評価法	73, 74
財務報告の目的	7
債務保証	122
債務保証損失引当金	119
財務レバレッジ	288, 291
先入先出法	60
先物取引	216
先渡取引	217
差金決済	218
残留有用原価	39

〔し〕

仕入債務	96
時価	182
－基準	75
自家建設による取得	42
時価情報	265
時価ヘッジ	222
直先差額	212
直々差額	212
直物為替相場	205
事業資産	33
資金	258
時系列比較	279
自己株式	133
－処分差益	134
－処分差損	134
－の消却	135
自己資本比率	287, 293
自己資本利益率	280
自己製造による取得	56
自己創設による取得	81
資産	9
－回転率	284
－除去債務	170
－除去債務の調整額	176
－除去費用	175
－説	133
－負債アプローチ	10, 200

索　引

－負債法 ………………………200	収益 ………………………9, 144, 146
自社利用のソフトウェア……………83	－控除性引当金 ……………116
市場販売目的のソフトウェア………83	－性 ………………………278
実価法………………………………79	－的支出 ……………………45
実現 ………………………………148	－費用アプローチ ……10, 200
－基準 ……………………147	収支額基準 ………………148, 155
実質的減資 ………………………128	修正原価主義………………………36
実質的資本維持会計………………37	修繕引当金 ………………………118
実質的増資 ………………………127	重要性の原則 ……………245, 246
実績主義 …………………268, 270	受贈資本 …………………………130
実体資本維持………………………37	受注制作のソフトウェア…………83
実地棚卸法…………………………57	取得 ………………………………226
支配 ………………………………225	－原価………………………11
－力基準 …………………230	－原価基準…………………36
支払手形……………………………97	純資産 ……………………… 9, 123
支払予定額…………………………12	純損益計算 ………………………160
支払リース料 ……………………170	純利益 ………………………………9
四半期キャッシュ・フロー計算書 …268	少額のリース取引 ………………169
四半期決算手続 …………………269	使用価値 ………………11, 37, 182
四半期個別財務諸表 ……………274	償却原価法 ……………… 70, 75, 99
四半期財務諸表………………19, 266	償却資産……………………………39
四半期損益計算書 ………………267	条件付債務…………………………93
四半期貸借対照表 ………………267	少数株主持分 ……………138, 231
四半期報告書 ……………………266	試用販売 …………………………151
四半期連結財務諸表 ……………269	情報提供機能 ………………………3
資本回転率 ………………………278	正味実現可能価額 …………11, 37
資本金 ……………………………126	正味売却価額 ………………37, 182
資本控除説 ………………………134	剰余金の配当 ……………………132
資本準備金 ……………… 128, 129	将来加算一時差異 ………………199
資本剰余金 ………………………128	将来減算一時差異 ………………199
資本的支出 …………………………45	除去 ………………………………171
資本取引・損益取引区分の原則 ……243	所有権移転外ファイナンス・リース取引
資本主理論 …………………………5	…………………………163, 168
資本利益率 ………………………278	所有権移転条項付ファイナンス・リース
社債 ………………………………98	…………………………………163
－の償還 …………………104	所有権移転ファイナンス・リース取引
－発行費 …………… 90, 102	…………………………163, 165
－発行費等 …………………90	所有目的基準………………………34
車両…………………………………40	

301

新株予約権 ……………………109, 136
　－付社債 ……………………………109
真実性の原則 …………………………242
信頼性 …………………………………8

〔す〕

随時償還 ………………………………104
数理計算上の差異 ……………………191
スワップ取引 …………………………217

〔せ〕

正規の簿記の原則 ……………………246
税金費用 ………………………………273
税効果会計 ……………………………196
生産高比例法 …………………………49
正常営業循環基準 …………………34, 94
静態論 …………………………………31
制度会計 ………………………………13
製品保証引当金 ………………………117
税務調整 …………………………20, 196
セグメント情報 ………………………238
セグメント情報等 ……………………237
セグメント情報の関連情報 …………238
全額消去・親会社負担方式 …………235
全額消去・持分比率負担方式 ………236
全体損益計算 …………………………145
船舶 ……………………………………40
全部純資産直入法 ……………………77
全面時価評価法 ………………………231

〔そ〕

総額主義の原則 ……………159, 250, 255
総合償却 ………………………………51
総資本回転率 ……………………284, 291
総資本利益率 …………………………280
相対的真実性 …………………………242
総平均法 ………………………………62
贈与による取得 …………………43, 82
創立費 …………………………………87

測定 ………………………………35, 143
　－行為 ………………………………241
租税特別措置法の準備金 ……………120
その他資本剰余金 ………………128, 129
その他有価証券 ……………………77, 209
その他利益剰余金 ……………………131
ソフトウェア …………………………80
損益計算 ………………………………143
　－書 …………………………………252
　－書原則 ……………………………22
損益法 …………………………………146
損失 ……………………………………143
　－性引当金 …………………………116

〔た〕

大会社 …………………………………16
貸借対照表 ……………………………248
　－原則 ………………………………22
退職給付 ………………………………187
　－債務 ………………………………188
　－引当金 ……………………………117
退職給付引当金 ………………………195
　－費用 …………………………192, 195
　－負債 ………………………188, 190, 195
　－見込額 ……………………………190
代理人理論 ……………………………5
ダウンストリーム ……………………235
多国籍企業会計 ………………………28
建物 ……………………………………40
棚卸減耗損 ……………………………63
棚卸資産 ………………………………53
棚卸資産回転率 ………………………285
棚卸法 …………………………………249
単一性の原則 …………………………248
短期のリース取引 ……………………169
単純平均法 ……………………………62

〔ち〕

遅延認識 ………………………………192

抽籤償還 …………………………106
直接開示方式 ……………………16
直接控除法 ………………………53
直接控除方式 ……………………186
直接的対応 ………………………157
直接法 ……………………………259
賃貸借処理 ………………………170
陳腐化 …………………………46, 64

〔て〕

低価基準 …………………………38
定額法 ………………47, 71, 101, 191
定時償還 …………………………104
定率法 ……………………………47
手形遡求義務 ……………………121
デュポン・システム ……………281
デリバティブズ …………………216
デリバティブ取引 ………68, 210, 218
転換社債型以外の新株予約権付社債 …112
転換社債型新株予約権付社債 ……111
テンポラル法 ………………213, 214

〔と〕

投機 ………………………………217
当期業績主義損益計算書 ……159, 252
投資活動によるキャッシュ・フロー …258
投資者保護 ………………………14
投資のリスク ……………………10
当初測定 …………………………35
当初認識 …………………………2
動態論 ……………………………31
特別修繕引当金 …………………118
特別仕様のリース物件を対象とするリース
　………………………………163
土地 ………………………………41
取替資産 …………………………51
取替法 ……………………………51
取引日レート ……………………204

〔な〕

内部統制報告書 …………………19

〔に〕

二取引基準 ………………………207
250％定率法 ……………………49
入金予定額 ………………………11
任意積立金 ………………………131
認識 …………………………35, 143
　―行為 ………………………241

〔ね〕

値洗基準 …………………………219
年金資産 …………………………190

〔の〕

納税額方式 ………………………196
のれん ……………………80, 82, 227, 231
ノンキャンセラブル ……………162

〔は〕

パーチェス法 ……………………226
売価還元法 ………………………65
廃棄法 ……………………………52
売買処理 …………………………165
売買目的評価法 …………………75
売買目的有価証券 ………………208
破産更生債権等 …………………74
派生金融商品 ……………………216
発生基準 …………………………147
発生基準 …………………………155
払込資本 …………………………126
販売 ………………………………148

〔ひ〕

非貨幣性資産 ……………………33
引当金 ……………………………116
非償却資産 ………………………39

303

1株当たり情報 ……………………265
備品 ………………………………41
費用 ……………………10, 144, 154
評価・換算差額等 ………………136
評価替資本 ………………………130
評価性引当金 ……………………116
費用収益対応の原則 ………155, 255
費用収益対応表示の原則 ………160
費用性資産 ……………………32, 33
費用性引当金 ……………………116
費用配分の原則 …………………158
非連結子会社 ……………………234
品質低下 …………………………64

〔ふ〕

ファイナンス・リース取引 ……161
含み損益 …………………………36
負債 ……………………………9, 93
負債資産の両建処理 ……………176
負債性引当金 ……………………116
付随費用 ………………………42, 55
附属明細書 ………………………262
物質的減価 ………………………46
不適応化 …………………………46
負ののれん …………………227, 231
部分時価評価法 …………………231
部分純資産直入法 ………………77
振当処理 …………………………212
フリー・キャッシュ・フロー …261
フルペイアウト …………………162
分割償還 ……………………104, 106
分配可能額 ………………………132

〔へ〕

平価発行 …………………………99
平均相場 …………………………205
平均レート ………………………204
ヘッジ会計 …………………211, 221
ヘッジ手段 ………………………220

ヘッジ対象 …………………220, 221
別段の定め ………………………19
ベンチマークとの比較 …………279
返品調整引当金 …………………118

〔ほ〕

包括主義損益計算書 ………159, 255
包括利益 …………………………9
報告行為 …………………………241
報告式 ………………………250, 255
法人税等 …………………………195
　－調整額 …………………201, 203
法人税法 …………………………14
保守主義の原則 …………………244

〔ま〕

前払年金費用 ……………………190
満期償還 ……………………104, 106
満期保有目的の外貨建債券 ……209
満期保有目的の債券 ……………75

〔み〕

見込販売数量法 …………………84
未認識会計基準変更時差異 ……192
未認識過去勤務債務 ……………191
未認識数理計算上の差異 ………191
未費消原価説 ……………………31

〔む〕

無形固定資産 ……………………80

〔め〕

名目的貨幣資本維持 ……………36
明瞭性の原則 ……………………247

〔も〕

目論見書 …………………………18
持株比率基準 ……………………230
持分の結合 ………………………226

持分プーリング法 ……………………228
持分法 …………………………………234

〔や〕

約定日基準 ………………………………69

〔ゆ〕

有価証券 …………………………………74
有価証券届出書 …………………………17
有価証券報告書 ……………………18, 277
有形固定資産 ……………………………39
誘導法 …………………………………249

〔よ〕

用役潜在力説 ……………………………32
預金 ………………………………………69
予測給付債務 …………………………190
予測主義 ………………………………269
予約販売 ………………………………151

〔り〕

リース債権 ……………………………166
リース資産 ………………………165, 168
リース投資資産 ………………………169
リース取引 ……………………………161
リース負債 ………………………165, 168
利益 ……………………………………143
　　－準備金 …………………………131

利害調整機能 ……………………………3
リスク・ヘッジ ………………………217
利息費用 ………………………………192
利息法 ……………70, 100, 104, 165, 166, 169
流動・非流動法 ………………………212
流動資産 …………………………………34
流動性配列法 …………………………250
流動比率 …………………………285, 293
流動負債 …………………………………94
利用価値 …………………………11, 37, 182
臨時計算書類 ……………………16, 133
臨時償却 ………………………………179
臨時損失 ………………………………179

〔れ〕

連結株主資本等変動計算書 …………237
連結キャッシュ・フロー計算書 ……237
連結計算書類 ……………………………16
連結財務諸表 …………………………229
連結損益計算書 ………………………235
連結貸借対照表 ………………………230

〔わ〕

割引価値 …………………………11, 12
割引発行 …………………………………99
割引前の将来キャッシュ・フロー ……172
割引率 …………………………………174
割安購入選択権付リース ……………163

【編著者紹介】

菊谷　正人（きくや　まさと）
昭和23年　長崎県に生まれる。
昭和51年　明治大学大学院商学研究科博士課程修了。
現　在　法政大学教授。財務会計研究学会会長，国際会計研究学会理事等。会計学博士。
　　　　公認会計士第二次試験試験委員（平成10年度〜平成12年度）。

〈**主要著書**〉（初版のみの記載）
『英国会計基準の研究』（同文舘，昭和63年）
『企業実体維持会計論－ドイツ実体維持会計学説およびその影響－』（同文舘，平成3年）
『国際会計の研究』（創成社，平成6年）
『多国籍企業会計論』（創成社，平成9年）
『国際的会計概念フレームワークの構築』（同文舘出版，平成14年）
『税制革命』（税務経理協会，平成20年）
『「企業会計基準」の解明』（税務経理協会，平成20年）

〈**主な共著書**〉（初版のみの記載）
『国際取引企業の会計』（稲垣冨士男共著，中央経済社，平成元年）
Accounting in Japan : An International Perspective（T. E. Cooke共著，テイハン，1991年）
Financial Reporting in Japan : Regulation, Practice and Environment（T. E. Cooke共著，Blackwell，1992年）
『英・日・仏・独会計用語辞典』（林　裕二＝松井泰則共著，同文舘，平成6年）
『新会計基準の読み方』（石山　宏共著，税務経理協会，平成13年）
『金融資産・負債と持分の会計処理』（岡村勝義＝神谷健司共著，中央経済社，平成14年）
『法人税法要説（新版）』（依田俊伸共著，同文舘出版，平成20年）
『租税法要説』（前川邦生＝依田俊伸共著，同文舘出版，平成24年）

〈**主な編著書**〉（初版のみの記載）
『精説会計学』（同文舘，平成5年）
『会計学基礎論』（前川邦生＝林裕二共編著，中央経済社，平成5年）
『環境会計の現状と課題』（山上達人共編著，同文舘出版，平成7年）
『租税法全説』（前川邦生共編著，同文舘，平成13年）
『財務会計の入門講義』（岡村勝義共編著，中央経済社，平成16年）

編著者との契約により検印省略

平成21年2月20日 初版第1刷発行	**財務会計学通論**
平成25年5月20日 初版第2刷発行	

編 著 者　　菊　谷　正　人

発 行 者　　大　坪　嘉　春

印 刷 所　　税経印刷株式会社

製 本 所　　株式会社　三森製本所

発 行 所　東京都新宿区　株式　税務経理協会
　　　　　下落合2丁目5番13号　会社
　郵便番号 161-0033　振替 00190-2-187408　電話 (03)3953-3301(編集部)
　　　　　　　　　　FAX (03)3565-3391　　　　(03)3953-3325(営業部)
　　　　　　　　　　URL http://www.zeikei.co.jp/
　　　　　　　　　　乱丁・落丁の場合はお取替えいたします。

Ⓒ 菊谷正人 2009　　　　　　　　　　　　　　　Printed in Japan

本書を無断で複写複製（コピー）することは，著作権法上の例外を除き，禁じられています。本書をコピーされる場合は，事前に日本複製権センター（JRRC）の許諾を受けてください。
JRRC(http://www.jrrc.or.jp　eメール:info@jrrc.or.jp　電話:03-3401-2382)

ISBN978-4-419-05197-6　C3063